학교도서관 문화를 꿈꾸다

학교도서관
문화를 꿈꾸다
도서관에서 만나는 아이들 세상

2016년 4월 28일 처음 펴냄
2017년 6월 7일 2쇄 펴냄

지은이 학교도서관담당교사 인천모임
펴낸이 신명철
편집 윤정현
영업 박철환
관리 이춘보
디자인 최희윤
펴낸곳 (주)우리교육
등록 제 313-2001-52호
주소 03993 서울특별시 마포구 월드컵북로 6길 46
전화 02-3142-6770
팩스 02-3142-6772
홈페이지 www.uriedu.co.kr
인쇄 천일문화사

ⓒ학교도서관담당교사모임 인천모임, 2016
ISBN 978-89-8040-694-4 13370

이 도서의 국립중앙도서관 출판시도서목록(CIP)는
e-CIP홈페이지(http://www.nl.go.kr/ecip)에서 이용하실 수 있습니다.
(CIP 제어번호:CIP2016009965)

학교 도서관

문화를 꿈꾸다

| 학교도서관담당교사 인천모임 지음 |

우리교육

　학교가 예전 같지 않습니다. 책을 읽는 모습이 점점 사라져 가고 있습니다. 학교 공부에 학원 수강에 아이들은 다른 것을 돌아볼 여유를 빼앗겼습니다. 학교도서관으로 향하던 발걸음이 점차 과외로, 학원으로 향하고 있습니다. 독서가 대학 입시를 준비하기 위한 또 하나의'스펙'이 되어 가고 있습니다. 독서 사교육 시장이 다시 기승을 부리고 있습니다. "책을 읽지 못하게 만드는 현실과 환경은 그대로 둔 채 책 읽기를 활성화하겠다는 것은 옷은 그냥 둔 채 옷을 입을 아이의 키를 늘이거나 줄이려드는 억지와 다를 바 없다"는 어느 독서 운동가의 말이 가슴에 절절함으로 자리 잡습니다. 독서가 더 이상 즐거움이 아닌 시대가 오고 있습니다. 하지만 현실만을 탓할 수는 없습니다. 많은 사람들이 어려움 속에서도 책 읽기의 즐거움 속으로 아이들을, 동료 교사들을 안내하고 있습니다.

　학교도서관 서가에 꽂혀 있는 책들은 조리하기 전의 식재료와 같습니다. 날것입니다. 식재료들은 조리를 해야 먹을 수 있습니다. 책도 마찬가지입니다. 아이들에게 책 맛을 느끼게 하려면 학교도서관에서 아이들과 함께 책을 읽으면서 적당히 간을 하고, 다양한 독서 문화 체험활동으로 양념을 치고 다양한 즐거운 독서 프로그램으로 조리하는 과정을 거쳐야 합니다. 그 과정에서 책과 함께하는 즐거움을 느낄 수 있을 것입니다. 이 책은 즐거운 책 읽기를 위한 안내서가 될 것입니다.

학교도서관에 아이들로 북적입니다. 도서관 월별 행사, 독서 교실, 저자와의 만남, 지역사회와 연계한 독서 교육 프로그램 등 즐거운 청소년 독서 문화 체험활동이 도서관으로 향하는 아이들의 발걸음을 가볍게 합니다. 아이들은 옹기종기 모여 함께 책을 읽고 생각을 나누면서 새로운 세상을 만나고, 평생 함께 배워 갈 벗을 만나게 됩니다. 함께 읽는 책 읽기는 소중한 우리의 가치입니다. 도서부, 독서 토론 동아리, 진로 독서 동아리 등 다양한 동아리를 만나게 됩니다. 평소에 진지한 독서 모임에서 벗어나 책과 도서관과 관련된 체험활동을 통해 신나게 즐기는 모습은 상상만 해도 우리들의 어깨를 들썩이게 합니다. 즐거운 책 읽기, 체험과 함께할 때 그 즐거움은 배가 됩니다.

이론을 나열하지 않았습니다. 실제 교실에서, 학교에서 쉽게 마음 내어 용기 내어 할 수 있도록 다양한 사례를 충실하게 실었습니다. 아이들과 교사들의 행복한 책 읽기, 그 길에 이 책이 친절한 안내자가 되었으면 하는 바람을 해 봅니다.

집필진 일동

 차례

3장

떠나자! 독서 문화 탐방

1장

도서관에서 문화를 꿈꾸다

학교도서관에서 함께하는 독서 행사

학교도서관의 역할은 무궁무진하게 열려 있다. 그 안에서 우리는 책을 읽기도 하고, 수업을 하기도 하며, 때로는 즐거운 놀이를 펼치기도 한다. 학교도서관은 다양한 활동을 가능하게 하는 장이며, 우리는 그곳에서 서로 어우러지며 하나가 될 수 있다. 학교도서관을 통해 교사와 학생이, 친구와 친구가, 후배와 선배가 함께 어우러질 수 있는 프로그램은 무척 다양하다. 다양한 행사를 펼치는 과정에서 학교도서관은 즐거운 독서의 장으로, 가슴 벅찬 소통의 장으로 거듭날 것이다.

학교도서관에 오는 학생들은 어림잡아 전체 학생 중 15~20퍼센트쯤 되지 않나 싶다. 이 학생들은 별다른 프로그램이 없어도 도서관을 즐겨 찾는, 말하자면 일종의 '도서관교의 열혈 신도'들이다. 우리가 관심을 가져야 할 대상은 도서관에 잘 오지 않는 나머지 80~85퍼센트의 아이들이다. 책에 관심이 없는 아이들을 도서관에 오게 하는 것이 중요하다. 도서관 시설이 잘 되어 있고 좋은 책들이 가득 있어도 아이들이 오지 않는다면 무용지물이다. 일단 오게 하는 것이 중요하다. 와서 도서관을 둘러보고 한 권의 책을 고르는 순간부터 아이들은 도서관과 아름다운 인연을 맺게 되는 것이다.

학교도서관이 학생들로 인해 더 이상 발 디딜 곳 없을 정도로 넘친다면 이보다 좋은 일은 없을 것이다. 이를 위해서는 학교도서관이 어깨에 힘을 빼야 한다. 학교도서관은 다양한 얼굴을 가져야 한다. 학습의 공간이 되기도 하고 학생들의 놀이터가 되기도 해야 한다. 정보와 자료를 찾는 공간이기도 하고, 새로운 독서 문화의 장이 되기도 해야 한다. 이용자가 없는 학교도서관은 앙꼬 없는 찐빵이다. 자, 이제부터 찐빵에 그 생명력인 앙꼬를 불어넣어 보자.

월별로 즐기는 학교도서관 행사

1. 새로운 만남, 그 설렘을 즐거움으로 3월

　3월은 만남이다. 신입생이 입학하며 재학생들은 진급한다. 또한 방학 중에 잠시 닫아 두었던 학교도서관을 새롭게 재단장해서 여는 달이기도 하다. 첫인상이 중요하다. 이용자들과 함께하는 행사를 통해 학교도서관은 더욱 즐거운 공간이 될 수 있다. 학교도서관 개관 행사로는 여러 가지가 있다. 학교 곳곳 반 게시판을 이용하여 도서관 개관을 기념하여 사은 행사를 한다고 널리 홍보하고 준비한다. 이때 개관 기념행사 포스터를 만들어서 부착하면 더욱 좋다.

　개관 기념행사로는 이용자들에게 사탕이나 책갈피 증정, 책 속 보물찾기, 주제 도서 전시, ○○○째 대출자에게 선물 증정, 개관 초대장 보내기 등 다양한 방식이 있다. 책을 대출하는 학생에 한하여 사탕을 한 알씩 나누어 주는 것은 개관일로부터 3~5일 정도가 적당하다. 사탕을 우습게 보지 말자. 학생들은 가끔 사탕 하나에 목숨을 걸기도 한다. 개관 기념행사 기간 동안 도서관은 한마디로 대박이 터질 것이다. 학교도서관에 아무리 좋은 책이 있어도 아이들이 와 보지 않으면 알 수가 없다. 일단 도서관에 들어오게 되면 아이들은 책에 한걸음 가까워지게 된다. 물론 이 행사의

▲ 학교도서관 개관 기념행사 포스터(인천 예일고등학교)

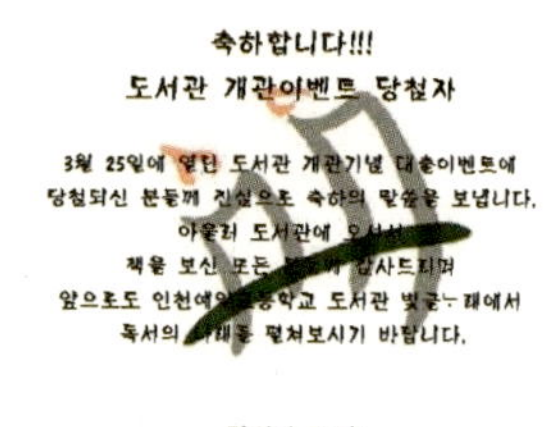

▲ 학교도서관 개관 이벤트 당첨 홍보물
(인천 예일고등학교)

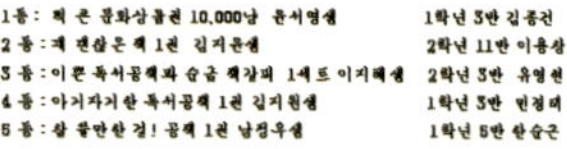

▲ 학교도서관 개관 기념행사 포스터
(인천 안남중학교)

기본 전제는 양질의 책이다.

　도서관 개관 기념행사를 일련의 주제를 가지고 진행하는 사례가 많아지고 있다. 인천 안남중학교 같은 경우는 '봄바람이 불면 학교도서관에 가요!'라는 제목으로 개관 기념행사를 다양하게 진행하였다. 안남중학교 도서관 개관 기념행사를 정리하면 다음과 같다.

봄바람이 불면, 학교도서관에 가요

1. "친구야, 네가 있어 행복해!"
● 친구와 함께 도서관에 가요
- 친구와 함께 와서 책을 빌리면 책갈피 볼펜을 드려요!
- 제목에 '친구'가 들어간 책을 빌리면 책갈피 볼펜을 드려요!
- 도서관에 혼자 와서 책을 빌리면(도서실이 친구라고 생각만 하면)
  책갈피 볼펜을 드려요!
● 친구와 함께 책을 읽어요
- 주제 도서 전시 ― 친구와 학교생활을 주제로 한 도서 전시

2. 도서관에서 보물찾기
● 미션 1 틀린 그림 찾기(도서관에서 바뀐 점 찾으면서 관심 갖기)
● 미션 2 책 제목을 맞혀라
　(주제 도서 중 책 표지를 제시하고 책 제목, 지은이 맞히기)
● 미션 3 책 속 보물찾기(주제 도서 중)

3. 책가방을 찾아라!
● 도서관에서 빌린 책을 들고 등교하는 학생들에게 초코파이 증정
　(2일간 초코파이 100개씩)

4. 도서관 소식지
● 추천 도서(교장 선생님, 우리 학교 명물), 3월 주제 도서 목록 소개
● 도서실 보물찾기 문제 제시(행운권)
● 도서관, 독서 통장 이용 안내, 도서실 행사 안내

▲ 학교도서관 개관 기념행사 계획서(인천 안남중학교)

학교도서관에서 보물찾기

다음은 3월 주제 도서인 '친구'를 주제로 한 소설입니다. 도서부원이 추천하는 다음 책의 제목을 맞혀 주세요. 책 제목을 아래의 응모권에 적어 도서실 행운 권함에 넣어 주세요. 추첨을 통해 푸짐한 상품을 드립니다.

★ 다음 책 표지와 초성 힌트를 보고 책 제목을 맞혀라!

1. 초성 힌트-ㅎㅇㅋㄱㅅ

2. 초성 힌트-ㅇㄷㅇ

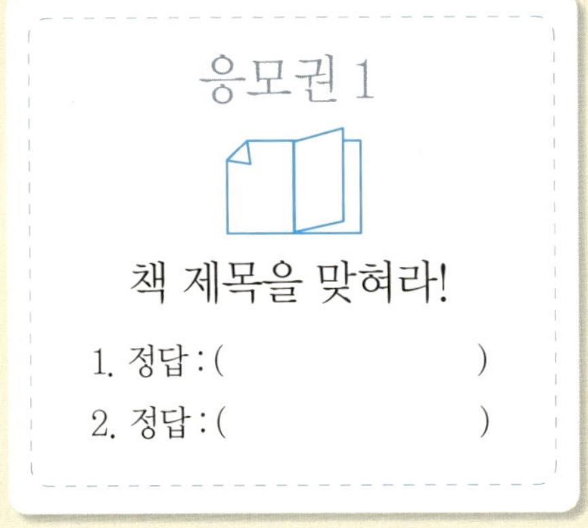

▲ 학교도서관 개관 기념행사 – 학교도서관에서 보물찾기(인천 안남중학교)

2. 과학의 달? 세계 책의 날! 4월

　4월은 학교 행사가 많은 달이다. 과학 교사들에게는 '과학의 달 행사'가 가장 중요한 일이 된다. 학교도서관과 과학과가 협력해서 교과 연계 활동을 할 수도 있다. 예를 들면 학교도서관에서는 과학 관련 권장 도서를 발표하고 도서 전시회를 한다. 과학과는 도서관과 협조하여 과학 도서 감상문 대회나 과학책을 주제로 한 독서 퀴즈, 과학책 보물찾기, 도서관 활용 수업 등을 하는 것이다. 5월 가정의 달에는 기술·가정과와 학교도서관이, 한글날이 있는 10월에는 국어과와 학교도서관이 함께 교과와 연계한 다채로운 도서관 프로그램을 만들어 갈 수 있다.

　4월은 학교도서관에 특히 의미 있는 달이다. 4월 23일, 세계 책의 날이 있기 때문이다. 학교도서관은 4월이면 행사 준비로 분주하다. 세계 책의 날과 관련하여 포스터를 만들어 홍보하고 다양한 행사를 마련하여 이용자들을 즐거운 책의 나라로 안내해 보자.

▲ 4월 23일 세계 책의 날 기념 포스터(인천 안남중학교)

세계 책의 날 기념행사 계획서(인천 안남중학교)

주제	행사 명	행사 세부 내용
눈으로 만나는 책	책을 보면 행복해요 (도서 전시)	• 책이 아파요-파손 도서 전시 • 책이 행복해요-인기 도서 전시 • 책이 나눠 줘요-점자 도서 전시
	책 읽는 당신이 아름다워요 (책 읽는 사진 전시)	• 도서관 캐스팅 사진 전시 　책 읽는 사진이 전시된 학생에게 희망 도서 증정 • 책 읽는 선생님 사진 전시 • WOW 북 투표-"책을 많이 읽을 것 같은 선생님은?" 　스티커 부착하여 많이 득표한 선생님께 도서 증정 　참여 학생에게는 책갈피 증정
	걸리버 나라, 책 거리를 걸어요	인기 도서 책표지로 큰 책을 제작하여 전시(포토존)
손끝으로 만나는 책	POP! 예〉손 글씨로 나만의 독서 사인몰 만들기	POP로 독서 명언이나 표어로 입체 사인몰(미니 간판, 문걸이) 만들기 "책은 또 다른 나를 만나는 여행입니다."
온몸으로 만나는 책	책, 나의 행운!	• 책을 빌리는 학생 선착순 50명에게 책갈피 증정 • 책을 빌리는 학생에게 행운권을 주고 추첨하여, 희망 도서 3명 증정, 미니북 핸드폰 고리 50명 증정
	반갑다! 책아!	코스프레 동아리와 함께하는 책 퍼포먼스 "만나고 싶었던 책 속 주인공을 만나요."
	보고 싶다! 책아!	〈시간을 달리는 소녀〉 애니메이션 상영
	냠냠 쩝쩝, 맛있는 책!	책을 빌리는 학생들에게 맛있는 떡 증정

　인천 초은고등학교의 경우에는 일반계 학교의 특성을 살려 각 교무실에 쌓여 있는 각종 참고서와 문제집들을 기부 받아, 책의 날에 도서관에서 책을 빌려 가는 학생들에게 선물로 주는 행사를 진행했다. 행사 당일 400여 명이 넘는 학생들이 도서관을 방문했으며, 교사들은 처리하기 힘든 참고서나 자습서를 손쉽게 해결할 수 있었고, 학생들은 남의 눈치를 볼 것 없이 마음에 드는 책을 당당하게 가져갈 수 있어서 1석 2조의 행사가 되었다.

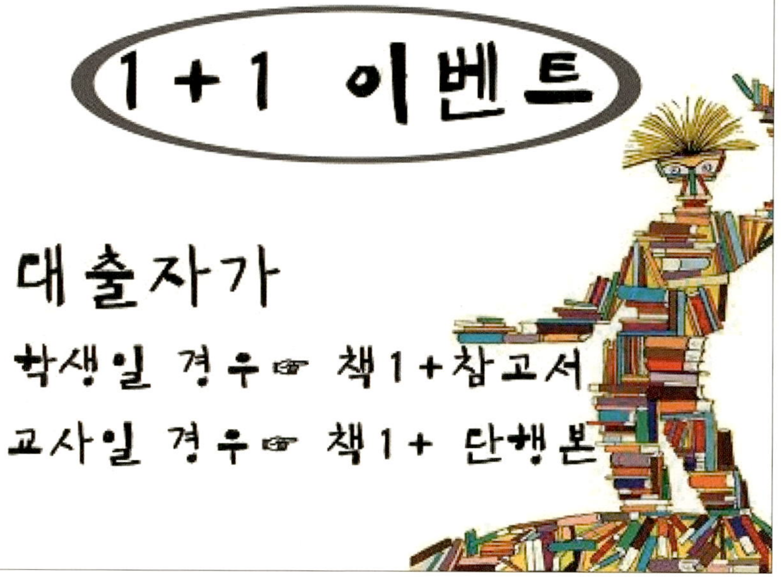

▲ 4월 23일 세계 책의 날 기념 포스터(인천 초은고등학교)

3. 내 인생의 소중한 사람들과 함께 5월

5월은 가정의 달이자 청소년의 달이다. 또한 학교에서는 스승의 날도 있다. 학생과 학부모, 학생과 교사 간의 관계를 새롭게 하는 다양한 프로그램을 기획하면 좋다. 가족과 교사를 주제로 한 책 전시회, 학생·학부모·교사가 함께하는 책 선물 릴레이, 학생·학부모·교사가 함께 만들고 참여하는 북 콘서트 등의 행사를 통해 마음까지 따뜻한 5월을 맞이해 보자.

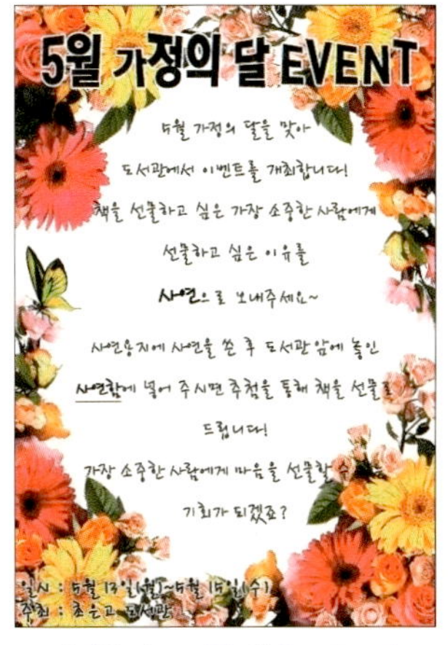

▲ 가정의 달 도서관 이벤트 포스터
(인천 작전중학교)

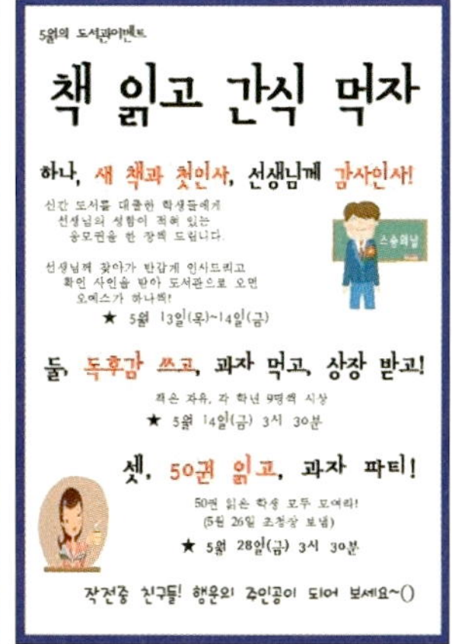

▲ 가정의 달 도서관 이벤트 포스터
(인천 초은고등학교)

5월 도서관 행사 계획

● 사연이 있는 책 – 사랑의 책 엽서 전시
도서실에 비치된 엽서에 책을 선물하고 싶은 사연과 추천 책을 적어 사랑의 우체통에 넣으면 30명을 뽑아 신청자의 이름으로 책 선물을 배달한다.

● 학생·부모·교사가 함께하는 어울림 북 콘서트

1부 책과의 만남	2부 어울림 마당
● 학부모의 따뜻한 시작 인사 ● 교장샘! 한마디 해 주세요 ● 가족이 함께 읽는 라이브 소설 　(이경혜 작가 소설 중 일부) ● 이경혜 작가와 나누는 책 이야기 ● 이경혜 작가와 함께 사인회 및 사진 촬영	● 학생 음악 공연–클라리넷 연주 ● 한국 무용 ● 아카펠라 공연 ● 영상 시 감상 ● 학생 노래 공연 ● 깜짝 이벤트

▲ 가정의 달 도서관 행사 계획(인천 안남중학교)

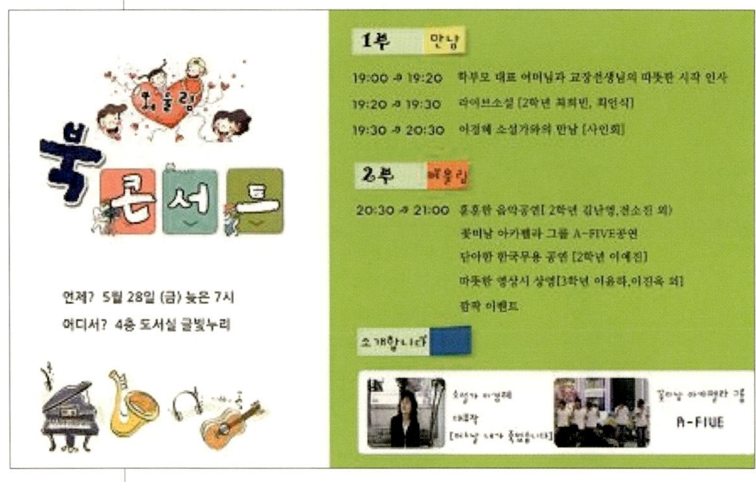

가정의 달 어울림 북 콘서트 초대장 (인천 안남중학교) ▲

가정의 달 어울림 북 콘서트 홍보지 (인천 안남중학교) ▶

4. 반지의 제왕을 찾아라! 6월

    학생들은 기념일에 민감하다. 화이트데이, 밸런타인데이, 블랙데이, 빼빼로데이까지……. 무수히 많은 기념일에 작은 이벤트를 마련한다면, 학교 도서관은 이용자들의 발걸음으로 더욱 행복한 공간이 될 것이다. 화이트데이에는 사탕을, 밸런타인데이는 초콜릿을 이용자들에게 선물하는 것이다. 블랙데이에는 이용자들을 대상으로 추첨해서 짜장면 교환권을 준다. 빼빼로데이에는 빼빼로나 참깨스틱을 주는 것이다. 이외에도 새로운 기념일을 만드는 것도 해 볼 만하다.

    6월 14일 실버데이에는 '반지의 제왕을 찾아라'라는 주제로 기념일 행사를 하는 것도 좋다. 사전에 지정한 ○○째 대출자 3명에게 '절대반지'(은반지), 황금 반지(양파링), 보석 3종 세트(보석 사탕, 보석바 등)를 증정하는 행사이다. 당첨자들과 기념사진을 찍는 것도 좋다. 이와 함께 당일 판타지 문학 전시회를 함께 기획하는 것도 좋다.

▲ 블랙데이 기념 이벤트 포스터(인천 초은고등학교)

▲ 실버데이 기념 이벤트 포스터(인천 예일고등학교)

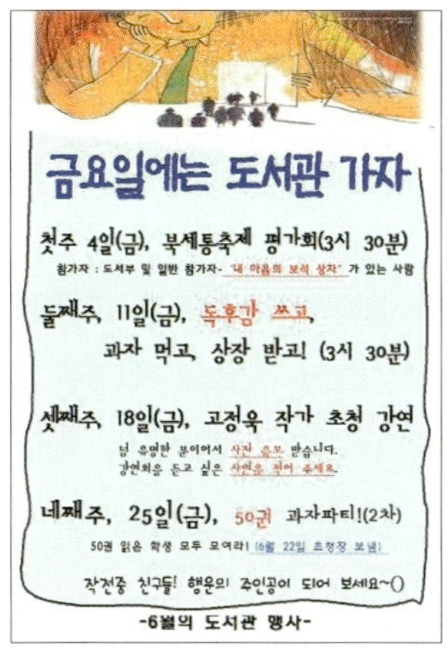

▲ 6월 도서관 행사 홍보지
　(인천 작전중학교)

기념일을 중심으로 도서관 행사를 할 수도 있고, 일정한 날을 정해 프로그램을 마련할 수도 있다. 작전중학교는 '금요일에는 도서관 가자'라는 주제를 잡아 매주 금요일 저자 초청 행사, 독후감 쓰기 등 특색 있는 도서관 행사를 하였다.

5. 더운 여름,
책과 함께하는 놀이터 학교도서관 7월 8월

7월, 시험이 끝나고 학생들은 그동안의 긴장에서 벗어나 이런저런 재미를 찾기 위해 온갖 궁리를 한다. 학교도서관에서는 7월, 8월이 되면 학생과 교사 들이 편하게 참여할 수 있는 다양한 행사를 진행한다. 대출자 응모권 추첨, 저자 특강, 영화 상영, 문학 기행, 독서 캠프, 도서관 놀이 등 7월, 8월이 아니면 하기 어려운 다양한 프로그램들을 선보인다. 여러 가지 프로그램 중 독서 캠프에 들어갈 수 있는 간단한 도서관 책 놀이에 대해서 설명하고자 한다.

(1) 도서관 3종 경기

도서관 3종 경기는 말 그대로 도서관과 책을 주제로 한 세 가지 게임을 함께 진행하는 것으로, 필요에 따라 게임 내용을 바꿀 수 있다. 도서관 이용 교육, 시험이 끝난 뒤, 독서 캠프의 프로그램으로 하면 좋다. 먼저 모둠을 편성하는데 한 모둠에 인원은 6~8명 정도로 한다. 도서관 3종 경기가 모둠별 대항임을 알려 준 뒤 모둠 편성이 끝나면, 칠판에 모둠별 점수판을 만들어 참가자들의 관심을 집중시킨다. 모둠원들이 골고루 참여하는 방식으로 매 경기 새로운 선수들이 출전할 수 있게 하는 것이 중요하다. 경기를 시작할 때마다 선수들을 선발하고, 선발할 때는 모둠원들이 서로를 알아 갈 수 있도록 하면 더욱 좋다. 예를 들면 "이번 경기에 출전하는 사람은 모둠원 중에서 가장 생일이 빠른 두 사람입니다. 자, 빨리 서로의 학생증을 확인하세요." 등의 방식이다. 이외에도 가족이 가장 많은 사람, 머리가 가장 큰 사람, 발이 가장 큰 사람, 집이 가까운 사람 등 그때그때 상황에 맞게 다양한 방식으로 선수들을 선발한다. 매 경기 시작 직전에 선수 선발을 하여 참가자들의 긴장감을 높이도록 한다.

(2) 도전, 책 제목을 찾아라!

도서관에 있는 수많은 책을 활용한 게임이다. 서가에 있
는 책 중 제목이 가장 긴(짧은) 책 다섯 권 찾기, 동물 이
름이 들어간 책 찾기, 사람 이름이 들어간 책 찾기 등 책
제목을 활용하는 방법은 무궁무진하다. 이렇게 도전 과제
를 던져 주고 2분 정도 시간을 준 뒤 찾아온 책의 제목을
확인하여 점수를 부여한다. 긴 책 제목을 찾았을 경우에
는 제목의 글자 수를 다 더해 그 수가 가장 많은 모둠부
터 차례로 점수를 준다. 반대로 짧은 책 제목을 찾는 과제
에서는 제목의 글자를 더한 수가 가장 적은 모둠부터 점수
를 부여하면 된다. 동물이나 사람의 이름이 들어간 제목의
책을 찾았을 때는 이름의 글자 수를 더하여 점수를 계산
할 수도 있고, 몇 개의 이름이 등장하는지를 따져서 점수
를 계산해 볼 수도 있다. 2015년이 양띠 해라면 양과 관련
된 책을 찾아온 모둠에 보너스 점수를 줄 수도 있다. 책 제

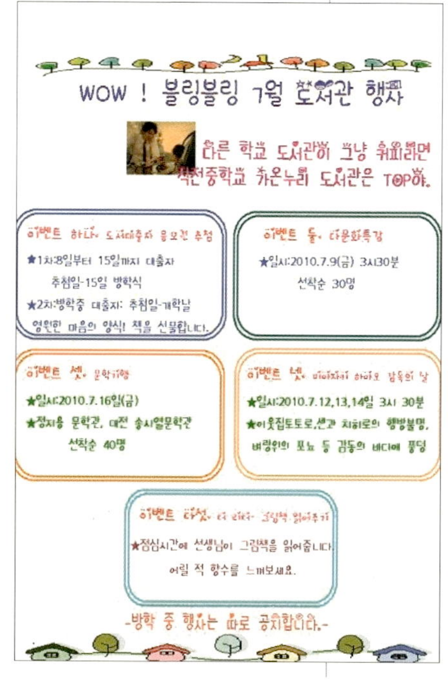

▲ 7월 도서관 행사 홍보지(인천 작전중학교)

목으로 진행하는 게임은 당연히 도서관에 자주 오고 평소 책에 관심을 많
이 가지고 있는 아이들이 유리하다.

(3) 책 순서 맞히기

모둠별로 20~30권 정도의 책을 나눠 주고, 청구 기호에 따라 책을 정리
해 보는 것이다. 서가를 돌아다니면서 진행하면 게임 진행이 어려우므로 모
둠별로 주어진 책의 순서를 맞춰 보는 정도로 진행하는 것이 좋다. 2~3분
정도의 주어진 책의 순서를 정한 후 이것을 종이에 적어 내면 그 결과에 따
라 점수를 낼 수도 있고, 시간제한 없이 가장 빨리 정리한 모둠부터 차례로
점수를 주는 방법도 있다. 도서부원들과 함께하기에 좋은 놀이지만 도서관
이용 교육 마지막 순서로 게임을 진행하면 아이들이 도서관의 책을 정리하
고 찾는 방법을 더 잘 알 수 있다.

(4) 추천 도서 스피드 퀴즈

텔레비전 오락 프로그램에서 흔히 하는 스피드 퀴즈의 문제를 도서관이나 책에서 출제하여 진행하는 게임이다. 모둠에서 한 사람이 설명하고 다른 사람이 답을 맞히되, 설명하는 사람의 부담을 덜기 위해 한 사람이 설명하고 다른 한 사람이 정답을 맞히면, 다음 문제는 정답을 맞힌 사람이 설명하고 그 다음 사람이 답을 맞히는 식의 릴레이로 진행하는 것이 좋다. 이렇게 하면 문제를 설명하는 사람도, 맞히는 사람도 부담이 없고 모둠원 전부가 참여할 수 있어 더욱 좋다. 정해진 시간 동안 맞힌 문제의 수를 점수로 계산한다.

(5) 듣고 제목 맞히기

책의 내용을 활용한 게임이다. 진행자가 유명한 시나 책의 한 구절을 읽어주면 모둠원들이 머리를 모아 어떤 책에 나왔던 내용인지 생각하여 정답을 쓴다. 독서 신문에 싣거나 축제 때 하는 '책 속 보물찾기'의 또 다른 버전이라고 보면 좋다. 대개 열 문제 정도를 내는데 너무 어려운 문제를 내면 흥미가 반감되므로, 책의 제목이나 주인공의 이름이 들어간 부분을 발췌하는 것이 중요하다. 시를 문제로 낼 때에는 시를 가사로 만든 노래를 들려줄 수도 있고, 시집의 제목이 아니라 시의 제목을 정답으로 인정하면 된다.

6. 책이 왕이 되는 달 9월

9월은 '독서의 달'이다. 학교에서는 독서의 달을 맞이하여 다양한 행사를 한다. 도서관 축제, 저자와의 대화, 책 읽기 사진 콘테스트, 책 속 보물찾기, 독서 퍼즐 맞추기, 대출자 이벤트, 플래시몹 등 그야말로 독서 행사의 만물상이 펼쳐진다. 도서관 축제, 저자와의 대화 등은 별도로 소개하고 여기에서는 플래시몹, 책 속 보물찾기 등을 중심으로 다양한 도서관 행사를 알아보자.

(1) 책 속 보물찾기

다독자 시상을 하게 되면 항상 난점이 있다. 아이들이
대출 권수를 늘리기 위해 책을 제대로 읽지 않는 경우가
생긴다. 물론 이를 방지하기 위해 일부 학교에서는 별도의
면접을 통해서 확인하는 경우도 있다. 책을 많이 읽었다고
상을 주는 것도 그렇거니와, 면접까지 해서 확인까지 하는
것은 더더욱 싫다. 아이들에게 책에 대한 관심을 높이고
많은 책을 읽게 하는 방법을 고민하다 어린 시절 소풍 때
마다 했던 보물찾기를 생각해 내었다. 보통 책 속 보물찾
기 하면 책에 상품권을 숨겨 놓는 방식을 생각한다. 이 방
법은 재미는 있겠지만 아이들이 보물을 찾고 싶은 욕망에
빠져들어 책을 훼손하거나 분실할 우려가 있다. 또한 본래
의 취지인 책과 친해지고 책을 많이 읽게 하는 목적에도
부합되지 않는다.

▲ 9월 독서의 달 포스터(인천 안남중학교)

여기서 말하는 책 속 보물찾기는 책에 있는 내용 중 주
인공이 나오거나, 책에 대한 구체적인 정보를 주는 삽화 등 그 책을 가장
잘 표현하는 일부 구절을 한 쪽 정도 복사하여 A4 용지에 붙인 뒤 도서관
곳곳에 게시하는 것이다. 아이들은 붙여진 그 책의 내용을 보고 책을 찾아
내는 방식이다. 게시된 책을 읽었거나, 읽지 못했더라도 십진분류법을 알고
있는 아이는 자연스럽게 보물 책을 찾게 된다. 예를 들어 보자. 책을 모른다
해도 책의 내용이 일본의 역사에 관련된 것이라면, 십진분류법을 이용하여
역사, 더 나아가 아시아, 일본 역사가 놓여 있는 서가를 찾을 것이니, 자연
스레 놀이를 통해서 십진분류법을 배우게 되는 것이다.

(2) 100, 1천, 2천……, 그리고 퍼즐

도서관 이용자 중 100, 1천, 2천, 3천 권째 등 일정한 간격을 두고 대출자
에게 선물을 주는 행사이다. 물론 당첨 권수가 가까울수록 홍보는 필수이

다. 가령 예를 들면 930여 권쯤 되었을 때 대대적인 홍보를 하는 것이다. 모인 아이들 때문에 그날만큼 도서관이 좁다고 느낀 적이 없게 될 것이다. 이 행사는 무엇보다도 홍보가 중요하다. 또한 게시판이나 도서관 소식지를 이용하여 책과 관련한 퍼즐을 내고 맞힌 사람 중에서 추첨을 통해 문화상품권을 증정해도 좋다. 지적 호기심이 강한 아이들에게 효과적이다.

(3) 플래시몹

플래시몹이란 플래시 크라우드(flash crowd, 순간적으로 사람들이 몰리는 현상)와 스마트몹(smart mob, 같은 생각을 가지고 행동하는 집단)의 합성어로, 불특정 다수가 이메일과 인터넷 등을 이용해 '지령'을 받고 정해진 시간과 장소에 모여 짧은 시간 동안 같은 행동을 한 뒤 곧바로 흩어지는 것을 말한다. 9월 독서의 달을 맞이하여 신청자를 모아 은밀하게 이벤트를 진행시켜 도서관과 책을 주제로 다양한 메시지를 주는 것과 동시에 신나는 문화 체험을 할 수 있다. 학교도서관을 예로 들면 점심시간에 아이들이 많이 모이는 장소인 운동장, 급식실, 매점 등에서 사전에 약속한 아이들이 주위에 모여 있다가 호루라기나 징 소리 등 신호와 함께 일제히 그 자리에 주저앉아 책을 읽는다든지, 학교 축제 등으로 도서관이 미어터지는 날 도서부원들이 학생들 사이에 숨어 있다가 정해진 시간에 큰 소리로 구호를 외쳐 보는 것 등이다. 5~10분 정도의 플래시몹을 통해 학교도서관과 책에 대한 잊지 못할 추억을 간직할 수 있다. 중요한 것은 단순히 집단 행동을 하는 것이 아니라 그 안에 의미를 담을 수 있어야 한다는 것이다. 실제로 플래시몹은 아무런 의미 없이 재미만을 위해 하는 놀이의 한 종류이지만, 학교 안에서, 도서관 안에서 하는 플래시몹은 책, 학교도서관과 관련된 의미를 가지고 있어야 한다. 그 의미는 거창하지 않아도 된다. 자신이 좋아하는 책을 들고 나와 아무렇지 않은 듯 여기저기 앉아 조용히 읽는 모습을 보여주는 것만으로도 일상에서의 지루함은 확실히 탈출할 수 있을 것이다.

7. 한글날과 우리나라 책의 날, 그 아름다운 만남 10월

10월에는 한글날과 우리나라 책의 날이 있다. 한글날은 10월 9일, 우리나라 책의 날은 고려대장경 완성을 기리며 10월 11일로 정했다. 10월 9일부터 11일까지의 기간에 국어과와 협의하여 다양한 행사를 할 수 있다. 우리말 퀴즈 대회, 영어 이름을 한글 이름으로 바꿔 주기, 저자와의 대화, 문학 기행, 옛 책 만들기, 점자 책 전시회 등 한글과 우리 책을 주제로 하여 즐거운 책과의 만남을 가져 보자.

10월 4일 '천사데이'에 졸업을 앞둔 중3, 고3 학생들을 대상으로 후배들에게 물려줄 책을 기증받는 행사도 해 볼 만하다. 책 안쪽에 기증하는 학생의 사진과 기증자가 직접 쓴 책에 대한 소개 및 인사말 등을 부착하여 모교에서의 좋은 추억을 만들어 주는 방법도 있다.

★ 도서관과 놀자 - 나의 이름을 지어 주세요 ★

도서관에는 책꽂이도 있고 책상도 있고 의자도 있지요. 그리고 북트럭과 북엔드도 있습니다. 북트럭은 바퀴가 달려 있고 많은 책을 옮길 때 사용합니다. 북엔드는 책이 쓰러지지 않도록 끝에서 고정시켜 주는 역할을 합니다.

그런데 이 두 친구의 우리말 이름이 없대요. 친구들이 예쁜 이름을 붙여 주세요.
★ 북트럭의 우리말은
★ 북엔드의 우리말은

* 좋은 이름을 붙여 준 친구 3명을 뽑아 상품을 드립니다.
* 발표 : 10월 9일 학교도서관

　　　학년　　　　반　　　　번　　　이름

▲ 영어 이름을 우리 이름으로 바꾸기 응모권 - 나의 이름을 지어 주세요(부광중학교)

8. 나의 꿈, 나의 미래를 찾아서 11월 12월

　　11월이 되면 학생들은 진로에 대해서 많은 고민을 하게 된다. 중학교 학생들은 고등학교 진학 문제부터 갈림길에 서게 되고, 고등학교 학생들은 문과와 이과로 대표되는 계열을 선택해야 된다. 11월~12월, 도서관에서 진로 문제를 주제로 하여 다양한 프로그램을 마련한다면 학생들에게 큰 도움이 될 것이다. 학생들이 선망하는 직업 전문가를 모시고 강연을 듣고, 관련 책 전시회, 진로 관련 정보지 등을 제공하여 참가자들이 진로에 대해 바르게 이해하게끔 돕는다. 11월이 아닌 1학기에 진행해도 학생들의 호응이 높다. 이외에도 11월 11일 빼빼로데이로 대변되는 상업 문화와 구별되는, 몸과 마음이 건강해지는 우리 문화 만들기를 도서관에서 하면 좋다. '우리 것이 좋은 것이여! 11월 11일 가래떡데이'란 이름으로 도서관을 찾는 이용자들에게 가래떡을 선물하는 것이다. 이때 우리 농산물, 농업, 환경 관련 책 등을 함께 전시한다.

▲ 도서관 직업 체험 프로그램 포스터
　（안남중학교）

구분	차시	주제	행사 세부 내용
진로 인식	1 (11/06)	출발! 진로 여행	직업의 중요성과 의미 이해 바람직한 진로 탐색 과정 이해
자기 탐색	2 (11/11)	MBTI 성격 유형 검사	검사를 통한 나의 성격 확인 성격 유형별 직업의 특성과 종류
직업 탐색	3 (11/25)	교양 강좌	'호모 부커스' 그대 이름은 청소년
	4 (11/28)	직업의 실제	스튜어디스의 실제 및 이미지 메이킹
	5 (12/3)	직업의 실제	방송 작가가 말하는 방송 작가
	6 (12/12)	직업의 실제	맛의 달인, 요리사의 세계

▲ 내 꿈 찾아가기 프로젝트（인천 예일고등학교）

1318 내 꿈 찾기 프로젝트 (2012년)

- **일시** : 2012년 6월 11일~18일, 19시~21시
- **장소** : 인천 초은고등학교 시청각실
- **대상** : 희망 학생 50명
- **신청** : 인천 초은고등학교 도서관 (교사 이성희에게 신청)
- **프로그램**

	일시	강사	주제	이력
1	2012.6.11 (월)	이일훈	재미있는 건축 이야기 –이일훈의 건축 이야기	·건축가 최고의 글잡이 ·경기대 건축 전문 대학원 대우교수, 문화관광부 정책 자문위원 ·저서: 《나는 다르게 생각한다》, 《뒷산이 하하하》
2	2012.6.13 (수)	장항준	영화인으로 산다는 것 –장항준 감독 이야기	·영화감독 ·《라이터를 켜라》, 《불어라 봄바람》, 《싸인》 등 연출 ·저서: 《내가 걸은 만큼만 인생이다》
3	2012.6.14 (목)	이춘근	방송인으로 산다는 것 –이춘근 PD 이야기	·프로듀서 ·MBC 시사교양국 프로듀서 ·PD수첩 등 연출
4	2012.6.15 (금)	김희태	요리사로 산다는 것 –파스타 이야기	·보나세라 총괄 쉐프 ·생방송 오늘(2009~2011) 등 다수 방송 출연 ·저서: 《파스타》
5	2012.6.18 (월)	박지선	창공을 나는 꿈 –스튜어디스 이야기	·아시아나항공 근무 ·비즈니스 클래스 교관 역임 ·현재 사무장으로 재직

▲ 내 꿈 찾기 프로젝트

인문사회부 2013-45호

교훈 성실·열정·배려	가정통신문	질서 학력 배려를 키우는 인천초은고등학교

'내 인생의 멘토를 만나다' 특강 신청 안내

생명의 푸른빛이 깊어가는 봄, 가정에 행복 가득하시길 바랍니다. 그 동안 인천초은고등학교에 보여주신 많은 협조와 사랑에 감사의 말씀을 드립니다. '내 인생의 멘토를 만나다'라는 주제로 특강을 마련하였습니다. 관심 있는 분들의 많은 참여 부탁드립니다.

1. 일시 : 2013년 5월 22일(수) ~ 6월 17일(월)
2. 장소 : 인천초은고 시청각실
3. 대상 : 학생, 학부모, 교사 중 희망자 150명
4. 문의 : 교사 이성희 010-9747-9876
5. 신청 : 5월 20일(월)까지 2층 학교도서관으로 신청서 제출
6. 프로그램

	일시	강사	강연명	약력
1	2013. 5. 22(수) 19:00~21:00	송용진	재미있는 궁궐이야기	·영국 그리니치 대학원 예술사 전공 ·저서 : 〈송내관의 재미있는 궁궐기행〉, 〈송내관의 재미있는 박물관기행〉등
2	2013. 5. 27(월) 15:30~17:30	서명숙	제주 올레길에서 만난 사람들	·제주올레 이사장 ·저서 : 〈위로의 음식〉, 〈식탐〉, 〈꼬닥꼬닥 걸어가는 이 길처럼〉 등
3	2013. 6. 12(수) 14:30~16:30	남창훈	탐구한다는 것	·한국과학기술원 유럽 연구소 연구원 ·대구경북과학기술원(DGIST) 교수 ·저서 : 〈탐구한다는 것〉 등
4	2013. 6. 17(월) 19:00~21:00	서 민	과학자의 길	·단국대 의대 기생충학과 교수 ·저서 : 〈대통령과 기생충〉, 〈헬리코박터를 위한 변명〉 등

2013. 5. 1

인 천 초 은 고 동 학 교 장

▲ 1318 내 꿈 찾기 프로젝트 가정통신문

▲ 가래떡 데이 이벤트 홍보지(인천 안남고등학교)

책 읽기의 새로운 즐거움 독서 교실(캠프)

평소 학교생활에 쫓겨 도서관이나 책 읽기에 관해 깊이 있게 경험하지 못한 학생들을 위해 좀 더 집중적이고 체계적인 프로그램을 꾸리고 싶다면, 방학을 이용해 독서 교실이나 독서 캠프를 진행해 볼 수 있다(독서 교실과 독서 캠프의 차이는 임의적으로 프로그램 안에 숙박이 포함되는가 아닌가로 구분한다). 두 프로그램 모두 평소 학교 교육과정에서 다루지 못했던 도서관에 관한 모든 것을 보여 주고 체험할 수 있는 장으로, 이 과정을 통해 학생들은 도서관과 책에 관해 좀 더 깊이 알게 되고 책 읽기의 새로운 즐거움을 배워 갈 수 있다.

1. 독서 교실(캠프) 운영 절차 및 운영 유형

(1) 독서 교실(캠프) 운영 절차

독서 교실(캠프) 운영을 위한 절차는 다음 4단계로 이루어진다.

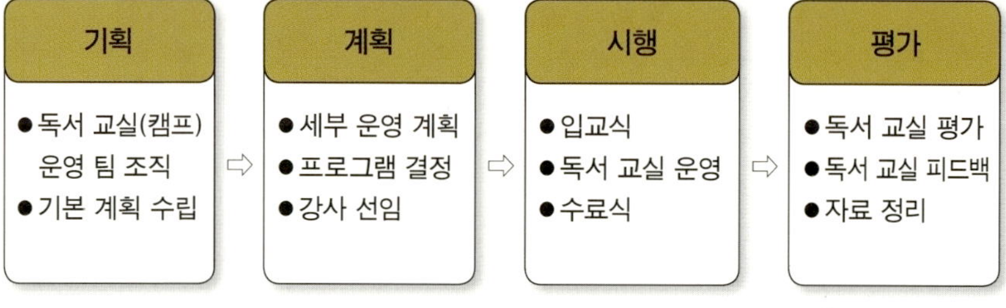

▲ 독서 교실 운영 절차

독서 교실(캠프) 운영 팀을 조직하고 기본 계획을 수립하는 기획 단계에서부터 세부 운영 계획을 수립하고 강사들을 선임하는 계획 단계, 그리고 직접 운영하는 시행 단계와 마무리하는 평가 단계까지 보통 4단계의 운영 절차에 의해 독서 교실(캠프)은 진행된다.

(2) 독서 교실(캠프) 운영 유형

독서 교실(캠프) 프로그램은 크게 집중형, 단기형, 중기형, 장기형, 선택형 등 다섯 가지로 분류한다. 공공도서관에서는 다섯 가지의 유형이 다양하게 시도되지만, 학교에서는 대개 집중형과 단기형이 주로 이루어지며 경우에 따라서는 중기형과 선택형의 프로그램을 진행하는 경우도 있다. 독서 교실 프로그램은 학교도서관의 형편, 프로그램의 성격과 특성, 이용자의 특성을 고려하여 다양한 형태와 기간으로 프로그램을 기획하여 운영하는 것이 좋다. 또한 특정 프로그램 같은 경우 학교 간 연합으로 진행하는 것도 좋다. 독서 교실(캠프)의 역사는 학교보다는 공공도서관에서 많은 시도와 발전이 있어 왔으며 학교도서관이 활성화되면서 학교에서도 다양한 사례들이 나타나고 있다. 공공도서관과 학교도서관의 사례를 중심으로 독서 교실(캠프)의 다양한 모습들을 정리해 보고자 한다.

독서 교실 프로그램 운영

유형	내용
집중형	7일 내외로 매일 하루에 4~5시간 내외로 집중적으로 운영되는 프로그램
단기형	여름방학, 겨울방학에 1개월 내외로 매주 1회, 매회 1~2시간 내외로 이루어지는 프로그램
중기형	방학이 아니라 학기 중에 3개월 내외로 매주 1회씩, 매회 1~2시간 내외로 이루어지는 프로그램
장기형	6개월 이상, 1년 정도의 기간을 정해서 참여자들은 자율적으로 책을 읽고, 사서들은 참여자의 독서 생활을 점검하여 상담하는 형태로, 독서의 생활화를 장려하는 프로그램
선택형	전체 프로그램 참여자를 일률적으로 모집하지 않고, 참여자가 자신이 필요로 하는 프로그램을 선택해서 참여할 수 있도록 하는 개방형 프로그램

2. 독서 교실(캠프) 프로그램의 실제

(1) 독서 교실(캠프)을 왜 하려고 하는지 생각, 또 생각

독서 교실(캠프)의 목적은 어려서부터 독서의 즐거움과 필요성을 깨닫게 하고, 올바른 독서 태도를 길러 스스로 즐겨 독서하는 습관을 갖게 하며, 도서관에서의 폭넓은 독서 체험으로 도서관 이용을 생활화하려는 것이다. 또한 독서의 본질(즐거움, 무상성, 자율성)에 충실한 프로그램이 구성되어야 한다. 가끔 학교에서 관성에 의해서, 교육 계획서에 있으니까 행사를 치른다는 생각으로 독서 교실(캠프)을 진행하는 경우가 있다. 준비하는 사람이나 참여하는 학생이나 신이 날 리가 없다. 생각의 변화가 필요하다. 독서 교실(캠프)을 왜 하려고 하는지 생각, 또 생각해야 한다. 학교도서관 운영 따로, 독서 교육 따로, 독서 교실 따로가 되어서는 안 된다. 연계성 지닌 계획 속에 학교도서관 운영과 독서 교육을 운영해야 독서 교실(캠프)은 자리 잡을 수 있다. 학교에서 평상시 못한 프로그램들을 구성할 수도 있고, 기존에 해 왔던 프로그램들을 종합해서 재구성할 수도 있다. 독서 교실(캠프)을 통해서 삶의 변화를 이루는 청소년들을 목격하고는 한다. 그 즐거운 변화에 흠뻑 빠져드는 즐거움을 독서 교실(캠프)로 느껴 보자.

(2) 독서 교실(캠프)에 누가 참가할까?

효과적인 독서 교육이 이루어지기 위해서는 교육 대상자의 발달 단계 및 독서 능력, 흥미 등은 물론, 지난 독서 교실(캠프)에 참여한 학생들 및 학부모의 독서 교실(캠프)에 대한 요구 사항도 고려해서 구성해야 한다. 독서 교실(캠프)이 활발히 이루어진 곳은 주로 초등학교였다. 이러한 흐름은 몇 년 전부터 중학생·고등학생이 함께 만들고 참여하는 독서 교실(캠프)로 변화하고 있다. 초등학생의 경우 가족과 함께하는 독서 교실(캠프) 또한 적극 고려할 만하다. 대상에 맞게 관련 주제나 지정 도서, 프로그램이 결정된다. 대상은 급별, 즉 초등, 중등, 고등으로 나누어서 하는 것이 좋다. 학교 급별로 발달 단계와 독서 능력, 흥미의 차이가 크기 때문이다. 초등의 경우 저학년과 고학년으로 나누기도 한다. 연령별로 진행하는 경우가 일반적이지만 주제와 흥미에 따라 도서부, 과학부 등 기존의 동아리 학생들을 대상으로 프로그램을 구성하기도 한다. 아래 표는 전국의 도서부, 독서 동아리 학생들을 대상으로 책과 도서관을 주제로 독서 캠프 프로그램을 구성하고 진행한 경우이다.

선생님과 함께하는 여름 독서 캠프(전국학교도서관담당교사모임)

1일 차 (8.13/목)		2일 차 (8.14/금)		3일 차 (8.15/토)	
		07:00 ~ 08:30	잠 깨기 및 아침 식사	08:00 ~ 08:30	잠 깨기 및 아침 식사
	신나는 독서 캠프로 고고씽~	08:30 ~ 12:00	파주출판도시 탐방 (주제별 출판사 탐방, 르포 기사 및 사진, 인터뷰 등 다양한 방식)	08:30 ~ 09:30	모둠별 시간 및 닫는 마당
				9:30 ~ 10:30	대학로 이동
				10:30 ~ 12:30	책과 연극과의 만남 (완득이)
14:30 ~ 15:00	참가자 접수	12:00 ~ 13:30	이동 및 모둠별 탐방 내용 정리	12:30 ~ 13:30	모둠별 점심
15:00 ~ 17:00	처음 만난 우리, 하나 되어(여는 마당)	13:30 ~ 15:00	모둠별 점심		
17:00 ~ 18:30	1강 책 읽기의 즐거움 고미숙(인문학자)	15:00 ~ 17:30	국립어린이청소년 도서관과 함께하는 1318 도서관 점령기 (도서관 추적 놀이)		플래시몹 및 즐거웠던 추억을 뒤로하고 집으로
18:30 ~ 19:30	저녁 식사	18:00 ~ 19:30	저녁 식사		
19:30 ~ 21:00	2강 책 이렇게 만들어요! 김흥식(출판인)	19:00 ~ 20:30	3-1강 이옥수(청소년문학가)		
		19:00 ~ 20:30	3-2강 배유안(청소년문학가)		
21:00 ~ 23:00	모둠별 탐방 계획 세우기	20:30 ~ 21:00	독서 캠프 문화제 준비		
		~	독서 캠프 문화제	인터넷을 활용한 모둠별 작은 책 만들기(후속 활동)	

- 참가 대상 : 책과 도서관을 사랑하는 전국의 도서부, 독서 동아리 학생
- 모든 활동은 모둠별 활동. 모둠 구성 : 교사 3인, 학생 10인
- 캠프 주제 : '1318 책벌레들의 책이랑 놀래? 도서관에서 놀래!'
- 지정 도서 : 고미숙《공부의 달인, 호모 쿵푸스》, 이옥수《키싱 마이 라이프》, 배유안《스프링 벅》

(3) 독서 교실(캠프)은 꼭 방학에만?

지금까지는 주로 방학을 이용하여 독서 교실(캠프)을 진행하였다. 방학은 밀도 있는 프로그램을 하기에 좋은 조건이기 때문이다. 생각을 더 넓히면 주 5일제에 맞추어 격주로 독서 교실(캠프)을 진행하는 것도 고려해 볼만하다. 많은 학부모가 토요일에 쉬게 되면서 괜찮은 프로그램을 여기저기 찾아보게 된다. 이럴 때 독서 교실(캠프)은 가뭄에 단비 같은 존재가 될 것이다. 다음 표는 공공도서관인 울산광역시 북구 기적의 도서관에서 4개월 동안 진행된 프로그램이다. 학교 현실에 맞게 재구성하는 지혜가 필요하다. 학생뿐만 아니라 학부모들까지 대상을 확대해서 프로그램을 구성하는 것도 효과가 있다.

봄 학기 독서 체험 프로그램 안내(울산광역시 북구 기적의 도서관)

프로그램	강사	대상		인원	요일	시간	기간	강의 내용	비고
독서 놀이	최옥선	초등	1~2년	15	금	17:00 ~ 17:50	'3.9 ~ '6.22	● 재미있게 읽어 보기, 내용 이해하기 ● 내용 바르게 읽기, 내 생각 나누기 ● 뒷 이야기 만들기 ● 신문(화보) 만들기 ● 책:《우리 모두 꼴찌 기러기에게 박수를》,《수영장 사건》,《선생님, 우리 선생님》,《왜?》 ＊ 책은 지정된 날짜에 맞추어서 꼭 읽어야 합니다.	준비물: 색도화지, 색연필
독서 토론	장기련		3~4년	15	수	17:30 ~ 18:20	'3.7 ~ '6.27	● 벽 신문 만들기:모둠 정하기 ● 도서관에 대해 알아보기 ● 학교도서관과 비교:내가 만들 도서관의 설계도 ● 나의 책 목록 정하기 (주제별, 인물별)	재료비: 15,000원
독서 토론	장기련		5~6년	15	수	19:00 ~ 19:50	'3.7 ~ '6.27	●《신기한 스쿨버스》책 읽기, 토론하기 ● 독서:키즈 만들기 ● 행성 만들기 ● 글쓰기:행성을 만들고 나서	

(4) 주제 선정은 독서 교실(캠프)의 첫걸음

독서 교실(캠프)은 책과 친해지는 문화 체험 중심에서 다양한 주제가 녹아들어 있는 활동 중심으로 바뀌어야 한다. 다음 표의 경우 독서 교실(캠프)의 전체 일정을 관통하는 뚜렷한 주제를 찾아보기 어렵다. 독후 활동과 독서 문화 체험활동이 독서 교실(캠프)의 전 기간 동안 하나의 주제로 유기적인 연계성 속에서 구성되어 있지 않다. 독서 교실(캠프)의 주제가 정해지고 전체 흐름 속에서 각 활동이 주제에 맞게 구성되어야 한다.

겨울 독서 교실(수성초등학교)

날짜	행사명	활동 내용
1월 9일(화)	·개회 ·책 만들기 ·대출증 만들기	·독후 활동과 도서실에서 진행된 활동들을 기록 할 수 있는 책을 만들어 본다. ·나만의 독특한 대출증을 표현해 본다.
1월 10일(수)	·독서 달력 만들기 ·풍선 아트	·계절에 맞는 책들을 나누어 읽고 그림을 그려 계절 달력을 만들어 본다. ·동화 속 주인공을 풍선으로 표현해 본다.
1월 11일(목)	·은박지에 그리기 ·책 도장 만들기 ·폐회 ·수료식-수료증 수여	·방학 기간 동안 읽은 책을 주제로 표현하기. ·나만의 장서인을 만들어 본다.

다음의 경우 '꿈을 찾아 떠나는 여행'이라는 주제를 가지고 독서 교실 프로그램을 진행하였다. 독서 교실이 끝나면 참가한 학생들은 진로 다이어리를 만들어 갈 수 있게 구성하였다. 주제의 완결성에 맞는 프로그램을 고민하고 참가한 학생들이 결과물을 가지고 갈 때 그 기쁨은 더욱 커질 것이다. 주제는 매년 다르게 만들되, 관련 도서나 웹사이트를 함께 제시하는 것이 좋다.

- 대상 : 재학생 중 희망자 30명
- 기간 : 7월 19일(수)~20일(목) 9:30~15:00
- 주제 : 꿈을 찾아 떠나는 여행
- 장소 : 도서관 지혜샘
- 지정 도서 : 《갈매기의 꿈》(리처드 바크, 소담), 《마당을 나온 암탉》(황선미, 사계절)
- 참고 도서 : 《바뀌는 세상, 바뀌는 직업 세계》(공성진, 석필), 될 수 있다 시리즈 등
- 참고 사이트 : 커리어넷(www.careernet.re.kr)
- 프로그램

시간	7월 19일(수)	7월 20일(목)
9:00 ~ 9:30	개강식	
9:30 ~ 10:00	조 편성 및 조별 게임	'2040 그날에 우린'
10:00 ~ 12:00	느낌이 좋아!	+ 다이어리 만들기
12:00 ~ 13:00	중식 (비빔밥 만들어 먹기)	중식
13:00 ~ 15:00	나의 꿈 이야기	골든벨을 울려라

▲ 여름 독서 교실(부천 성곡중학교)

    학교나 도서관의 지역적 특색이 잘 반영되는 주제를 잡아 프로그램을 구성하여 지역 주민으로서 자긍심을 심어 주고 문화적 감수성을 함양하는 프로그램을 진행할 수도 있다. 다음 표는 인천 지역을 배경으로 '길목의 도시, 그 역사와 사람들'이라는 주제로 진행된 독서 캠프로 지역적 특성을 잘 반영한 프로그램이라 할 수 있다.

길목의 도시, 그 역사와 사람들(학교도서관을 사랑하는 사람들)

첫째 날(8월 12일, 목)		둘째 날(8월 13일, 금)		셋째 날(8월 14일, 토)	
17:00 ~ 18:30	참가 접수	07:00 ~ 08:30	잠 깨기 및 아침 식사	08:00 ~ 09:00	잠 깨기 및 아침 식사
09:30 ~ 10:30	여는 마당 및 두레 활동	08:30 ~ 12:00	도시 탐방 (주제별 도시 탐방으로 르포 기사 및 사진, 인터뷰, 문학 지도 등 다양한 방식)	09:00 ~ 12:00	두레별 작은 책 만들기
10:30 ~ 12:00	인천의 과거, 《인천석금仁川昔今》을 중심으로				

시간	활동	시간	활동	시간	활동
12:00 ~ 13:30	점심 식사 및 탐방 장소 이동	12:00 ~ 13:30	두레별 점심 및 이동	12:00 ~ 13:00	작은 책 전시회 및 닫는 마당
13:30 ~ 18:00	근대 개항지 탐방 (4개 두레)	13:30 ~ 16:00	두레별 휴식 및 탐방 내용 정리	13:00 ~ 14:00	점심 식사
		16:00 ~ 18:00	장서표 이야기(남궁산)	14:00 ~ 17:00	생태 이야기 (영종도, 강화도)
18:00 ~ 19:30	중국인 거리에서 저녁 식사 및 이동	18:00 ~ 19:00	저녁 식사		
19:30 ~ 20:00	두레별 휴식	19:00 ~ 20:30	저자와의 대화 (김중미)	17:00	집으로
20:00 ~ 21:30	작은 책 만들기 (황덕명)	20:30 ~ 21:00	문학 캠프 문화제 준비		
21:30 ~ 23:00	이동 및 두레별 탐방 계획 세우기	21:00 ~ 23:00	문학 캠프 문화제 (독서 퀴즈 대회, 내가 만든 장서표, 탐방 발표)		즐거웠던 추억을 뒤로 하고

* 참가 인원 140명 : 교사 20명, 학생 120명
* 모든 활동은 두레별 활동(두레에는 교사 2명, 학생 10명)
* 주제도서 : 《괭이부리말 아이들》(김중미, 창비), 《인천석금》(고일, 경기문화사), 《중국인 거리》(오정희, 중앙일보사)

(5) 책이 없는 독서 교실(캠프)은 앙꼬 없는 찐빵

독서 교실(캠프)의 주제를 정했으면 주제에 맞는 도서를 선정해야 한다. 책이 없는 독서 교실(캠프)은 앙꼬 없는 찐빵이다. 다음 표에서 제시된 인천 영흥초등학교의 '밤하늘 별자리와 함께 떠나는 여행'의 경우 주제에 맞게 적절하게 지정 도서가 준비되어 있는 좋은 예라 할 수 있다.

밤하늘 별자리와 함께 떠나는 여행(인천 영흥초등학교)

날짜	진행 시간	독서 교실 내용
7월 23일 (월)	9:30 ~ 10:00	자신이 표현한 작품 발표 및 전시
	10:00 ~ 10:20	첫날 독서 교실 주제 : "신화와 함께 떠나는 별자리 이야기" 도서 《밤하늘에 별 이야기》를 읽어 준 후 자료 활용하기.

날짜	시간	내용
7월 23일 (월)	10:20 ~ 11:00	읽어 준 도서에 대한 간단한 발문 및 스토리보드 작성하기 (생각과 표현 정리하기)
	11:00 ~ 12:10	메이킹 북 지그재그 책을 이용하여 "신화와 관련된 별자리 이야기"를 책으로 표현 활동하기
	12:10 ~ 12:30	자신이 표현 활동한 작춤 발표 및 전시
7월 24일 (화)	9:30 ~ 10:20	둘째 날 독서 교실 주제:"봄 여름 가을 겨울 4계절 별자리" 도서《별자리 따라 봄 여름 가을 겨울》(곽영직, 김충섭, 교보문고)을 읽어 준 후 자료 활용하기
	10:20 ~ 11:00	읽어 준 도서 발문 및 스토리보드 작성(생각과 표현 정리하기)
	11:00 ~ 12:10	메이킹 북 회전목마 책을 이용하여 봄 여름 가을 겨울 4계절 별자리 종류와 유래에 대해 책으로 표현하기
	12:10 ~ 12:30	자신이 표현 활동한 작품 발표 및 전시
7월 25일 (수)	9:20 ~ 10:00	셋째 날 독서 교실 주제:"내 생일 별자리 이야기" 도서《내 생일 별자리 이야기》를 읽어 준 후 자료 활용하기
	10:00 ~ 10:40	읽어 준 도서 발문 및 스토리보드 작성(생각과 표현 정리하기)
	10:40 ~ 11:40	메이킹 북 회전책을 이용하여 내 생일 별자리의 특징에 대해 책으로 표현 활동하기
	11:40 ~ 12:00	자신이 표현한 작품 발표하기
	12:00 ~ 12:30	폐강식 및 독서 교실 설문지 조사 출판 기념회-3일 동안 만든 최고의 작품 전시

(6) 혼자보다는 함께하는 지혜가 필요!

독서 교실(캠프)의 주제가 점차 다양해지고 있다. 환경 호르몬, 지구 사랑, 역사, 문화재, 인체 탐구, 독서 치료 등 다양한 분야와 영역의 주제가 있는 독서 교실(캠프)이 많은 공공도서관과 학교에서 이루어지고 있다. 또는 학교 교육과정과 연계된 주제 중심의 독서 교실(캠프)을 하는 학교도 있다. 독서 교실(캠프) 프로그램을 만들 때 전문 분야의 경우 전문가나 관련 단체의 조언을 받는 것이 좋다. 과학이나 역사, 문화재 같은 경우에는 과학과나 역사과와 공동으로 준비하는 것이 좋다. 환경이 주제인 경우 환경 관련 시민단체와 연계해서 프로그램을 진행하면 내용을 풍부하게 구성할 수 있다. 다음 표의 경우에도 과학 교사나 환경단체와 함께 진행한다면 전문적이고 즐거운 프로그램을 만들 수 있다.

지구야, 사랑해! 초록 별 초록 책(인천 중앙도서관)

시간 \ 일시	1월 8일(월)	1월 9일(화)	1월 10일(수)	1월 11일(목)	1월 12일(금)
예비 시간 08:50~09:00	등록	출석 점검	출석 점검	출석 점검	출석 점검
1교시 09:00~09:40	개교식 및 오리엔테이션	자연물 액자 만들기	독후감을 써 봐요!	환경아, 놀자~	신나는 독서 골든벨
2교시 09:50~10:30	도서관 이용법 및 자료 검색 (김미선)	(황복순)	(이성진)	(이소영)	(박현주)
3교시 10:40~11:20	우리 지구를 지켜라	원고지 작성법 및 독후 감상문 작성법	북아트 –초록별 초록책	자연과 더불어 살아요	설문 작성 및 평가 (이성진)
4교시 11:30~12:10	(임성관)	(김계숙)	(강형숙)	(김미혜)	수료식
12:10~12:20	도서 대출	도서 대출	도서 대출	도서 대출	

(7) 몸 풀기, 마음 풀기부터 주제 관련 체험, 문화 프로그램으로

독서 교실(캠프)은 연령, 성격, 흥미 등이 다른 다양한 색깔의 학생들이 저마다의 동기를 가지고 참가하게 된다. 일반적으로 개인 신청을 받아 독서 교실(캠프)을 진행하기 때문에 서로 모르는 학생들이 오는 경우가 많다. 사정이 이러하니 참가자들은 처음부터 긴장하고 상대방을 탐색하게 된다. 즐거운 독서 교실(캠프)이 되기 위해서는 참가자들의 몸과 마음을 풀어 주는 것이 중요하다. 다음 표의 '선생님과 함께하는 여름 독서 캠프'처럼 첫 프로그램을 참가자들의 긴장을 풀어 주고 서로를 알 수 있게 하는 다양한 공동체 놀이나 책 놀이로 시작하는 것도 좋은 방법이다.

일부 독서 교실(캠프)의 경우 처음부터 끝까지 독서 활동 및 그리기, 쓰기, 논술, 토론 등의 독후 활동으로 프로그램을 구성하는 경우가 있다. 독서 교실(캠프)은 학습 활동이 아니다. 책과 관련된 다양한 활동으로 책 읽기의 즐거움으로 참가자들을 안내해야 하는데, 과도한 독후 활동은 오히려 참가자들의 책에 대한 흥미를 떨어뜨리게 한다.

선생님과 함께하는 여름 독서 캠프는 '1318 책벌레들의 책이랑 놀래? 도서관에서 놀래!'라는 주제로 프로그램을 구성하고 있다. 프로그램을 보면 책을 직접 쓴 저자를 만나는 것뿐만이 아니라 책이 직접 만들어지는 출판사와 인쇄소, 그리고 독자와 만나게 되는 도서관에 대한 체험활동이 이루어지고 있다. 딱딱한 강의 중심이 아닌 주제와 연관된 다양한 체험활동이 함께 배치되고 있다. 이 밖에도 마지막 날에는 책이 연극으로 만들어진 작품을 관람하면서 책 읽기를 연극의 영역으로까지 확대하고 있다. 주제와 관련된 다양한 체험활동 및 문화 프로그램은 독서 교실(캠프)을 보다 즐겁고 유익한 장으로 만들어 간다.

다만, 주의할 것이 있다. 독서 교실(캠프) 주제와 무관한 체험활동이나 문화 프로그램을 과도하게 배치하는 경우가 있는데, 이런 경우는 안 하는 것만 못하다. 독서 교실(캠프) 전체의 흐름 속에 주제와 연관되어 적절하게 체험활동이나 문화 프로그램이 구성되어야 한다. 창원 안골포초등학교에서 이루어진 여름 독서 캠프는 '학교 뜰에서 자라는 식물'을 주제로 주제에 맞는 다양한 체험활동으로 프로그램을 구성하여 참가하는 학생들의 흥미를 이끌어 내고 있다.

<table>
<tr><td colspan="5" align="center">첫째 날 : 학교 뜰에 자라는 식물 만나기</td></tr>
<tr><td>시간</td><td>활동 내용</td><td>장소</td><td>담당</td><td>준비물</td></tr>
<tr><td>09:00~09:30</td><td>● 출석 확인, 인사 나누기, 모둠 만들기</td><td>도서관</td><td>신순복</td><td>출석부</td></tr>
<tr><td>09:30~11:00</td><td>● 학교 뜰을 다니면서 여러 가지 식물 관찰하고 기록하기
● 식물들과 관련된 이야기 듣기</td><td>학교 뜰
운동장</td><td>신용진</td><td>공책, 필기도구,
돋보기</td></tr>
<tr><td>11:00~12:00</td><td>● 관찰했던 식물에 대한 느낌 나누기</td><td>도서관</td><td>신용진</td><td></td></tr>
</table>

둘째 날 : 학교 뜰에 자라는 식물로 이야기 만들기

시간	활동 내용	장소	담당	준비물
09:00~09:30	● 출석 확인, 오늘 할 일 안내하기	도서관	신순복	출석부
09:30~11:30	● 도서관에 소장된 식물도감을 살펴보고 전날 관찰하고 기록했던 식물의 특징 찾아보기 ● 관찰했던 식물을 정리하여 식물도감 만들기	도서관	임이랑 (북아트 전문가)	식물도감 북아트 용구
11:30~12:00	● 각자 만든 식물도감을 소개하며 느낌 나누기	도서관	임이랑	

셋째 날 : 학교 뜰에 자라는 식물로 염색하기

시간	활동 내용	장소	담당	준비물
09:00~09:30	● 출석 확인, 오늘 할 일 안내하기	도서관	신순복	출석부
09:30~11:00	● 학교 뜰에 자라는 식물 가운데 염색이 가능한 것 알아보기 ● 2가지 색으로 염색해 보기	학교 뜰, 도서관	황명희 (염색 전문가)	면 손수건 면 가방, 염색 재료
11:00~11:30	● 휴식하며 관찰했던 식물에 대하여 느낌을 이야기 나누기	도서관	황명희	
11:30~12:00	● 독서 캠프 반성 및 평가하기	도서관	신순복	

▲ 여름 독서 캠프(안골포초등학교)

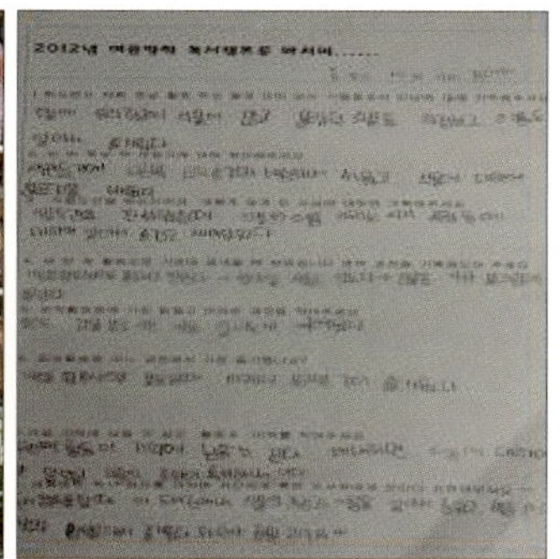

학교 뜰에 자라는 식물로 염색하기   여름 독서 캠프를 마치며

▲ 여름 독서 캠프 활동 사진(안골포초등학교)

(8) 참가자들이 함께 만들어 가는 독서 교실(캠프)

독서 교실(캠프)의 경우 점차 학생 활동 중심으로 변화하고 있다. 참가자들이 수동적으로 책을 읽거나 독후 활동을 하는 것에서 더 나아가 참가자들이 직접 프로그램을 구성하고 결과물을 만들어 가는 활동 등이 나타나고 있다. 선생님과 함께하는 여름 독서 캠프의 경우처럼, 캠프 기간 동안 참가자들은 스스로 탐방 계획을 세우고 인터뷰를 하며, 그 결과물을 책으로 만들어 낸다. 이러한 활동은 참가자들에게 매우 소중한 경험이 된다. 독서 교실(캠프)이 끝난 뒤 평가를 받아 보면 가장 만족도가 높았던 것이 친구들과 함께 모둠 책을 만들고 그 결과물을 받은 것이었다. 옆 그림은 선생님과 함께하는 여름 독서 캠프에 참가한 전국의 도서부, 독서 동아리 학생들이 독서 교실(캠프)이 끝난 뒤 함께 만든 모둠 책 표지 그림이다.

▲ 1318 책벌레들이 함께 만든 모둠 책 표지

(9) 독서 교실(캠프)은 또 다른 만남이 되어!

독서 교실(캠프)은 일회성 행사가 아니다. 독서 교실(캠프)에서 만났던 소중한 인연은 한 번의 짧은 만남으로 끝나지 않는다. 독서 교실(캠프)이 끝난 뒤 인터넷상에 모임 공간을 만들어 독서 교실(캠프) 사진, 글, 자료 등을 올려 참가자들이 서로 소통하는 공간을 만드는 것이 좋다. 이 공간은 자료의 축적뿐만이 아니라 독서 교실(캠프)에 참가하는 학생들의 만남과 소통의 장이 되어 다음 해에 이루어지는 독서 교실(캠프)의 길잡이가 되어 줄 것이다. 독서 캠프에 참가했던 학생들뿐만 아니라 교사, 학부모, 강사도 함께하면 더욱 좋다. 인터넷상의 모임 공간에서 독서 교실

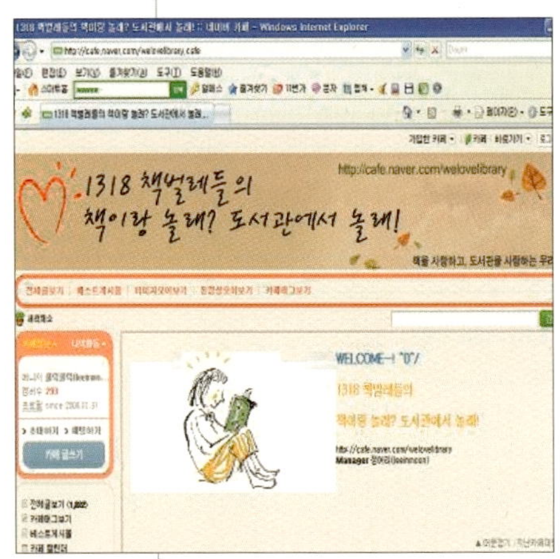

▲ 1318 책벌레들이 함께 만든 독서 캠프 카페

(캠프) 참가자들이 기수별로 만난다면, 올해의 참가자들이 내년에는 독서 교실(캠프) 보조 진행자가 되어 학생과 교사가 함께 만들어 가는 독서 교실(캠프)도 가능할 것이다.

(10) 무지개 빛깔 독서 교실(캠프)!

일곱 빛깔 무지개와 같이 한 가지 빛깔이 아닌 여러 가지 빛깔을 띠고 독서 교실(캠프)은 진행되고 있다. 앞에서 제시한 사례를 바탕으로 새로운 시도를 했으면 한다. 가령 예를 들면 한 권의 책을 테마로 해서 독서 교실(캠프)을 구성하는 것이다. 노원어린이도서관의 겨울방학 독서 캠프의 경우 주제가 '도서관 독서 교실(캠프)로 떠나는 왕릉 탐방(조선왕조)'이다. 이 캠프의 경우 명칭이 독서 교실(캠프)이지만, 실제 독서 교실(캠프)이라기 보다는 역사 탐방에 가깝다고 볼 수 있다. 조선 왕릉 관련 책을 테마로 해서 책 내

겨울방학 독서 교실(캠프) 안내

● 주제 : 도서관 독서 캠프로 떠나는 조선 왕조 왕릉 탐방
● 장소 : 노원정보도서관
● 대상 : 노원구 내 중등 1학년 30명
● 프로그램

구분		내용	강사
1월 10일 서울여대	13:00~13:50	도서관 이용법	도서관
	14:00~15:50	주제 강의(1)	전문 강사
	16:00~16:30	서울여대 박물관 견학	도서관
1월 11일 서울여대	13:00~13:50	역사 특강	단국대 교수
	14:00~15:50	주제 강의(2)	전문 강사
	16:00~16:30	－태릉·강릉 탐방	도서관
1월 12일 서울여대	13:00~13:50	시간 관리 특강	서울여대 교수
	14:00~15:50	주제 강의(3)	전문 강사
	16:00~16:30	기념 촬영	도서관
1월 13일 도서관	09:00~10:30	조선 왕릉 책 만들기	전문 강사
	10:30~11:00	작품 전시 준비	도서관
	11:00~11:30	수료식	도서관

▲ 겨울방학 독서 캠프(노원어린이도서관)

용을 따라가면서 강의와 체험, 책 만들기, 역사 여행을 함께한다면 더욱 재미있는 독서 교실(캠프)이 될 것이다.

또는 다양한 프로그램을 참가자의 취향이나 형편에 맞게 선택해서 참여하는 선택형 독서 교실(캠프)을 운영하는 것도 고려해 볼 만하다. 다음 표의 '동화로 보는 우리 역사'처럼 기간으로는 집중형으로 운영되지만, 참여자는 자신이 알고 싶은 시대를 선택하여 집중적으로 탐구할 수 있는 방식이 바로 선택형 독서 교실(캠프)이다.

동화로 보는 우리 역사(전주시립도서관)

일시	시간	읽어 올 책	활동 및 참고 도서	준비물
7월 26일 월요일	10:00~10:30	개교식	각 분관별로 실시	
	10:30~12:30	•선사시대 《석기시대 아이들》 (대교출판)	모둠 벽 신문 만들기	필기도구, 가위, 풀, 사인펜, 색 2절지, 색종이, 도화지
7월 27일 화요일	10:00~12:30	•삼국시대 《연오랑과 세오녀》(산하)	연표 만들기 (고구려, 백제, 신라)	필기도구, 색종이, 전지, A4 색지
7월 28일 수요일	10:00~12:30	•남북국시대 《아, 발해》(우리교육)	느낌 글 쓰기	필기도구, 원고지
7월 29일 목요일	10:00~12:30	•고려시대 《사금파리 한 조각 1, 2》 (서울문화사)	점토로 도자기 만들고 무늬 새기기 (양각, 음각)	조각칼, 신문지, 지점토
7월 30일 금요일	10:00~12:30	•조선시대 《정약용》(중앙 M&B)	수원성 모형 만들기	접착 테이프, 우유팩, 상자, 칼
7월 31일 토요일	10:00~11:30	독서 퀴즈	각 분단별 실시	간식
	11:30~12:30	수료식 및 다과회		
참고 도서	《사진과 그림으로 보는 한국사 편지 1, 2, 3》(웅진닷컴) 《다시 쓰는 이야기 한국사》(소담주니어), 《밥 힘으로 살아온 우리 민족》(아이세움)			

저자와의 만남, 그 설렘을 안고

일생 동안 저자를 만날 수 있는 기회가 몇 번이나 있을까. 저자와의 만남은 아이들과 교사들, 학부모들에게 그 책에 대한 이해를 높일 뿐만 아니라 작가의 눈을 통해 세상을 볼 수 있게 하고, 새로운 영감을 주기도 한다. 또 다른 저자가 탄생한다면 더욱 뜻 깊은 자리가 될 것이다. 학교도서관을 담당하는 교사라면 누구나 한 번쯤 학교도서관에 저자를 초청해 보고 싶다는 바람을 가져 본다. 하지만 그 방법을 잘 몰라 망설이는 경우가 많은데 저자를 학교로 초청하는 일은 생각만큼 어렵지 않다.

1. 저자 초청 계획하기-1단계

연초에 학교도서관 운영 계획서를 작성할 때 저자 초청을 독서 교육 프로그램으로 반영하는 것이 좋다. 물론 예산은 전년도 12월에 부서별 예산 신청을 할 때 같이하도록 한다. 전년도 예산에 책정되어 있지 않으면 추가 경정 예산으로 편성하면 된다. 국어과나 다른 여타 교과와 협의해서 공동으로 준비하면 더욱 좋다. 강사비는 학교 예산 지침에 기준이 명시되어 있는데 학교 행정실에 문의하면 자세하게 알 수 있다. 책정된 비용이 너무 적은 경우 원고료, 교통비를 첨부하는 방식으로 맞출 수도 있다. 강사비에 관한 부분은 저자에게 학교 사정을 미리 양해를 구하면 대부분 이해한다.

2. 저자 섭외하기-2단계

　저자를 초청할 때 학생들의 요구와 교사들의 요구가 일치하지 않는 경우가 많다. 물론 학생들의 요구를 따르는 것이 좋지만, 학생들이 알고 있는 책과 저자에는 일정 한계가 있기 때문에 학교도서관 또는 독서 교육 담당자가 어느 정도 준비해 두고 있어야 한다. 우선 학교도서관에서 이용자들에게 호응이 좋은 책, 교과서에 나오는 책, 학교마다 있는 권장 도서 목록에 있는 책 등을 쓴 저자를 조사하여 명단을 확보한다. 그중에서 아이들과 교사들이 어떤 저자를 가장 만나고 싶어 하는지 의견을 들어 반영하는 것이 좋다. 초대하는 저자가 너무 문학에만 집중되지 않도록 배려하는 것도 중요하다.

　초대할 저자를 정하면 저자에게 연락해 세부 일정을 잡는데, 책을 낸 출판사에 연락을 하면 저자의 전화번호나 이메일 주소를 친절하게 알려 준다. 유명 저자의 경우 일정을 잡기 어려울 수도 있다. 이때 약간의 노력이 필요하다. 아이들이 정성스럽게 쓴 편지나 책에 대한 감상문, 서평 등을 저자에게 보내는 등 저자의 마음을 움직이는 다양한 방법이 필요하다. 보통 행사한 달에서 두 달 전에 연락을 미리 하는 것이 좋다. 일부 저자의 경우에는 여섯 달 전에 미리 해야 하는 경우도 있다. 저자가 대학 교수일 경우에는 방학 중에는 모시기가 어려운 때가 많다. 방학이 되면 교수들은 국내에 없는 경우가 종종 있기 때문이다. 저자를 초청할 때 일정을 꼼꼼하게 챙겨서 준비해야 한다.

3. 참가자 모으기-3단계

　때로는, 저자 초청 강연이 학생들과 교사, 저자에게 끔찍한 기억이 될 수도 있다. 어렵게 모신 저자와의 귀중한 만남의 기회를 모든 학생에게 주고 싶은 마음에 선체 학년을 강당에 빼곡히 들어앉게 하거나, 방송 장비로 촬영하여 교실에서 학생들이 시청하게 하는 경우가 그렇다. 자신의 의사와 무관하게 강의를 듣는 아이들은 그 만남에 흥미가 있을 리가 없다. 시간이 흐르면서 조는 아이들, 옆 아이와 떠드는 아이들, 문자 메시지를 주고받는 아이들이 생겨나고, 이러한 분위기가 민망한 교사들은 각종 도구를 이용하여 아이들을 깨우기 시작한다. 민망하기는 이러한 모습을 보는 저자들도 마찬가지여서 일부 저자들은 학교에서 하는 강의를 기피하기도 한다.

저자와의 대화에 참여하는 사람은 학생, 교사, 학부모 등 학교 구성원 전체를 대상으로 신청을 받아 선발하는 것이 좋다. 적정 인원은 40~50명 사이인데 행사를 진행할 공간에 따라 융통성 있게 정하면 된다. 초청하는 저자의 책을 대출해 간 이용자들을 대상으로 초대장을 보내는 것도 좋은 방법이다. 자신이 좋아하는 저자 초청 행사에 초대장을 받는다면 이보다 더 기쁜 일은 없을 것이다. 포스터를 만들어서 학교 곳곳에 부착하는 방법도 있고, 그 외에도 학교 상황에 맞게 다양한 방식으로 홍보하여 관심 있는 학생 및 교직원, 학부모가 참여할 수 있게 한다.

저자 초청 강연 장소는 학교도서관이나 시청각실 등 아늑한 공간이 좋다. 인원이 너무 많거나 공간이 너무 크면 학생들이 저자에게 집중하기 어려우니 주의해야 한다. 사전에 참가 신청을 받을 때는 미리 저자의 책을 읽고 간단한 감상이거나 질문하고 싶은 점, 저자와의 만남에 꼭 참여해야 하는 이유 등을 적어 보도록 한다. 책 제목으로 다행시 짓기, 책 패러디 등도 즐겁게 할 수 있는 참여 신청 방법 중 하나이다. 특히 저자에게 질문하고 싶은 내용을 신청 때 미리 조사했다가 사전에 알려 주면, 저자가 학생들에게 들려줄 이야기를 준비하기가 훨씬 쉬워진다.

▲ 저자 초청 행사 포스터(인천 예일고등학교)

▲ 저자 초청 사전 활동 - 독후 활동(예일고등학교)

▲ 저자 초청 사전 활동 - 질문지(예일고등학교)

4. 저자 초청 진행하기-4단계

저자가 오면 보통 학교장 인사와 간단한 저자 소개, 강의, 질의 및 응답, 기념 촬영 순으로 진행된다. 이와 같은 기본 순서에 변화를 주는 것도 좋다. 간단한 연주와 음악회, 시 낭송을 준비하는 것도 좋고, 저자에게 쓴 편지를 낭송하는 것도 시도할 만하다. 교사들이 낭송이나 시가 노래가 된 것들을 연주하는 것도 좋다. 이외에 저자 강의가 있기 전에 독후 활동 전시회, 저자를 알기 위한 독서 퀴즈를 함께해도 좋다. 독후 활동 전시회의 경우 저자가 심사를 하고 사인이 든 책을 상으로 받는다면 학생들에게 잊지 못할 추억이 된다. 간혹 저자와의 대화를 여러 사람에게 보일 목적으로 학교 방송 시설을 이용해 교실마다 실황 중계를 하는 경우가 있다. 보기 싫으면 영화를 봐도 졸기 일쑤인데, 교실에서 시청하는 것은 아이들에게 교육적으로 효과가 미미하다. 굳이 한다면 저자의 강의를 녹화한 후 관련 교과 수업 시간에 들어가 책과 저자에 대한 배경 지식 설명과 함께 시청을 하게 하는 것이 좋다.

▲ 신경림 시인과의 대화 및 시 낭송 콘테스트(예일고등학교)

저자가 시인이나 소설가일 경우 국어과와 함께 사전에 시나 소설을 주제로 하여 수업을 진행하는 것도 좋은 방법 중 하나이다. 시, 소설 수업을 통해 학생들은 저자의 작품 세계를 폭넓게 이해할 수 있기 때문이다. 여러 교과가 함께할 경우 교사들의 적극적인 참여를 이끌어 낼 수 있는 장점도 있다. 참가 학생들을 대상으로 다양한 축제나 콘테스트를 하는 방법도 있다. 시인을 초대할 경우 시 낭송 축제 형식의 다양한 사전 활동을 할 수도 있고, 학생들이 참여하는 시 낭송 콘테스트를 할 수도 있다. 시 낭송 콘테스트의 경우 시 연극, UCC, 시 낭송, 시 노래, 자작시 낭송 등 다양한 참여가 이루어지기도 한다.

저자와의 대화는 강의 뒤 질의를 통한 진행 방식이 있고, 사전에 질의를 선정하여 질의에 대해서 답을 하는 대화식이 있다. 보통 두 가지가 혼재되어 진행되는 경우가 많다. 진행 방법은 저자와 참여하는 학생들의 성향을 잘 분석해서 결정해야 한다. 저자 중에는 강의보다는 질의-응답 방식을 선호하는 사람이 있고, 질문이 없어도 준비한 이야기를 풀어내는 사람도 있다. 또 참여하는 학생들이 수줍음이 많은 중학생이라면 질문 내용과 질문할 사람을 어느 정도는 준비해 두는 것이 좋다. 실제로 질문을 해 보라고 할 때 아무도 손을 들지 않으면 그처럼 난감한 상황도 없다. 인위적인 연출이 아닐까 고민이 된다면 앞서 조사한 내용 중 학생들이 가장 궁금해 하는 내용을 대표로 질문하는 것이라고 생각하면 될 것이다. 강의와 질의-응답이 모두 끝난 후에는 대체로 저자 사인회나 사진 촬영 등으로 행사를 마무리한다.

▲ 대중음악 평론가 임진모 초청 강연(예일고등학교)

5. 새로운 만남으로 만들기-5단계

모든 순서가 끝난 뒤 그 느낌을 글로 표현하여 도서관 홈페이지나 작가의 홈페이지에 올리게 한다. 인연의 끈을 계속 잇도록 하는 것이다. 만남 후의 느낌을 엽서로 써서 한꺼번에 작가에게 보낼 수도 있다. 행사 때 찍은 사진으로 학교도서관에서 작은 전시회를 여는 것도 좋은 추억을 오래 간직할 수 있는 한 방법이 된다. 학교 이름으로 저자 사인을 받아 도서관에 전시하는 것도 좋다. 학교의 역사가 되는 것이다. 저자와의 대화를 일회성이 아닌 '청소년 인문학 강좌'의 형식으로 학교 간 연합으로 진행하는 방법도 있다.

▲ 지역 연합 청소년 인문학 강좌 (인천 계양구)

지역사회와 연계한
독서 교육 프로그램

지역사회 문화 센터로서 학교도서관의 기능을 활성화하기 위해 지역사회에 학교도서관을 개방하는 방안을 마련해야 한다. 우선 공공도서관이 없는 문화 소외 지역에 학교도서관을 우선 개방하고 인력, 재정, 프로그램을 지원하여 '읽을 수 없는 사람'에 대한 지원책을 강화해야 한다. 또한, 현재 이루어지고 있는 연수 지원, 독서 캠프, 문학 기행, 전문/심화 연수, 저자 파견 사업, 도서관 체험 등의 학교도서관–공공도서관 협력 프로그램을 더욱 확대하고, 지자체와 지역 교육청까지 연계된, 학교를 넘어 지역과 함께하는 '책 읽는 마을'로 프로그램이 확대되어야 한다. 학교 교육과정 내에서 도서관 자료가 수업 활동에 광범위하게 이용될수록 공공도서관과 연계해야 할 필요성은 더욱 높아질 것이다. 인천여자고등학교와 인천 연수도서관은 학교도서관–공공도서관 협력 프로그램의 일환으로 상호 협력 협약을 체결하고 문학 기행, 독서 토론 교실, 북 콘서트, 책 읽기 봉사 활동 등 다양한 프로그램을 진행하고 있다.

인천여고–연수도서관 협력 프로그램

프로그램명	활동 내용
상호 협약 MOU 체결	학생들의 독서 능력 배양과 봉사 활동을 통한 나눔 정신 확산을 위해 인천 연수도서관과 상호 협력 협약을 체결하였다. 이번 협약서 체결로 인천여고는 연수도서관의 독서 교육과 봉사 활동 및 각종 행사 참여를 지원하고, 연수도서관은 인천여고의 독서 교육활동 지원과 봉사 활동 등을 지원하게 되었다.
문학 기행	'윤동주와 별 헤는 밤'을 주제로 연세대학교 학술정보관, 윤동주 시비, 서대문형무소 역사박물관을 견학하였다. 대학 도서관을 방문하며 자신의 진로를 구체적으로 설계하고, 학교도서관, 공공도서관, 대학도서관을 비교할 수 있었으며, 윤동주의 시를 함께 나눔으로써 시인의 삶과 시를 이해할 수 있었다. 그리고 역사 박물관 견학을 통해 시대적 아픔을 동감할 수 있었다.
가을 밤의 책 노래 북 콘서트	독서의 달을 맞아 책 읽는 학교 분위기 조성하고, 책과 음악을 통한 다양한 문화를 체험하기 위하여 기획하였다. 친구, 가족, 교사와 함께 어우러지는 공간 마련을 마련하였다. 초청 북 밴드 '책의 노래 서율'의 진행으로 시작한 북 콘서트는 참석한 학생, 교사 등 150여 명을 책 속으로 흠뻑 빠져들게 만들었다. 콘서트에 참석한 소정은 학생(1학년)은 "오늘 콘서트에 소개된 《고릴라는 핸드폰을 미워해》를 미리 읽고 왔다. 글로 읽었던 내용을 노래로 들으니 기분이 색달랐다."고 하며 소감을 밝혔다.
길 위의 인문학	'인천항에서 만나는 근대사 기행' 프로그램을 개설하여 우리 고장의 역사와 근대사를 바르게 알 수 있는 시간을 가졌다. (한국 근대사 특강, 인천항 개항길 걷기, 명성황후 생가 방문)
책 읽기 봉사 활동 (선학종합사회복지관)	학교-지역사회 연계 프로그램을 통해 자신이 살아갈 공동체적 삶의 영역을 두루 체험함으로써 건강한 인성을 형성하고 학교도서관에서의 배움과 자신이 가진 재능을 이웃과 나누기 위한 책 읽기 봉사 활동을 실시하였다. 학교 효도 방학에 선학종합사회복지관에 방문하여 그동안 갈고 닦은 구연동화와 북아트(종이접기) 수업 보조 활동을 하였다. 《세상에서 제일 힘센 수탉, 책 먹는 여우》, 《난 형이니까》 등 초등 저학년이 좋아하는 책을 도서부 학생들이 직접 선정하여 봉사 활동 사전 교육을 실시하는 등 많은 준비가 수반된 봉사 활동이었다.

1. 초등학교와 지역사회가 연계한 독서 교육 프로그램

전남 대서초등학교는 네이버문화재단의 후원으로 장서를 확보하고 학교마을 도서관 웹사이트를 통하여 도서관 소식, 독서 활동, 학교와 마을 소식을 전하고 있다. 가족 독서 캠프, 책방 나들이, 헌책 나눔, 고전 읽기, 마을부녀회와 함께 독서 홍보 캠페인, 이동 도서관 운영, 할머니 이야기 듣기,

도서관 야간 개방, 파주 출판 단지 견학, 가족과 함께하는 책 이야기, 피자 파티 체험 버스 등 지역과 연계한 다양한 활동을 펼치고 있다.

대서초등학교 마을 도서관 운영 프로그램

요일	시간	운영 프로그램		비고
		학생	지역민 학부모	
화요일	18:00~18:50	영어 동화 듣기 (신선)	예쁜 글씨 쓰기 (유형란)	1주, 3주
	19:00~19:50	자율 독서	독서 동아리(장희정)	2주, 4주
수요일	10:30~11:30	이동 도서관 운영 및 도서관 봉사		학부모 독서 도우미
목요일	17:00~18:00	맛있는 요리로 저녁 식사		야간 독서 도우미
	18:00~18:50	자율 독서	평생교육 프로그램 (컴퓨터, 요리, 공예)	고흥평생교육관 강사와 본교 강사
	19:00~19:50	가족 독서		가족 독서 사진 찍고 기념품 증정
토요일	09:00~13:00	뉴스포츠, 그림 그리기, 자율 독서		당직 교사
		(바) 토론 동아리(5~6학년)		유형란(2주, 4주)
팁		매월 마지막 화요일은 "가족과 함께 영화 보는 날"을 운영합니다.		
☆ 5월부터 10월은 밤 9시까지 연장하여 시간과 프로그램을 탄력적으로 운영합니다.				

　　부산 연산초등학교는 지역사회 공공 기관, 단체 등과 글너울 도서관 문화 예술 교실을 운영하고, 마을 문화센터 학부모 교실도 운영하고 있다.

글너울 도서관 문화 예술 교실(연산초등학교)

	협력 단체	추진 내용	추진 방법	시기	담당자
다양한 문화 예술 프로그램 운영	시립 연산도서관	작가 초청 강연회	작가 섭외, 학부모 참여	9월	박○○
		인형극 공연	저학년 인형극 관람하기	연 1회	김○○
	국악 협회	찾아가는 음악회 개최	찾아가는 음악회 유치	연 1회	유○○
		국악 수업을 통한 소양 기르기	국악 익히기	연중	국악 교사

다양한 문화 예술 프로그램 운영	연제문화원	사물놀이, 우리 시조 익히기	사물놀이 동아리 운영	연중	담당자
		연 만들기	연 만들기 활동 참여	연1회	담당자

마을 문화센터 학부모 교실(연산초등학교)

프로그램	활동 일시	인원	내용	비고
내 손으로 책 만들며 놀자	5월 26일	21명	학습 동기 강화 프로그램의 독서 프로그램으로 학부모와 아동이 함께하는 북아트 수업	아동 및 학부형
	6월 30일	18명		
	9월 8일	43명		
스콜라스 역사 교실	7월 21일	33명	3D 입체 퍼즐을 활용하여 아이들의 사고력·집중력·창의력·논리력 등 학습 능력의 기본 소양을 키울 수 있고 학부모와 함께 한국의 역사를 재미있게 배움	아동 및 학부형 매달 1회씩 12월까지 계획
	9월 15일	38명		
영어 동화 구연 교실	매월 4주 수요일	23명	부모님과 함께 영어 동화책을 읽는 활동을 통해 책을 친구처럼 느끼게 함	아동 및 학부형
일본 동화 교실	4월~7월 매주 수요일	18명	일본 동화 책 읽기를 통해 일본의 문화를 맛보아 자녀에게 국제적인 안목을 길러 줌	학부형

울산 범서초등학교는 지역 도서관과 협력하여 '공공도서관과 친구해요' 프로그램을 운영하고 있다.

'공공도서관과 친구해요'(범서초등학교)

영역	대상	실천 내용	실시일
연극 놀이	5-1반	울산 중부도서관에서 주관하는 연극 놀이를 통해 아동의 표현력을 기르는 프로그램에 참여	4월 26일
찾아가는 인형극	2학년 전체	울산 중부도서관에서 주관하는 학교도서관 활용 프로그램에 참여 (인형극: 바보 호랑이)	4월 27일
1일 독서 교실	4학년	본교 4학년을 대상으로 울주도서관에서 주최하는 찾아가는 1일 독서 교실에 참가	7월 12일

독서 릴레이	1-2 2-1 2-3 2-6 2-7 4-1 5-1 6-4	울산 중부도서관에서 주관하는 '리딩북 울산 독서 릴레이'에 8개 학급이 참여하여 독서 후기를 올리는 활동을 함	5월~10월
울주 이동도서관	전교생	지역 도서관과 연계하여 이동도서관과 순회 문고를 이용하여 새로운 책과 이동도서관에서 내가 보고 싶은 책을 빌리는 다양한 경험을 제공	3, 6, 9, 12월
학부모 연수	학부모 지역민	범서초등학교 도서관에서 강사를 초청하여 학부모와 지역 주민에게 다양한 강좌의 연수를 실시	연중

경남 김해부곡초등학교는 교육 공동체로서 학부모 및 지역사회의 학교 독서 교육활동 참여로 다음과 같은 독서 동행 프로그램을 운영하고 있다.

독서 동행 프로그램(김해부곡초등학교)

동행 프로그램	내용	시기	비고
가족과 함께하는 독서 골든벨	지정 도서 가족과 함께 읽고 골든벨 문제 풀기	5월 10일 ~ 6월 9일	1~3학년, 가족 178명
책 읽어 주는 Book Mom	명예 사서, 수요 아침 그림을 읽어 주는 활동	연중	1~2학년
온가족 3×3 독서 포트폴리오 대회	온 가족이 일주일에 세 번 이상 30분 독서 토론	4~12월	희망 가족
가족 독서 신문 만들기 대회	계층별 지정 도서 읽고 가족 독서 신문 제작	9월	68개 가족 참여
그림책을 품은 엄마들 선정	경남도 교육청 학부모 독서 동아리 선정, 활동함	연중	명예 사서 10명
손수 대출증 만들기, 사서 체험	손수 대출증을 만들고 사서 체험을 함	4월, 9월	117명
어르신과 함께하는 그림책 공연	그림책을 품은 엄마들의 독서 봉사 공연	9월 22일	노인회, 조부모
마술과 함께하는 책 읽기	색동어머니 단체와 함께 마술, 책 읽기, 손유희 활동	4월 27일	유치원 1~2학년

가야 역사 문학 탐방	김해박물관-대성동 고분박물관-구지봉-수로왕비릉 코스 가야 역사와 문학 탐방	5월 19일	37명
꿈나르미 Book Bus와 함께해요	경남 꿈나르미 북 버스 활용 독서 체험활동	7월 3일	51명
인형극 관람	창작 동화 인형극 〈아빠가 된 늑대〉 공연 관람, 인형극단 별	9월 27일	1학년 전체

2. 중학교와 지역사회가 연계한 독서 교육 프로그램

인천 부흥중학교는 매주 토요일 오전과 방학 중에 지역사회 주민에게 도서관을 개방 운영하고 있다. 또한 학교 주변의 공공도서관과 협약을 체결하여 공공-학교도서관 협력 프로그램을 운영하며 교육 기부 활동을 함께하고 있다. 매일 아침 독서 시간 및 학습 부진 학생을 위한 '자신만만 독서교실'에서 사용하는 그림책을 부평 기적의 도서관에서 정기적으로 대출하여 지원받고 있으며, 책나래 도서 봉사반 학생들은 부평 기적의 도서관으로 가서 서가 정리와 책 읽어 주기 봉사 활동을 하고 있다. 또 인천 북구도서관과 학교도서관-공공도서관 협력 프로젝트 사업을 함께 운영하고 있다. 지역 도서관인 부평구립도서관(부개도서관)이 중심이 되어 실시하는 '책 읽는 도시, 인천' 사업의 태스크포스 팀에 참여하여 지원하고, '책 읽는 부평, 행복한 북펀(Book Fun)' 선포식을 시작으로 독서 릴레이와 다양한 행사를 지원, 참여하고 있다.

그 밖에도 2009년 제1호 '부천외국인노동자의집', 2010년 제2호 '부평여성회관 다문화어린이집', 2011년 제3호 '계양다문화가족센터'에 '책마루 다문화어린이도서관'을 만들어 기증하여 지역사회 독서 문화 발전에 기여하고 있으며, 이와 함께 제1호 '책마루 다문화어린이도서관'에서는 매주 일요일 2시간씩 독서 교실을 열어 독서 교육 봉사를 통해 나눔을 실천하고 있다.

부평 기적의 도서관과 협약식	북구도서관과 교육 기부 협약식	책 읽는 부평 행복한 북편 선포식
계양다문화가족센터 다문화 어린이 도서관 기증 개관	책마루 다문화어린이도서관 독서 교실 봉사 활동	부평 기적의 도서관 서가 정리 봉사 활동

▲ 지역 도서관과 협력 활동(부흥중학교)

3. 고등학교와 지역사회가 연계한 독서 교육 프로그램

도서관 관련 단체 및 기관과 협력하면 학생들의 독서 방법 및 독서 능력을 진단하여 올바른 독서 생활을 유도할 수 있다. 그 결과에 따른 맞춤식 독서 교육 및 독서 상담을 실시하여 학생들로 하여금 자신의 독서 능력을 확인하고 향상시켜 나가는 방법을 모색할 수 있다. 대구 서부고등학교는 공공도서관과 협약을 체결하여 독서 능력 진단 평가, 독서 특강, 독서 및 도서관 관련 POP-UP 만들기 등을 실시하고 있다. 또, 한국도서관협회가 주최하는 전국 시 낭송 축제에 참여하여 시를 창작하고 읽는 체험을 하는 기회도 가졌다. 다음 표와 그림은 대구 서부고등학교의 지역 단체와 협력하여 운영한 책벌레 리더스 문화 체험활동을 담았다.

구분	주제	활동 내용
1	〈리얼 스틸〉 영화 감상 및 교보문고 탐방 (10/15)	● 〈리얼 스틸〉 영화 보고 감상문 쓰기 ● 교보문고 탐방을 통해 도서 목록 작성
2	책 vs 영화 (10/24)	● 책과 영화 비교해 가며 영화 감상하기
3	경북대학교 문헌정보학과 및 도서관 탐방 (11/5)	(아래 표 참조)
4	북 토크 (11/26)	● 교보문고 탐방을 도서 검색 ⇨ 북 토크 도서 선정 ● 파워포인트로 자료를 만들어 보면서 책 정보를 수집하여 조직하고 발표하기

구분 3의 활동 내용:

프로그램	시간	내용
문헌 정보학과	9:00 ~ 9:50	·문헌정보학과 선배와의 만남 ·교수와의 만남을 통해 진로 멘토링 ·도서관 서비스에 대한 강연
도서관 탐방	10:00~ 11:50	·도서관 책 빨리 찾아오기 ·경북대학교에서 실시하고 있는 좋은 서비스 및 프로그램 벤치마킹
정보야 놀자	12:00~ 12:40	·오침안정법을 활용한 북아트

〈리얼 스틸〉 영화 감상

〈완득이〉 영화 감상

교보문고 탐방

오침안정법 활용 북아트

문헌정보학과 진로 탐방

북 토크 활동

▲ 책벌레 리더스 문화 체험활동 모습(서부고등학교)

4. 방과 후 및 토요 독서 프로그램

학교도서관은 본연의 역할을 하는 데 충실해야 하지만, 농·산·어촌 등의 지역에서는 지역 문화 센터로서 학교도서관의 역할도 문화적으로 고려되어야 한다. 한 동네에 두어 명의 아이들이 있고, 거리가 멀어서 소통하기 어려운 지역인 강원 미로초등학교가 그러하다. 미로초등학교 도서관에는 매주 1회 저녁 부모와 아이들이 함께 도서관에서 와서 책을 읽고 논다. 함께 모여 숙제도 해결하며 책 이야기를 나누고 있다. 돌봄·나눔·소통을 매개로 학교도서관에서 전개되고 있는 것이다. 경남 수남초등학교는 학구 내에 거주하는 사할린 동포들에게 한글 교실을 열고 있다. 이처럼 학교도서관의 공간, 매체, 인력을 활용하여 지역민이나 소외 계층 1:1 멘토·멘티 활동이 가능하다.

영국 도서관에는 매일 혹은 정해진 시간에 도서관을 방문하여 도움을 받는 숙제 도우미 프로그램이 있는데 미국, 캐나다에서도 활발하게 운영되고 있다. 이런 프로그램들은 우리에게도 필요하고 쉽게 적용해 볼 수 있는 내용이기도 하다.

(1) 초등학교 방과 후 및 토요 독서 프로그램

초등의 경우에는 올바른 독서 습관과 책과 친해지는 독서 활동이 필요한 시기다. 그래서 책과 도서관을 친근하게 느끼도록 만들어 줄 필요가 있다. 토요 휴업일이 전면적으로 실시되면서 주말을 이용한 학교도서관 활용 프로그램이 많이 필요해졌다. 책 놀이, 도서관 추적 놀이, 각종 문화 행사, 동아리 활동 발표회, 인형극 등 책과 활동을 연계한 독서로 책에 흥미를 주는 것이 필요하다.

충남 명천초등학교는 교육과정과 연계하여 영화를 상영하며 문화 공간의 기능을 더하는 도서관을 운영하고 있다. 학생과 가족이 자유로운 시간에 도서관을 찾아 이용할 수 있도록 오후 9시까지 도서관을 개방하여 가족 독서 프로그램인 '별빛 영화관'을 운영한다. 가족과 함께하는 별빛 영화관 운영은 교육과정과 학년 수준을 고려하여, 저학년은 매월 둘째 주, 고학년은 매월 넷째 주에 영화를 상영하고, 영화를 감상한 후에는 관련 내용 토론 및 감상문 쓰기를 실시하고 있다.

별빛 영화관 프로그램(명천초등학교)

구분	날짜	제목	장르	영역	관련 도서
1	4월 12일	〈벅스 라이프〉	판타지	환경	《why 환경》
2	4월 26일	〈로빙화〉	드라마	나의 재질 발견 교육	《나의 라임 오렌지나무》
3	5월 10일	〈하늘에서 음식이 내린다면〉	SF / 모험	환경 파괴, 자연과 인간	《물은 생명에 필수!》
4	5월 24일	〈아일랜드〉	액션	환경, 미래 사회, 인간 복제	《나의 지구를 지켜 줘》
5	6월 7일	〈아름다운 비행〉	드라마	환경과 가족	《마흔 번째 생일》
6	6월 21일	〈아이스 프린세스〉	드라마	성장 영화	《소나기》
7	7월 12일	〈스쿨 오브 락〉	코미디 /드라마	나의 재질 발견 교육	《꿈의 소중함》

제주 북촌초등학교는 주제별 문학관에서 생각 가꾸기 프로그램을 운영하고 있다. 작가와 책의 장르에 대한 관심을 갖고 책을 읽도록 하며, 참 독서의 의미와 즐거움을 느낄 수 있도록 운영한다. 아래 표는 북촌초등학교의 주제별 문학관에서 생각 가꾸기 프로그램이다.

주제별 문학관에서 생각 가꾸기 프로그램(북촌초등학교)

주제	기간 및 장소	내용
권정생 문학관	5. 21 ~ 5. 30	권정생 문학관(공간) 설치 및 책 읽기, 노래와 애니메이션으로 만나는 《강아지똥》, 민들레 꽃밭 꾸미기, 몽실 언니와 인증샷, 추모 엽서 띄우기, 《강아지똥》 독후 활동 전시회 등
그림책 문학관	10. 21 ~ 10. 28	그림책 문학관(공간) 설치 및 책 읽기, 애니메이션으로 보는 그림책, 북아트 전시회, 그림책 쓰기, 그림책 베스트 5선정 등

| 린드그렌 문학관 | 11. 14 ~ 11. 21 | 린드그렌 문학관(공간)설치 및 책 읽기, 《말괄량이 삐삐》 DVD 상영, 스타킹 꾸미기, 기획 전시 등 |
| 제주 설화 문학관 | 12. 20 ~ 12. 25 | 제주 설화 문학관(공간)설치 및 책 읽기, 애니메이션으로 보는 〈개벽 신화-대별왕과 소별왕〉 기획 전시 등 |

(2) 중학교 방과 후 및 토요 독서 프로그램

중등은 '책+시설+공간+매체'가 있는 학교도서관을 다양한 학생 독서 동아리 활동의 장으로 제공해야 한다. 친구들과 함께하는 책 모임을 권장하고, 자발적 독서 동아리가 활동하는 장으로 학교도서관을 활용해야 한다. 도서관 담당 교사와 사서 교사는 권유하고 관리하는 가이드로 역할하고 원하는 시간, 원하는 아이들과, 원하는 주제로 자유로운 책 모임을 만들어 나가면 된다.

인천 부흥중학교 도서관은 초청 강연회를 위해 독서 동아리와 신청 학생을 중심으로 준비하며 방과 후 독서 토론을 한다. 먼저 학생들과 책(영화 등 다양한 정보 매체)을 고르고 정해진 기간 동안 얼마만큼 읽을지 계획을 세운다. 매일 또는 요일을 선택해 방과 후 시간에 만나 읽은 부분에 대한 이야기를 나눈다. 첫 시간에는 특정 부분을 골라 앉은 순서대로 낭독하고, 다음에는 감동과 느낌이 있는 부분을 골라 친구들에게 읽어 주는 낭독 시간을, 낭독 후에는 왜 그 부분을 골랐는지 이유를 간단히 발표하는 시간을 가진다. 나중에는 발표를 위해 스스로 쓰고 정리하며 서로 의견을 나눈다. 이렇게 나누기가 무르익어 가면 좀 더 깊이 있게 나누고 싶은 부분을 고르고 함께 토론할 만한 논제를 만든다. 이렇게 학생들은 책과 도서관을 벗하며 스스로 찾고, 읽고 나누고, 정리·종합·평가하는 과정을 배운다. 다음 사진은 인천 부흥중학교의 방과 후 도서관의 독서 프로그램 활동 모습이다.

▲ 방과 후 도서관의 독서 프로그램 활동 모습(부흥중학교)

부산 안락중학교는 다양한 독서 체험활동을 통해, 학생들의 독서 감상의 폭을 넓히고 독서 의욕을 높여 자발적이고 적극적인 독서 태도를 기르기 위해서 방과 후에 학생들과 함께 소규모 독서 체험활동을 실시하고 있다. 다음 표는 안락중학교 도서관의 문학사랑반 동아리 토요 독서 프로그램이다.

도서관 문학사랑반 동아리 토요 독서 프로그램(안락중학교)

날짜	활동
9월 1일 (토)	● 남산동 '요산 김정한 문학관' 독서 기행 – 《모래톱 이야기》 독서하기 – 탐방기와 독후감 쓰기
9월 8일 (토)	● 도서관에서 책 읽기 – 읽은 책 소감 자유로이 쓰기
9월 15일 (토)	● 해운대 '김성종 추리 문학관' 독서 기행 – 《봄은 오지 않을 것이다》, 《후쿠오카 살인》 중 선택하여 독서 – 문학관 탐방기와 독후감 쓰기
9월 22일 (토)	● 도서관에서 책 읽기 – 읽은 소감 자유로이 쓰기
10월 6일 (토)	● 온천동 '이주홍 문학관' 독서 기행 – 《이야기를 걷다》 독서 – 이주홍 문학관 탐방기와 독후감 쓰기
10월 13일 (토)	● 도서관에서 책 읽기 – 읽은 책 소감 자유로이 쓰기
10월 20일 (토)	● 영광도서 '책 만드는 법' 체험(영상 관람) – 자유 독서 – 서가 탐방 후 읽고 싶은 책 고르기 – 관람 및 읽은 책 소감 자유로이 쓰기
10월 27일 (토)	● 도서관에서 책 읽기 – 읽은 책 소감 자유로이 쓰기
10월 27일 (토) (11월 3일)	● 감천동 문화 마을 탐방 – 문화 마을 내 도서관 방문 – 생활 속의 실제 독서 현장 보기 – 문화 마을 도서관 책꽂이 살펴보기 – 기행문 쓰기
11월 10일 (토)	● 도서관에서 책 읽기 – 읽은 책 소감 자유로이 쓰기

다양한 책 읽기 프로그램 사례 소개

1. 지역사회와 함께하는 청소년 책 읽기 프로젝트

청소년들이 다양한 분야의 좋은 책을 읽고 사고의 지평을 넓힐 수 있도록 돕고, 청소년들에게 인문학 책을 읽을 때 재미와 깊이를 알려 주는 등 독서 활동을 장려하기 위하여, 김해 지역 학교도서관을 중심으로 '김해 지역 학교도서관, 책으로 노래하는 희망 프로젝트'라는 제목으로 '1318 청소년을 위한 주니어 Book 클래식'을 진행하였다. 행사 기간은 2008년 4월 15일부터 2009년 12월 31일까지 김해 지역 학교도서관을 중심으로 이루어졌다. 모두 여섯 가지 영역에 걸쳐 청소년들이 책과의 즐거운 만남을 가졌다.

(1) 1318이 말하는 1318의 책 이야기 틴틴! 톡톡!

'teen-teen! talk-talk!'은 10대를 위해서 또래 집단인 10대가 읽을 책을 추천하는 프로그램이다. 그동안 청소년들이 읽는 책은 성인이 권한 책이어서 청소년 입장에서 보면 수동적인 독서 활동이었다. 이러한 입장을 뒤집어서 청소년들이 독서 활동에 능동적으로 참여하도록 권유하기 위하여 청소년이 권하고 청소년이 책을 읽는 프로그램을 계획하였다.

청소년이 감명 깊게 읽은 책 중에서 또래 청소년에게 추천하고 싶은 책을 50자 서평과 함께 기술한다. 이 내용은 1318 book 커뮤니티에 탑재하고 우수한 타이틀을 100개 정하여 팸플릿을 만들어 배포·확산시킨다. 50자 서평을 우수하게 작성한 청소년에게는 소정의 시상을 하여 활동을 북돋는다. 이 자료는 북 콘서트와 릴레이 강좌에서 패키지 프로그램으로 활용

함으로써 책에 대한 청소년의 흥미를 불러일으켜 장기적으로 독서를 장려하는 역할을 한다. 청소년 자신이 읽었던 책을 직접 추천하는 것이 동료 청소년에게 독서 욕구를 자극하는 강력한 수단이 될 것이다.

(2) 거침없이 빠져드는 인문학 읽기 릴레이 강좌 인문학!
– 빠져 읽고, 따져 읽자!

요즘 청소년들이 소화하기 어려워하는 철학, 사회학 분야의 전문가를 초청하여 인문학 읽기에 대한 새로운 지침을 마련하기 위한 프로젝트이다. 인문학에 대한 해박한 지식을 바탕으로 눈높이를 아이들에 알맞은 맞춤식 강의로 청소년들에게 인문학을 읽는 새로운 맛을 열어 주게 될 것이다. 인문학 읽기 릴레이 강좌와 함께 패키지로 제공되는 프로그램은 청소년들의 적극적인 활동 속에서 펼쳐지는 프로그램이기 때문에, 인문학 읽기 독서 활동을 장려하고 인문학의 묘미를 느끼게 할 수 있는 프로젝트이다. 관련 저서에 대한 한 줄 서평, 전문가에게 따져 묻다. 'Battle of Books', 희망 프로젝트 책거리 등의 패키지 프로그램을 함께 진행하여 인문학 읽기에 대한 재미와 깊이를 가져오게 할 것이다.

거침 없이 빠져드는 인문학 읽기 릴레이 강좌 인문학 프로그램

순	일시	강의 내용	강사
1차	5월 24일 (토)	청소년 도서의 현황과 과제 –바람직한 청소년 독서 문화	허병두
2차	7월 12일 (토)	청소년을 위한 서양철학 이야기	안광복
3차	9월 27일 (토)	사회학적인 글과 문학적인 글 읽기 –청소년과 인문학	고병권
4차	12월 13일 (토)	동양철학 바로 읽기	배병삼
5차	6월 13일 (토)	철학 영화를 만나다	이왕주
6차	9월 19일 (토)	나무의 죽음	차윤정
7차	11월 28일 (토)	100도 씨	최규석

8차	12월 9일 (수)	스프링벅	배유안
9차	12월 23일 (수)	내가 사랑하는 사람	정호승
10차	12월 23일 (수)	봄바람	박상률

(3) 1318 청소년을 위한 북 콘서트 호기심
- 다행이다, 어른이 되기 전에 만나서!

하염없이 무언가 그리운 10대에게 바치는 북 콘서트 '호기심'은 4월부터 진행되어 온 김해 지역 학교도서관, 책으로 노래하는 희망 프로젝트 '1318 청소년을 위한 주니어 book 클래식'의 활동을 정리하여 풀어내는 총체적인 책 축제 프로젝트이다. 세상의 주인공인 청소년들의 시 낭송 공연과 청소년의 문학적 상상력을 일깨워 줄 시인과의 만남, 10대의 달콤 쌉싸래한 사랑과 성에 대해 속삭여 줄 《호기심》의 작가들이 펼치는 장에서 함께 어우러지는 마당이 될 것이다.

청소년들이 좋아하는, 희망찬 에너지가 넘치는 거북이의 새로운 5집 음악과 피아니스트 전수연의 공연을 함께하여 인문학과 시의 만남, 음악과 문학의 만남, 클래식과 대중음악 뮤지션 만남 속에서 책 읽기를 통한 소통과 만남에 새로운 지평을 여는 북 콘서트이다. 청소년들이 그동안의 활동 내용과 결과를 선보이는 청소년 참여 프로그램도 함께 펼친다.

1318 청소년을 위한 북 콘서트 프로그램

프로그램	초청 인사	비고
청소년 시 낭송, 시와 문학	시인 문태준	
사랑하라, 후회 없이! 좌충우돌 10대의 사랑과 성 이야기	시인 이용포 성장 소설가 신여랑	청소년 참여 마당 프로그램
청소년과 음악	대중 가수 거북이	
바람결에 민들레가	피아니스트 전수연	

　1318 주니어 book 클래식 튜터 모임은 희망 프로젝트를 진행하는 교사들의 모임이다. 격주로 모임을 가지고 사업을 계획하고 진행을 점검하며 청소년들이 독서 활동을 활발하게 할 수 있도록 연구하고 실천한다. 튜터 모임 교사들은 단위 학교에서 학생들이 책 동아리 활동을 할 수 있도록 매개 역할을 수행하며 책으로 일촌을 맺은 북파트너의 멘토 역할도 동시에 수행한다.

1318 주니어 book 클래식 튜터 모임 활동 내용

정기 모임	모임 장소	활동 내용
4월	김해 생명과학고 도서관	book 커뮤니티 운영 방안 연구, 마음 열기 프로그램 연구, 바람직한 청소년 독서 문화 토론
5월	경원고 도서관	book 커뮤니티 운영 점검, 학교별 독서 동아리 활동 점검, 활동 방안 안내, 북 튜터 활동
6월	김해고 도서관	북 파트너 활동, 희망 프로젝트 상반기 활동 평가, teen-teen! talk-talk! 활동 지도, 학생 대표 모임 지도
7월	김해여고 도서관	서양철학 강좌 관련 도서 검토 및 지도 방안 연구, teen-teen! talk-talk! 전시회 준비, 북 파트너 활동
8월	김해외고 도서관	희망 프로젝트 활동 평가, 2학기 독서 활동 계획 수립 및 점검
9월	김해 진례중 도서관	청소년과 인문학 읽기 지도 방안 연구, 사회학 강좌 관련 도서 점검 및 토론, 배틀 오브 북 준비 점검
10월	김해 석봉초 도서관	북 파트너 활동, 책 먹는 돼지 추진 사항 점검 및 지도, 청소년 참여 마당 프로그램 계획 및 진행 점검
11월	대곡초 도서관	동양철학 읽기 관련 도서 준비 및 토론, 책거리 활동 준비, 학생 대표 모임 지도
12월	김해 영운초 도서관	동양철학 강좌 준비, 책거리 활동 진행, 책 먹는 돼지 잡기, 희망 프로젝트 시상, 활동 내용 평가 반성

튜터 모임에서 청소년들과 함께 책을 읽으며 토론하고 연구한 지도 자료를 활용하여 청소년들의 독서 활동이 활발히 전개될 수 있도록 지도한다. 매월 김해 지역의 학교도서관에서 정기 모임을 가지고 청소년 책 읽기 지도 방안에 대한 도서를 연구하고 토론한다.

(5) 읽는 만큼 배가 부른 책 먹는 돼지 기르기

1318 청소년을 위한 주니어 book 클래식에 학교 단위로 참여하는 동아리에는 커다란 돼지 저금통을 분양해 준다. 이 돼지 저금통은 책 먹는 돼지이다. 주니어 book 클래식에 참여하는 학교에서 지정한 한 권의 책을 읽고 간단한 서평과 서지 정보를 적어 500원짜리 동전 모양의 종이돈에 적어서 책 먹는 돼지에 저금을 한다. 책 먹는 돼지는 학교도서관에 비치해 두고, 책을 읽은 청소년이 저금을 할 때에는 북 튜터가 확인한 후에 저금을 한다. 많은 학생이 참여하여 많이 저금한 만큼 희망 프로젝트 마지막 책거리 날에 책 먹는 돼지를 잡아서 책을 읽은 것만큼 계산하여 도서상품권으로 교환해 준다.

이 프로젝트는 청소년이 책을 읽는 데 재미를 가지고 좋은 인문학 도서를 스스로 읽도록 하는 프로그램이며, 학교끼리 선의의 경쟁을 하며 책을 많이 읽도록 하는 데 도움을 줄 것이다. 책 먹는 돼지를 잡으면 참여한 모든 학교에 책을 읽은 양 만큼의 상품이 돌아가므로 모두에게 혜택을 줄 수 있고, 책 읽는 행위를 보상할 수 있어 책 읽기를 장려하게 된다. 책 먹는 돼지를 잡고 난 뒤에는 해당 학교도서관에 책 먹는 돼지를 기증한다.

(6) 책으로 일촌 맺기 북 파트너
– 읽을 책이 아니라 읽고 싶은 책 읽도록 하는 멘토·멘티

책으로 일촌 맺기 북 파트너는 교사, 고등학생, 중학생이 책 읽기 파트너가 되어서 책을 읽은 느낌을 서로 나누고 공감대를 형성하게 하여 책 읽기를 장려하는 프로젝트이다. 특히, 청소년들이 읽기 싫어하는 시 문학, 인문학 책들에 대한 멘토·멘티 일촌 맺기이다. 김해 지역 교사 북 튜터 모임에서 청소년들과 같은 책을 읽고 청소년들이 읽은 책에 대해 서로 생각을 나누어 공감대를 형성한다. 이 프로그램은 학생들이 책 읽기에 적극적이고 열성적으로 바뀌도록 하고, 북 튜터인 교사도 청소년 문화를 더욱 잘 이해할 수 있다. 청소년들은 북 튜터와 생각을 나누면서 책에 대한 깊은 이해가 생긴다. 지도 교사는 튜터로서의 역할뿐 아니라 멘토로서 도움을 주며 상호 문화를 이해하고 책 읽기를 깊어지게 한다. 단위 학교를 넘어서 다른 학교의 튜터와의 상호 작용은 지역 문화를 하나로 묶는 데도 기여하게 될 것이다. 가장 많이 공감하고 활동을 한 북 파트너에게는 도서상품권을 시상하고 기념사진을 찍어 활동을 장려한다.

2. 도서관 및 독서 활동에 도움이 되는 참고 사이트

(1) 문헌정보학

이름	홈페이지
한국도서관협회	www.kla.kr
한국학교도서관협의회	www.ksla.net
전국학교도서관담당교사모임	cafe.daum.net/libte
학교도서관문화운동네트워크	www.hakdo.net
책읽는사회만들기국민운동	www.bookreader.or.kr
도쟁이	203.241.185.12
사서e마을	www.librarian.co.kr
도서관 메일링 리스트	www.domeri.or.kr
한국도서관신문	www.libnews.co.kr
리스토피아넷	www.listopia.net
미국도서관협회	www.ala.org 참고 – 미국학교도서관저널 slj
KERIS 학술연구정보서비스	www.riss4u.net
한국문헌정보학회	kslis.jams.or.kr
한국비블리아학회	www.kbiblia.or.kr
한국정보관리학회	kosim.jams.or.kr
한국서지학회	www.koreabiblio.or.kr

(2) 도서관

이름	홈페이지
국립어린이청소년도서관	www.nlcy.go.kr
서울시립어린이도서관	childlib.sen.go.kr
노원어린이도서관	www.nowonlib.kr
부평 기적의 도서관	www.bppl.or.kr

| 인표 어린이도서관 | www.inpyolib.or.kr |
| 서울시립공공도서관 통합검색 | lib.sen.go.kr |

(3) 독서 치료

이름	홈페이지
독서 치료&독서 연구&서사 연구	www.bibliotherapy.pe.kr
한국독서치료학회	www.bibliotherapy.or.kr
한국독서지도연구회	www.specialreadingclinic.or.kr
하제의 독서치료연구소	www.hajebook.com
글나라	www.gulnara.net

(4) 독서 문화

이름	홈페이지
아침독서운동	www.morningreading.org
도서관 옆 신호등	www.kidstd.com
오른발 왼발	www.childweb.co.kr
어린이도서연구회	www.childbook.org
책으로따뜻한세상만드는교사들	www.readread.or.kr

(5) 초등

이름	홈페이지
초등참사랑	www.chocham.com
꾸러기들의 지킴이 예은이네	picture.edumoa.com
인디스쿨	www.indischool.com

(6) 기타 참고 및 연수 기관

이름	홈페이지
책 만들며 크는 학교	www.makingbook.net
책 만들며 크는 학교 카페	cafe.daum.net/makingbookschool
책 만들며 놀자	www.mybookart.net
즐거운 책 만들기 교실	www.kidsbookart.com
키드 키즈	www.kidkids.net
NOMADIST 수유너머N	www.transs.pe.kr
철학아카데미	www.acaphilo.or.kr

참고 문헌

1. 황금숙(2007),《독서 교실 운영 매뉴얼 개발 연구》, 국립어린이청소년도서관.
2. 김혜정 외(2012),《인성 함양을 위한 독서 교육 실천 방안 연구》, 교육부.

2장

도서관에서 만나는 아이들 세상, 동아리 운영

만남·소통·나눔의 동아리

우리가 말하는 책 읽기는 개인의 성적이나 학벌을 상승시키기 위한 수단이 아니다. 책 속의 앎과 기쁨을 나누려는 작은 마음에서 시작하는 책 읽기이다. 책을 매개로 한 작은 나눔의 마음이 다양한 기쁨, 말의 재미, 풍경의 아름다움, 오가며 만나는 사람들의 매력, 새로운 발견의 놀라움을 맛보게 할 것이다.

그러한 이유로, 함께 책을 읽는 공감대를 형성하여 자신의 세계에서 주변으로 세계를 확장시키는 동아리 활동이 필요하다. 동아리 활동은 책을 깊이 읽고, 빠져 읽도록 만들 것이다. 따져 읽고, 겹쳐 읽어서 곱씹도록 할 것이다. 동아리 활동은 단순히 시야를 넓히는 것만이 아니라 시공을 넘어 우리가 폭넓게 이해할 수 있게끔 도와줄 것이다. 이것이 동아리를 운영하는 행복한 동반자로서 우리가 해야 할 몫이다. 동아리를 통하여 깊이 숨겨 둔 보물을 찾는 기쁨을 맛보게 해 보자.

여기서 소개하는 동아리는 학생 중심의 도서부 동아리, 독서 토론 동아리, 진로 독서 동아리로 나누어, 동아리의 조직부터 운영·적용·발전까지 누구나 쉽게 따라할 수 있도록, 이론적인 서술을 지양하고 바로 현장에 적용할 수 있는 정선되고 탄력적인 표본을 제시하였다. 독서 동아리 조직에서 활동까지 전 과정을 원활히 하기 위한 세부적인 항목까지 자세히 안내하여 동아리를 운영하는 데 도움을 주고자 한다.

도서부 동아리

1. 도서부, 왜 필요한가?

중·고등학교 학교도서관 운영에 있어서 도서부는 커다란 위치를 차지하고 있다. 사서 교사가 많지 않은 지금의 학교 현실에서 도서부는 교사, 학부모와 함께 학교도서관 운영의 실질적인 주체로서 도서관의 성패를 좌우한다고 할 수 있다. 도서부는 두 가지 성격을 함께 가지고 있다. 학교도서관 업무를 책임지는 도서관 관리자로서의 역할과 학생 동아리로서의 성격이다. 이 두 가지는 어느 것이 더 중요하다 말할 수 없다.

매년 3월이면 학교도서관은 설렘과 기대, 묘한 흥분으로 들뜨게 된다. 더불어 신입 부원을 맞이하기 위한 도서부 아이들의 발걸음은 바빠진다. 올해에는 도서부 지원자가 얼마나 될까, 어떤 후배들을 맞이하게 될까 하는 생각에 걱정 반 기대 반으로 신입 부원 모집 공고를 붙이고, 각종 기발한 생각들로 홍보전을 펼친다.

(1) 도서부, 학교도서관 운영의 꽃

언젠가부터 동아리 활동을 지원하는 아이들이 점점 줄어들고 있다. 특히 입시 앞에서 작아지기만 하는 일반계 고등학교는 그 정도가 심하다. 물론 도서부도 예외는 아니다. '봉사 점수 충만, 미팅 보장' 등으로 아이들을 유혹하기도 하고 때로는 장학금이라는 당근을 거는 학교도 있다. 하지만 그도 잠시. 봉사 점수, 미팅, 장학금의 유혹에 넘어온 아이들은 대개 도서부 활동을 최소 투자로 최대 효과를 얻는 아르바이트 정도로 인식하거나, 고등학교 시절을 멋지게 즐기기 위한 하나의 방편으로 생각하여, 조금만 힘들어도 참지 못하고 도서부를 떠나게 된다. 이럴 때마다 지도 교사는 어찌해야 할지 난감해지기만 한다.

예전에 인기를 끌었던 책의 제목처럼 '더디 가도 도서부 생각하는 마음'이라면 이와 같은 걱정은 그만해도 될 것이다. 도서부 운영의 왕도는 없다. 학급을 운영하는 것처럼 애정을 가지고 도서부를 운영하면 된다. 중요한 것은 시간과 관심, 애정이다. 도서부 아이들을 일하는 대상이 아닌 도서관 운영의 주체로, 교사의 동반자로 생각하고 함께 활동하는 것이 중요하다.

(2) 너는 노동부? 나는 도서부!

일부 특별한 학교를 제외하면 도서부에서는 대개 도서의 대출과 반납, 서가 정리 등을 맡아서 한다. 이렇듯 어찌 보면 단순한 업무만을 하다 보니, 도서부 아이들은 자조적으로 스스로를 '노동부'라고 부르기도 한다. 책 나르기, 서가 정리, 연체 도서 회수, 도서관 청소, 대출, 반납 등 주로 몸으로 하는 일이 많고, 연체 도서를 회수할 때는 본의 아니게 험악한 인상까지 동원해야 하니 아이들 말이 틀린 것만도 아니다. 지도 교사 역시 도서관 일이 바쁘다는 핑계로 도서부 아이들이 눈에 띄면 심부름이나 급한 일을 부탁하는 것이 다반사이다. 그러다 보니 도서부 학생들이 학생 동아리 구성원으로 활동하는 것이 아니라 학교 업무 보조원이 되어 가는 것 같아 안타까울 때가 한두 번이 아니다.

처음 도서부 면접을 할 때 도서부 지원 동기에 대해서 물어보는데, 아이들 가운데 열에 아홉은 책을 많이 읽고 싶어서라고 대답한다. 그런데 막상 도서부 아이들은 도서관 일을 하느라 제대로 책을 읽을 시간조차 없다. 그나마 도서부의 전통이 이어져 오고 있는 학교를 중심으로 독서 토론이나 타 학교와의 연합 행사, 축제, 교지와 신문 발간 등을 하고 있지만 그리 활발하게 움직이고 있지는 못하다. 요즘 들어 도서부 활동에 대해서 관심을 가지는 교사와 도서부 학생이 중심이 되어 다양한 활동을 전개하고 있지만, 이 역시 일반적인 현상은 아니다. 도서관 업무가 '일'이라면 동아리 활동은 '놀이'라고 할 수 있다. 일과 놀이가 하나가 되는 도서부 활동은 불가능한 것일까? 도서부 활동은 이렇다 할 전형이 없기 때문에 우리가 가는 길이 곧 하나의 길이 될 수 있다. 더디 가더라도 도서부를 생각하며 고민하는 활동이 모여 새로운 도서부의 모범이 만들어지는 것이다.

2. 도서부 만들기

　도서부 운영의 출발은 연간 운영 계획을 짜는 데서부터 시작된다. 도서부 활동은 도서관 업무 중심의 일상 활동과 동아리 행사 중심의 월별 활동으로 나눌 수 있다. 연간 운영 계획을 짤 때는 일상 활동과 월별 활동이 조화를 이루도록 해야 한다. 앞에서 이야기한 것처럼 일과 놀이가 하나가 되도록 하는 것이다. 이를 위해서는 학교도서관을 담당하는 교사가 학교도서관에서 이루어지는 도서부 활동에 대해 잘 알고 있어야 한다.

(1) 도서부의 일상 활동과 월별 활동

　도서부의 일상적인 활동은 대출·반납과 서가 정리가 기본 업무이고, 그 밖에 도서관에서 진행되는 각종 행사 보조, 게시판을 정리하거나 목록을 게시하는 도서관 환경 정리 활동, 추천 도서 목록을 작성하거나 구입 희망 도서를 조사하는 활동 등이 있다.

　월별 활동은 계절이 바뀌는 것처럼 자연스러운 일정을 따라 이루어진다. 3월이 되면 신년회를 시작으로 신입생을 모집하고 교육한다. 그 다음에는 시기에 따라 학교도서관에서 이루어지는 독서 행사를 보조하거나 주관하고, 신입 부원들이 도서관에 완전히 익숙해지는 가을 즈음에는 자체적으로 도서관 축제를 기획해 볼 수도 있다. 틈틈이 각종 도서전이나 독서 축제, 공공도서관, 서점 등을 견학하고, 여름에는 수련회, 겨울에는 문학 기행 등을 통해 문화적 욕구를 충족시키기도 한다. 그 외에 도서부가 자발적으로 소식지를 발간하거나 독서 토론 모임을 갖는 경우도 있다.

　이러한 활동들이 일상적으로 또는 3월이 가면 4월이 오듯 자연스럽게 '월별'로 진행되긴 하지만 그리 만만한 것은 아니다. 우선 시간과 노력을 투자해야 한다는 점에서 도서부원과 지도 교사 모두 도서부에 대한 의지와 애착을 가져야 가능한 활동들이다. 그나마 의지가 있더라도 아직 덜 여문 중학교의 도서부 아이들과는 진행하기가 쉽지 않을 수도 있다. 하지만 더디 가더라도 교사와 학생이 '서로' 격려하고 '함께' 가고자 하는 의지만 있다면 조금 어렵긴 해도 충분히 즐겁고 의미 있는 활동이 된다.

도서부 주제별 연간 운영 계획

활동 주제	시기	세부 활동 내용
도서부 조직 및 교육	3월 ~4월	•도서부 운영 계획 수립 •도서부원 모집 및 조직 •도서부 임원진 선출 및 회칙 정하기 •신입생 환영회 및 단합 대회
	연중	•도서부 커뮤니티(인터넷 카페) 만들기 •마니또 활동, 도서부 수련회, 졸업생 환송회 등 도서부 친목 활동 •서점 및 도서관 탐방 체험 학습
	12월	•도서부 활동 및 도서관 운영 평가
도서부 활동 1 봉사 활동	연중	•대출, 반납 및 도서 검색 •자료 및 각종 기자재 정리 •신간 도서 수서 활동 및 검수하기 •파손 도서 찾고 보수하기 •장서 점검하기 •도서관 이용 안내 및 홍보하기
도서부 활동 2 행사 활동	연중	•도서관 월별 이벤트 기획 및 운영 •세계 책의 날 행사 준비 및 진행 •독서의 달 행사 준비 및 진행 •도서관 문화제
도서부 활동 3 독서 활동	연중	•독서 토론 및 다양한 독후 활동 •도서관 소식지 및 독서 신문 제작 •서점 및 도서관 탐방 체험학습 활동 •국제 도서전 관람 •문학 기행 및 독서 교실 참가

도서부 연간 운영 계획

영역	시기	운영 계획	비고
도서부원 조직 및 교육	3월	• 동아리 활동 부서 편성 및 조직 • 부장 및 차장 선출	조직 편성
	3월 ~4월	• 연간 운영 계획 만들기 • 도서부 부서 조직 및 부서장 선출 • 자기가 갖고 싶은 책 목록 만들기 • 신입생 환영회 및 생일 잔치	교내
도서부 활동 1 -서점 탐방 활동	4월	• 대형 서점 탐방 및 수서 활동 • 세계 책의 날 행사(4월 23일) • 고서점 돌며 책 사기 • 생일 잔치	서울 ○○문고
도서부 활동 2 -도서관 탐방 활동	5월	• 학교도서관 탐방 체험학습 • 도서관 문화제 참가 • 생일 잔치	○○ 도서관
도서부 활동 3 -독서 토론	6월	• 독서 토론과 함께하는 체험학습-《중국인 거리》 • 북창동 문학 지도 만들기 • 생일 잔치	북창동
도서부 활동 4 -독서 토론	7월	• 독서 토론과 함께하는 체험학습-《전태일 평전》 • 외국인 노동자 상담소 방문 및 안산 외국인거리 체험 • 생일 잔치	경기도 안산
도서부 활동 5 -독서 토론	9월	• 독서 토론과 함께하는 체험학습-《닥터 노먼 베쑨》 • 인도주의실천의사협의회 탐방(서울역 봉사 활동 참가) • 생일 잔치	서울 대학로
도서부 활동 6 -문학 기행	9월	• 내가 만드는 문학 기행 • 문학 감상문 쓰기 • 생일 잔치	수도권 일대
도서관 축제	10월	• 다른 학교 도서관 축제 탐방 • 독서의 달 행사(문학 기행, 독서 퀴즈 대회) • 생일 잔치	교내
	11월	• 도서관 축제 • 생일 잔치	발표회
도서부 활동 7 -독후 활동	11월	• 책과 관련된 청소년 의제 만들기 • 불량 서적 모의 재판 • 생일 잔치	교내
도서부 활동 평가 및 정리	12월	• 도서부 1년 활동 평가 • ○○○○년 신임 집행부 선출 • 송년회 및 생일 잔치	활동 평가

(2) 신입 부원 모집과 교육

'인사가 만사'라는 말이 있듯이 신입 부원을 뽑는 일은 도서부 행사에서 가장 큰 일 가운데 하나이다. 3월에 모집 공고와 홍보를 하고 1차 서류 전형(자기소개서), 2차 면접을 통해서 신입 부원을 선발한다. 면접을 볼 때는, 교사와 학생이 함께 면접관이 되고, 면접에 관한 질문과 배점 기준은 도서부원들이 자체적으로 준비한다. 인원은 언제나 과유불급! 도서부 전체 인원으로 25~30명 정도가 적당하다고 보았을 때 신입 부원은 10~12명 정도를 뽑으면 된다. 신입 부원을 뽑는 과정에서 교사가 뒷짐을 지기보다는 적극적으로 기존의 도서부원들과 지혜와 힘을 모아 나가는 것이 좋다.

도서부를 모집할 때 홍보가 중요하다. 보통 아이들은 '봉사 점수 충만, 미팅 보장' 등으로 신입생을 유혹하거나 때로는 장학금이라는 당근을 거는 학교도 있다. 하지만 그도 잠시. 봉사 점수, 미팅, 장학금의 유혹에 넘어온 아이들은 대개 도서부 활동을, 최소 투자로 최대 효과를 얻는 아르바이트 정도로 인식하거나, 고등학교 시절을 멋지게 즐기기 위한 하나의 방편으로 생각하기 십상이다. 그리하여 조금만 힘들어도 참지 못하고 도서부를 떠나게 된다. 일부 학교에서는 반마다 할당하는 경우도 있다. 도서부는 '봉사'의 성격과 '동아리'의 성격이 함께 존재하기에, 강제로 할당하거나 외적인 조건을 제시하기보다는 동아리 활동의 장점을 강조하는 것이 좋다. 신입부원 모집 홍보 시 동영상을 활용하는 것도 좋은 방법이다.

1차부터 2차까지, 경우에 따라 3차까지 이루어지는 선발 과정을 거친 신입 부원은 한 달간 수습 과정을 거친다. 신입 부원은 수습 과정 동안 도서부원으로서 할 일과 태도를 배우고 익히면서 도서부 생활을 계속할 것인지 아닌지에 대한 결정도 내리게 된다. 수습 기간 동안 마음이 바뀌는 아이들이 더러 있기 때문이다. 교육은 주로 방과 후나 토요일에 하는 것이 좋은데, 따로 시간 내기가 어려운 경우에는 선배와 후배가 파트너가 되어 일과 가운데 틈틈이 교육을 진행할 수도 있다. 물론 이를 위해서는 선배 부원이 먼저 도서부 업무에 대해 철저히 파악하고 있어야 한다. 도서부 체계가 잘

▲ 도서부 모집 포스터

잡혀 있다면 자체적으로 교육과정을 마련해 볼 수도 있다. 학교 도서관의 역사에서 시작하여 도서부의 구조와 회칙, 운영 방법, 대출·반납·서가 정리·전산화 등의 업무, 도서부 활동 계획 등을 포함하면 될 것이다. 이렇게 수습 기간을 거친 뒤 본격적으로 도서부 활동을 시작한다면 더욱 알차게 활동할 수 있다.

도서부 모집 및 동아리 활동 조직을 위한 도움말

도서부원 모집은 빠를수록 좋다. 동아리 활동이 조직되기 전에 부원이 정해져야 동아리 활동을 조직할 때 선발된 도서부원들이 모두 도서부로 배정받을 수 있기 때문이다.

학교도서관에서의 아름다운 인연
○○고등학교 도서부 '두빛ㄴ래'를 모집합니다.

○○고등학교에 당신처럼 멋있는 분들이 들어왔을 것이라는 생각을 결코 의심해 본 적이 없습니다. 사람에 대한 사랑으로 봉사를 기꺼워하는 당신. 책과 정보의 바다에 묻혀 인생을 탐구하는 당신. 이제 그런 당신의 애정과 모험을 더 많은 사람에게 나누어 줄 기회가 왔습니다.

○○고등학교 도서부의 문을 두드리십시오. 당신이 꿈꾸는 것보다 더 넓고 다양한 체험과 멋진 추억이 준비되어 있습니다.

자격: 열린 생각과 꿈을 갖고 있는 ○○고 1, 2학년
역할: 학생과 교사들을 위해 ○○고 학교도서관을 만들고 운영합니다.

〈지원 시 유의사항〉
1. 단순히 책을 많이 보고 싶은 사람은 독서토론반이나 문예반으로 가십시오.
  ○○고 도서부는 책과 친해질 수 있으며 책을 많이 보기도 합니다. 또한 다른 친구들이 책을 많이 읽을 수 있도록 돕는 역할을 합니다.
2. 성적을 많이 올리고 싶은 사람은 학습과 관련된 다른 동아리를 택하세요.
  ○○고 도서부는 생각과 지혜를 깊이 키울 수 있지만 성적과 꼭 연결된다고는 할 수 없습니다.
3. 인터넷과 컴퓨터를 마음대로 쓰고 싶은 사람은 컴퓨터 관련 전문 동아리를 찾아가시기 바랍니다.
  ○○고 도서부는 컴퓨터와 인터넷을 배우고 활용하지만, 이는 도서관 전산화와 정보 봉사를 위해서입니다.
4. 그럼에도 굳이 도서부를 선택한다면 말리지는 않겠습니다.
  절망과 포기, 회피와 두려움, 경쟁과 수동이라는 단어보다는 희망과 도전과 용기, 협력과 자율이라는 말들을 부여잡고, ○○고 도서관을 함께 일구어 나갈 '아름다운 인연'들을 기다립니다.

지원서 배부 및 접수처: ○○고 1층 도서관 ○○ 선생님
지원서 배부 및 접수: 3월 ○일(월)~3월 ○일(목)
문의: ○○고 1층 도서관 ○○ 선생님

면접: ○○○○년 3월 ○일(금요일) 점심 시간부터 시작합니다.

▲ 도서부 신입 부원 모집 안내장

제 ○기 도서부 가입 희망서

어떤 거 대답 못하면 도서부원 아니랍니요~

<개인적인 질문>

<도서부활동과 관련된 질문>

<독서와 도서관에 관련된 질문>

<기타 질문>

(도서부 신입부원 면접 질문지)

면접 체크리스트

면접자 이름 : (   )

[평가기준표]

도서부원을 위해 태어났다	◎
이 정도면 업무를 성실히 수행할 수 있을 것 같다	○
그럭저럭 교육시키면 잘 할 수 있을 것 같다	△
도서부원과는 맞지 않는 것 같다	×

(도서부 신입부원 면접 채점표)

위 촉 장

○학년 ○반
이름 ○○○

위 학생을 ○○○○학년도
도서부원으로 위촉합니다.

○○○○. ○. ○

○○중학교장 ○○○

▲ 도서부 신입 부원 면접 관련 양식

(3) 도서부 조직하기

도서부 운영에서 중요한 것 중 하나가 도서부 아이들과 함께 짜임을 만들고 그 짜임에 맞게 활동하는 것이다. 아이들은 역할과 책임, 그리고 권한을 주었을 때, 자신이 도서관 운영의 주체임을 자각하고 도서부 활동을 통해 자긍심을 키워 가게 된다. 이와 함께 도서부의 이름을 만들어 주는 것도 필요한데, 도서부의 희망과 활동 방향을 담고 있는 멋진 이름을 지어 준다면 아이들의 자부심이 더욱 높아질 것이다.

도서부 활동은 주로 1, 2학년을 중심으로 이루어진다. 3학년은 진급이나 진학에 대한 부담으로 활동하기가 어려워 신입생 환영회, 여름 수련회, 졸업생 환송식 등의 공식적인 행사에만 참석하는 경우가 많다. 따라서 도서부의 주요 임원들은 2학년 중에서 뽑는데, 전년도 학기 말에 부장, 차장을 선출하고 도서부 내의 부서장들은 3월에 선출하기도 하고, 아예 모든 임원진을 새 학기에 선출하기도 한다.

도서부 내의 부서 조직은 학교 상황에 따라 달라질 수 있는데 대체로 총무부, 서기부, 홍보부, 전산부, 관리부 등으로 구성해 볼 수 있다. 각 부의 부장도 주요 임원진과 마찬가지로 2학년이 맡는 것이 보통이며, 1학년은 각 부의 구성원으로 활동하게 된다. 도서부 조직이 구성되면 교사는 임원진을 대상으로 자체 교육을 하는 것이 좋다. 도서부 운영의 성패는 내부 조직이 얼마나 잘 굴러가느냐에 따라 달라질 수 있으므로, 별도의 교육을 통해 책임감과 사명감을 부여하는 것이다.

교육을 받은 도서부 임원들은 전체 총회를 열어 도서부의 규칙을 만들거나 정비하고 연간 운영 방법에 대해 안내하여, 부원들이 도서부 운영의 전반에 대해 잘 알 수 있도록 한다.

도서부의 조직과 운영에 대한 자세한 내용은 이 장 마지막에 있는 인천 예일고등학교 도서부 '두빛느래'의 회칙을 참고하면 도움이 될 것이다.

도서부 회칙에 들어가면 좋을 내용

필수적인 내용 :
활동 내용(부서별), 교육 내용

선택적인 내용 :
도서부 명칭, 도서부원 선발 시기, 도서부 임원 선거, 활동일지 작성, 회의, 수습 회원, 단합 대회, 회비 등

도서부 조직 구성과 회칙

도서부, 이렇게 조직하면 좋다!

① 으뜸지기 1인(도서부 대표)
② 버금지기 2인(도서부 부대표)
③ 셈지기(총무부): 회비 관리 및 기타 재정 담당
④ 옮김이(서기부): 회의록 작성 및 기타 자료 정리
⑤ 책사랑이(수서부): 서가 정리 및 수서 업무, 정기간행물 관리
⑥ 알림이(홍보부): 회지 제작 및 대외 홍보
⑦ 컴지기(전산부): 도서 전산화, 홈페이지 및 인터넷 카페 관리
⑧ 지킴이(관리부): 도서 분실 방지, 도서실 관리
⑨ 소리지기(미디어매체부): 음반, 비디오, 소프트웨어 및 멀티미디어 장비 관리

이렇게 조직해도 좋다!

① 글터: 독서 토론 주제를 선정하고 자료 수집, 토론
② 나눔터: 커뮤니티 운영, 인터넷 카페 운영
③ 알림터: 도서관 행사 기획, 홍보

① 기획부: 도서관 행사 기획 및 운영
② 정보부: 도서 전산화와 인터넷 카페 관리
③ 홍보부: 도서관 행사 홍보, 도서관 소식지 제작
④ 수서부: 도서 관리 및 수서 업무 도움

도서부 조직 구성과 회칙 예시 자료

인천 예일고등학교 도서부 두빛ㄴ래 회칙

◎ 총칙

1. 명칭   이 모임은 '두빛ㄴ래'라고 이름 한다.

2. 회원
(1) 자격
   ① 정회원 : 두빛ㄴ래 소속의 재학생
   ② 명예회원 : 두빛ㄴ래 출신의 졸업생
(2) 가입: ○○고 학생으로서 별도의 절차를 거쳐서 선발된 재학생
(3) 권리와 의무
   ① 정회원:두빛ㄴ래의 모든 활동에 참여할 권리를 가지며, 회칙을 준수할 의무
   를 갖는다.

② 명예회원:두빛ㄴ래의 중요 행사에 참여할 권리를 갖는다.

3. 운영위원회
(1) 운영위원회 구성
   ① 으뜸ㄴ래 ② 버금ㄴ래 ③ 글ㄴ래 ④ 셈ㄴ래 ⑤ 두레장
(2) 임원의 활동
   ① 으뜸ㄴ래(대표)는 두빛ㄴ래 운영에 관한 전반적인 책임을 지고 대표한다. 으뜸ㄴ래는 모든 실무에서 제외되며 전체적인 업무를 관할 감독한다.
   ② 버금ㄴ래(부대표)는 으뜸ㄴ래를 도와서 두빛ㄴ래의 업무를 수행한다. 버금ㄴ래는 으뜸ㄴ래를 보좌한다.
   ③ 글ㄴ래(서기)는 두빛ㄴ래의 사무 기록 및 회의 기록을 정리하며 글로 남긴다.
   ④ 셈ㄴ래(총무)는 두빛ㄴ래 운영의 예산을 세우고 집행하며 예산 운영에 관한 권한과 책임을 함께 갖는다.
   ⑤ 두레장(부장)들은 두레 내의 모든 활동을 계획하고 책임진다.

4. 선거
(1) 후보는 두빛ㄴ래 소속이어야 한다.
(2) 임원은 총회에서 투표로 선출한다.
(3) 임원은 1개월의 수습 기간을 가지며 자격 기간은 취임식부터 이임식까지로 한다.
(4) 임원이 성실하게 역할을 수행하지 못할 경우 총회에 의해 해임할 수 있다.
(5) 두레장은 운영위원회에 소속되며 두레 구성원 내에서 투표로 선출한다.

5. 두레 활동
(1) 으뜸ㄴ래(대표): 회의 진행, 도서부 운영 총괄
(2) 버금ㄴ래(부대표): 대표 보좌, 행사 기획
(3) 셈ㄴ래(총무): 회비 관리, 생일 잔치 준비, 기타 재정 담당
(4) 글ㄴ래(서기): 회의록 작성, 도서부 역사 기록, 기타 자료 정리
(5) 알림이(홍보부): 소식지 제작, 행사 홍보, 정기간행물 관리
(6) 빛ㄴ래(전산부): 도서 전산화, 홈페이지 및 인터넷 카페 관리
(7) 소리ㄴ래(매체부): 비디오, 소프트웨어, 멀티미디어 장비 관리
(8) ㄴ래지킴이(도서관리부): 도서 분실 방지, 환경 미화, 도서관 관리

6. 기타
필요에 따라 임시 모임을 소집, 활동할 수 있다.

7. 재정
(1) 두빛ㄴ래의 회비는 셈ㄴ래가 계획하여 운영위원회에서 상의하여 결정한다.
(2) 정기 회비는 한 달에 한 번 걷는다.

(3) 예산이 모자랄 경우 별도의 추가비를 걷는다.
(4) 한 달에 한 번 결산하여 결과를 공개한다.

〈세칙〉
이 세칙은 두빛느래 세부 규칙으로 반드시 지켜야 하며 이를 어길 경우 제재를 받는다.

1. 회원
(1) 신입생 선발: 전반적인 세부 일정은 운영위에서 결정한다.
(2) 시기: 매년 3월로 한다.
(3) 선발 절차: 포스터 제작-홍보-원서 접수-1차 서류 전형-2차 면접-발표
    ① 포스터: 눈에 잘 띄고, 일시, 장소가 분명하게 드러나야 한다.
    ② 면접: 지도 교사와 3학년 대표 2명, 2학년 대표 2명으로 하고, 지원자에 대해 잘 알 수 있는 문제를 미리 만들어 질문한다.
    ③ 발표: 도서관 게시판과 학급에 잘 보이게 부착하고 개별 통보한다.

2. 수습 회원
(1) 기간은 4월 한 달로 하고 원하는 경우 탈퇴할 수 있다.
(2) 운영위원을 제외한 모든 업무와 모임에 참여한다.
(3) 1개월 동안 각 두레와 지도 교사로부터 도서관 운영에 관한 교육을 받는다.

3. 각 두레별 교육
(1) 교육 내용
    ① 셈느래(총무): 회비 관리, 생일 잔치 준비, 기타 재정 담당
    ② 글느래(서기): 회의록 작성, 도서부 역사 기록, 기타 자료 정리
    ③ 알림이(홍보부): 소식지 제작, 행사 홍보, 정기간행물 관리
    ④ 빛느래(전산부): 도서 전산화, 홈페이지 및 인터넷 카페 관리
    ⑤ 소리느래(매체부): 비디오, 소프트웨어, 멀티미디어 장비 관리
    ⑥ 느래지킴이(도서관리부): 도서 분실 방지, 환경 미화, 도서관 관리
    ⑦ 두빛느래 공통 교육: 도서 대출과 반납, 서가 정리, 책 수선 등

(2) 신입생 환영회
    ① 수습 기간이 끝나고 돌아오는 토요일에 신입생 환영회를 갖는다.

4. 두빛느래의 징계
(1) 두빛느래 내의 싸움, 폭력, 흡연, 절도 등의 행위
(2) 신년회, 수능, 백일 행사, 단합 대회, 문학 기행, 생일 잔치, 수련회, 송년회 등의 공식 행사에 이유 없이 불참하는 경우

도서부 활동을 살리는 비법 – 잘 조직된 도서부 만들기

도서부 활동을 살리는 비법

• 비법 1 모둠장을 훈련시켜라!
처음에 모둠장이 공정하게 뽑힐 수 있도록 분위기를 조성하고 뽑힌 모둠장을 잘 훈련시킨다. 모둠장 회의를 활성화하여 의견을 수렴하고 조정하는 방법과 기획하는 전략을 가르칠 수도 있다. 그리고 모둠장을 격려하여 활동을 독려한다.

• 비법 2 도서부 조직을 쉽게 바꾸지 마라!
도서부 조직한 후에 모둠을 바꿔 달라는 아이가 있으면 되도록 바꾸지 않는 것이 좋다. 실제로는 별 문제가 없는데 낯설어서 친한 아이와 같이 하려고 그런 경우가 많다. 정 안 되겠다 싶으면, 한 학기를 마무리할 때 쯤 '모둠 드래프트'를 벌이는 방법이 있다.

• 비법 3 지속적으로 도서부와 이야기하는 시간을 가져라!
활동력이 떨어지거나 활동이 잘 이루어지지 않은 부서가 있다면 사소한 오해와 불만이 쌓여 그런 경우가 많다. 그럴 때는 교사가 나서지 말고 아이들에게 공을 넘기는 게 빠르다. 모여서 이야기할 수 있는 분위기와 자리를 마련해 주면 아이들은 스스로 많은 문제를 해결한다. 특히, 활동력이 떨어지는 모둠은 자주 만나고, 아주 작은 일거리라도 주어서 성취감을 느끼게 해야 한다. 아이들끼리 있었던 활동은 그날그날 기록해 두면, 도서부 역사가 된다.

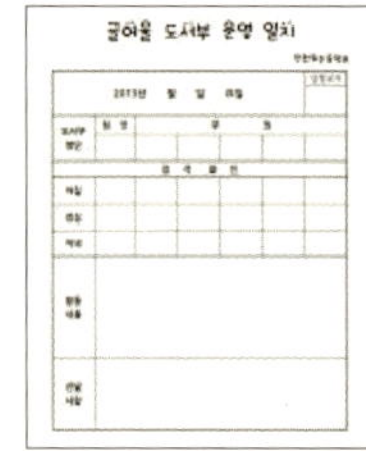

• 비법 4 모둠별 행사를 개발하고 활성화하라!
모둠원끼리 자주 머리를 맞댈 기회를 만들어 주는 것도 도서부 활동을 활성화할 수 있는 방법이다. 다양한 활동은 서로의 공감대를 넓힌다. 밥 비벼 먹기, 단합 대회, 수련회 체험 학습 등 여러 행사들을 지속적으로 연다. 그리고 미리 계획을 공유하고 아무리 보잘것없는 결과물이 나오더라도 격려해 준다.

3. 도서부 운영하기

(1) 신입 부원 환영회 및 학교도서관·공공도서관 탐방

신입 부원 수습 과정이 끝나는 꽃피는 4월이 되면 신입 부원 환영회가 있다. 이날은 졸업생들도 함께 모여 자체 행사를 가지고 단합 대회를 겸한 문화 행사를 한다.

신입 부원 환영회가 끝나면 수습 과정에서 배웠던 이론들을 직접 눈으로 확인하는 자리를 갖는데, 이럴 때 가장 좋은 프로그램이 학교도서관 탐방이다. 신입 부원뿐 아니라 도서부 전체가 함께 다른 학교의 도서관을 탐방해 보는 것이다. 다른 학교의 도서관은 어떻게 되어 있고, 도서부 활동은 어떻게 이루어지는지를 살피면서, 도서부 학생들은 도서관에 대해 새로이 눈을 뜨게 된다. 탐방 전에는 탐방할 학교도서관에 대해 사전 조사를 하고, 탐방 후에는 도서관 탐방기와 우리 도서관 개선 방안에 대한 아이디어를 제출하게 하는데, 이때 상품을 걸기도 한다. 전체가 가는 탐방 이외에 운영 위원들과 함께, 운영이 잘되는 학교도서관이나 공공도서관을 견학하기도 한다. 사진을 찍거나 도서관 및 도서부의 운영 자료를 얻어 오는 것이 좋다. 실제 운영되고 있는 도서관을 보는 것만큼 좋은 교육은 없을 것이다.

(2) 도서부 여름 수련회

방학을 이용하여 여름에는 1박 2일 일정으로 도서부 여름 수련회를 갖는다. 여름 수련회에서는 상반기 도서관 및 도서부 운영을 평가하고, 도서부 아이들의 지친 몸과 마음을 풀어 주는 계기로 삼는다. 독서 퀴즈, 책 소개하고 나누기, 공동체 놀이, 요리 경연 대회, 도서관 및 도서부 평가, 등반 대회 등의 프로그램을 준비한다. 여름 수련회를 다녀오면 도서부 학생들의 눈에는 전과 다른 따뜻함이 깃든다. 서로 간에 신뢰가 생겨나는 것이다.

여름 수련회가 부담스럽다면 1박 2일의 일정으로 독서 캠프를 열 수도 있다. 여름 수련회를 떠나거나 1박이 포함된 독서 캠프를 진행할 때는, 각 가정으로 프로그램 및 일정이 담긴 짤막한 가정통신문을 보내 학부모의 동의를 얻는 것이 좋다.

○○고 도서부 여름 수련회 계획

1. 운영 계획
가. 일시: ○○○○년 8월 13일(월) 09:00 ~ 14일(화) 18:00
나. 장소: 경기도 가평 유명산 자연 휴양림
다. 참가 대상: 본교 도서부원 중 희망자
라. 준 비 물
  (1) 학교 준비물: 코너별 활동 준비물 (추후 확정 및 구입)
  (2) 참가자 개인 준비물: 필기도구, 긴 팔 옷

2. 세부 일정
〈 8월 ○일 〉
▸09시: 인원 점검 및 출발(부평역)
▸10시 30분: 청량리역 출발
▸13시: 유명산 도착
▸15시: 짐 정리 및 점심 식사
▸18시: 단체 활동(리더십 프로그램)
▸20시: 저녁 식사 및 두레별 저녁 산책(서로에 대해 다섯 가지 이상 알아 오기)
▸21시: 도서부 1학기 평가 및 2학기 계획
▸22시: 책 나누기(자기에게 인상 깊었던 책 소감 말하고 나누기)
▸24시: 도서부의 밤(두레 놀이, 항아리 쪽지, 생일 잔치, 그 밖의 놀이)
〈 8월 ○일 〉
▸07시: 기상
▸08시: 세면 및 아침 식사 마침
▸11시: 물놀이 및 자연보호 활동
▸12시: 평가 및 모범 도서부원 선출. 편지 쓰기
▸13시: 간단한 점심
▸13시: 유명산에서 출발
▸18시: 인천 도착

▲ 도서부 여름 수련회 계획서

○○고 도서부 겨울 동아리 교실 운영 계획

1. 목적
도서관 및 도서부에 대한 이해와 자긍심을 느낄 수 있는 시간이 되도록 한다.

2. 방침
가. 도서관과 관련된 다양한 활동을 통해 아이들의 도서관에 대한 이해를 돕는다.
나. 다양한 시각에서 접근하여 사고력을 향상시킬 수 있도록 한다.
다. 체험 중심, 활동 중심으로 운영한다.

3. 운영 계획
가. 일시: ○○○○년 12월 29일 14:00 ~ 30일 17:00

나. 장소: 본교 도서관
다. 참가 대상: 도서부, 독서 토론 동아리 중 희망자
라. 준비물: 코너별 활동 준비물(추후 확정 및 구입)
마. 기타: 참석자 전원 수료증 수여

4. 행사 주제 및 일정
가. 주제: 나의 삶 나의 꿈, 학교도서관
나. 세부 프로그램
〈 12월 29일 〉
▸ 14:00~14:30 : 여는 마당, 도서부 동아리 교실 안내 및 두레 편성
▸ 14:30~15:30 : 두레 대항 도서관 5종 경기
▸ 15:30~16:30 : 도서부 활동 평가 및 계획 세우기
▸ 16:30~17:30 : 평가 및 계획 발표
▸ 17:30~18:00 : 뒷정리
〈 12월 30일 〉
▸ 09:00~12:00 : 성격 유형 검사를 통해 본 나
▸ 12:00~13:00 : 친구에게 권하는 책
▸ 13:00~17:00 : 부평 기적의 도서관 탐방
▸ 17:00~18:00 : 평가 및 정리

5. 소요 예산
(1) 강사료: 15만 원   (2) 상품비: 7만 원   (3) 합계: 22만 원

▲ 도서부 겨울 동아리 교실 운영 계획

가정통신문

여름방학을 맞이하여 ○○고 도서부에서는 여름 수련회를 개최하고자 합니다. 여름 수련회를 통하여 도서부 상호 간의 우의를 다지며, 하반기 도서부 활동의 계획을 세우고자 합니다. 이에 학부모님들의 동의를 얻고자 합니다. 학부모님들의 많은 성원과 관심 부탁드립니다.

1. 일시: ○○○○. 8. 13(월) – 200○. 8. 14(화)
2. 대상: 1, 2학년 도서부원 중 희망자
3. 장소: 경기도 가평 유명산 자연 휴양림
4. 인솔 교사: 이○○
5. 교통편: 서울 청량리역에서 기차 출발
6. 참가비: 20,000원
7. 문의 전화: 이○○(010-○○○-○○○○)

- 절취선 - - - - - - - - - - - - - - - - -

동 의 서

OO고 도서부 여름 수련회의 참가를 동의합니다.

    학년   반   번   학생   (인)
                      학부모   (인)

○○고등학교장 귀하

▲ 도서부 여름 수련회 가정통신문

(3) 문학 기행

　도서관을 운영하다 보면 도서부 학생들이 기능적인 일만 하게 되는 경우가 있다. 이를 보완하기 위해 도서부 내에서 자체로 해 볼 수 있는 독서 프로그램을 고민하게 되었고, 그 결과 아이들과 함께 문학 기행을 해 보기로 하였다. 물론 나중에는 전체 학생·교직원·학부모를 대상으로 하는 도서관 중심의 독서 프로그램으로 확대되었지만 시작은 도서부를 위한 것이었다. 문학 기행을 떠나기 전에, 학생들에게 문학 기행과 관련된 작가 조사와 관련 작품을 읽을 수 있도록 한다. 교사는 간단한 문학 기행 자료를 만들어 출발할 때 참가자들에게 나눠 주고, 이동하는 틈틈이 관련 퀴즈를 내는 등 문학 기행이 더욱 의미를 가질 수 있도록 준비한다. 또 관심 있는 교사들이 두세 명 함께할 수 있다면 도서부 인솔이 더 수월해질 것이다.

▲ 김유정문학촌 문학 기행

활동	교사	학생
사전 준비 활동	• 문학 기행 계획 수립 및 결재 • 홍보 및 참가 대상자 선발 • 사전 자료 조사 및 자료집 제작 • 참가자 준비 사항 안내 • 예약 사항 확인하기	• 참가 신청 • 미리 관련 책 읽기

▲ 문학 기행 사전 준비 활동

(4) 서점 탐방 및 다른 학교도서관 축제 참여하기

구입 도서 목록을 정하기에 앞서 도서부 학생들과 함께 대형 서점을 탐방한다. 도서관에서 구입할 책을 도서부 학생들로 하여금 직접 고르게 하는 것이다. 서점을 탐방하기 전에 구입 도서 방향과 좋은 책을 고르는 방법에 대해 아이들과 함께 충분히 토론해 보는 것이 좋다.

서점 탐방을 할 때 적은 수의 아이들이 모든 책을 다 훑어볼 수는 없으므로, 적절히 인원을 배정하여 살펴보게 한다. 예를 들어, 도서부 아이들이 20명이라면 2명씩 짝을 지어서 총류(000)부터 역사(900)까지 십진분류법에 맞추어 인원을 나눈 뒤 책을 고르게 하면 된다. 학교 근처에 대형 서점이 없는 경우에는 인터넷 서점을 활용하는 것도 좋다.

다른 학교에서 개최하는 도서관 축제나 각종 도서 전시회에 참석하는 것도 도서부 운영에 많은 도움이 된다. 축제에 참가하면서 학생들은 도서관 및 도서부 운영에 대해 많은 것을 배우게 된다. 자극도 받고 새로운 각오도 다지는 소중한 시간이 될 것이다.

▲ 서울국제도서전 관람

1. 구입 도서 선택 요령	★ 전체적인 면에서 1) 책의 제목, 머리말, 목차를 살핀다. 2) 읽고자 하는 책이 내 수준에 맞는 책인지 살펴보자. 3) 저자, 편자, 역자 등의 경험, 교육적 배경 등을 알아본다. 4) 권위 있는 출판사에서 출판된 책 가운데 발행 일자와 판이 거듭된 횟수를 본다. 5) 많은 사람이 권하고, 오랫동안 정평이 있는 책을 고른다. (문학서는 고전, 과학 서적은 최근에 발간된 책) 6) 오래도록 활용할 수 있고, 지식과 교양을 높일 수 있는 책인지 살펴보자. ★ 형식 면에서 1) 제본이 잘 되고 인쇄 상태가 좋은가? 2) 사전, 참고서인 경우 색인의 유무와 기타 부록 유무를 본다. ★ 내용 면에서 1) 교과 학습과 인격 형성에 도움이 되는 책인지 살펴보자. 2) 사진이나 삽화가 내용에 알맞게 실려 있는가? 3) 이해하기 쉽고 간결한 문장으로 표현되었는지 살펴보자.
2. 구입 도서 선택의 주제별 기준	문학서-동화, 동시, 소설, 수필, 희곡 등 - 주제가 분명한 도서 - 문장 표현이 잘 되어 있는 도서 - 상상력, 사고력을 길러 주는 도서 - 감동과 교훈을 길러 주는 도서 역사 및 전기-위인전, 역사 이야기, 여행 등 - 애국심과 올바른 역사 인식을 갖게 하는 도서 - 주인공의 어린 시절이 잘 나타나 있는 도서 - 어려움을 극복하는 능력과 용기를 기를 수 있는 도서 과학-과학과 수학 도서 등 - 과학적인 사고력과 탐구심을 기를 수 있는 도서 - 최신성과 정확성이 있는 도서 - 그 분야의 전문가가 쓴 도서 예·체능-취미 및 오락 도서 등 - 그림과 사진이 선명하고 정확한 도서 - 실제의 사실을 잘 나타낸 도서 - 건전한 여가 생활을 통해 정신과 신체를 단련시킬 수 있는 도서 참고 도서-각종 사전, 연감, 편람, 지도 등 - 최신성과 정확성이 있는 도서 - 수록 범위가 광범위한 도서 - 여러 분야의 필요한 정보를 제공하는 도서
3. 모티머 아들러의 좋은 책 고르는 기준	《독서의 기술》이라는 책에 제시된 좋은 책을 선택하는 10가지 지침 1) 책의 내용이 그 대상으로 하는 독자의 수준과 정도에 알맞게 서술되어 있는가? 2) 책의 저자가 그 방면의 전문가인가? 3) 인쇄가 고르게 되어 있으며 선명하고 부드러운 느낌을 주는가? 4) 활자 크기와 편집 방법이 시각적으로 보기 편하며 조화를 이루고 있는가? 5) 교정이 정확하게 되어 있는가? 6) 삽화와 크기의 형태가 알맞으며 용지와 지질에 결함은 없는가? 7) 책의 표제가 주제를 잘 살리고 있는가? 8) 책의 제목이 그 내용을 함축한 것으로 조화를 이루고 있는가? 9) 발행한 출판사가 명망이 있으며 권위 있는 기관의 추천 도서로 선정되어 있는가?

▲ 도서부 서점 탐방 활동

<table>
<tr><td colspan="10" align="center">도서부 수서 활동 구입 도서 목록표</td></tr>
</table>

분야 (　　　　　　) 담당 (　　　　　　)

번호	책 이름	지은이	출판사	가격	살까, 말까?			출판년 이유/참고 사항
					상	중	하	
1								
2								
3								
4								
5								
6								
7								
8								
9								
10								

(5) 졸업생 환송회

졸업생 환송회는 졸업식 후에 이루어진다. 졸업생에게 명예 회원증과 기념 반지를 전달하고, 기념사진을 찍는다. 기념사진은 액자로 만들어 학교도서관에서 눈에 띄는 곳에 걸어 놓으면 좋다. 매 기수마다 사진을 찍어 걸어 둔다면 도서관의 역사를 한눈에 알아볼 수 있을 뿐만 아니라 도서부 아이들도 뿌듯해해 졸업 후에도 찾아올 수 있는 추억의 장소가 될 것이다. 또, 명예회원이 된 졸업생들을 신입생 환영회나 여름 수련회, 도서관 축제 등의 공식 행사에 초청하여 지속적인 유대 관계를 가지면 선후배 모두에게 좋은 경험이 된다.

책사랑지기 명예회원 임명장

책사랑지기 1기 ○○○

위 학생은 책사랑지기 1기로서 도서부 활동을 성실하고 신나게 수행하여 다른 학생들이 도서관을 이용하는 데 도움을 주었으며, 3년 동안 도서관 곳곳에 봉사 활동으로 책 읽기 활동으로 지울 수 없는 따뜻한 흔적을 남겼기에 책사랑지기 평생 명예회원으로 위촉하며 위 증서를 수여합니다.

○○○○년 12월 ○일
○○중학교 도서관 e-사랑방

▲ 도서부 명예회원 임명장 예시

(6) 신년회

새해를 맞이해 도서부 전원이 모여 지난해를 되돌아보고, 새해 맞이 덕담과 새해 소망을 나누는 자리이다. 모임이 끝난 뒤 다양한 문화 행사(영화 상영, 보드게임, 볼링 등)를 함께하며 새해를 맞는다. 시기는 1월 초순으로 한다. 신년회 프로그램으로 '꿈 단지' 만들기를 하는 것도 좋다. 새해 소망을 쪽지에 적어 꿈 단지에 넣어 보관하는 것이다. 이렇게 만들어진 꿈 단지는 1년이 지난 뒤 12월 송년회에 개봉한다.

● 도서부 싹쓸이 프로젝트 ●

도서부 동아리만의 특별한 유혹

3월 새 학기가 시작되면, 동아리 새내기 부원을 어떻게 뽑을 것인가 하는 문제가 가장 심각하게 고민되죠? 보통 동아리 홍보를 한다고 하면 교실을 돌며 1학년 학생들에게 압박과 부담을 주는 말을 하면서 동시에 교실 뒤에 홍보 게시물을 붙이는 것이 가장 일반적인 동아리 홍보 방법이죠. 하지만 그렇게 홍보를 해도 도서부 동아리에서 신입생들의 원서를 받기는 하늘의 별 따기죠. 그리고 많은 도서부 동아리 학생의 이야기를 들어 보면 선배들의 홍보를 통해서 동아리에 들어간 경우보다 친구들의 입소문을 통해서 들어가게 된 경우가 많았습니다. 왜 신입생에게 도서부 동아리를 홍보하기 어려울까요? 그건 신입생들에게 도서부 동아리는 책을 읽는 동아리라는 선입견이 강하기 때문이에요. 그 밖에도 신입생들은 동아리 활동으로 인해 성적이 떨어지는 문제를 고민하죠. 그렇기 때문에 온갖 방법들을 다 동원해 보지만, 매번 결과는 비슷하죠.

홍보를 어떻게 해야 신입부원이 많이 들어올까요? 이러한 고민들을 확 없앨 수 있는, 그리고 '도서부는 책 읽는 동아리이다'라는 선입견 또한 없앨 수 있는 아주 후끈한 방법들을 여기에 소개하고자 합니다. 요걸 듣고 간 모든 학생에게 신의 가호가 있기를!

신입생 홍보 비법 이런 게 있다!

공략 하나. 도서관 홍보
도서부 동아리의 아지트를 까발려 보자! 풋풋한 신입생들이여 끌리면 오라!

(1) 신입생 등록 기간 이용해 먹기!

신입생들에게 도서관은 어쩌면 딱딱한 이미지를 주죠. 쉽게 들어오기 힘든 곳인 도서관의 문을 이날 하루 활짝 개방해 봐요! 떨리는 마음으로 학교를 구경하는 신입생들에게 도서관 투어를 시켜 줘요. 그리고 그동안 동아리에서 활동했던 자료들이 실린 도서관 관보나 동아리 회보 등을 준비해서 나누어 주는 것도 좋아요. 사탕 같은 작은 선물도 준비해서 나누어 봐요!

(2) 신입생 OT 이용해 먹기!

2월 중순부터 전체 신입생들이 학교에 모이는 OT가 있어요. 이 시간도 그냥 보내긴 너무 아까운 시간이죠. 강당에서 OT가 끝나고 우르르 나오는 학생들을 한 명이라도 붙잡고 도서관이 어디에 있고, 도서부 동아리에서 어떤 일을 하는지를 자세히 알려 줘 봐요. 외부에서 따로 하지 않아도 되는 도서부 동아리에게만 주어지는 풍부한 봉사 활동 시간이나 도서부 동아리 활동을 하면 좋은 점들을 이야기하면 도서부 동아리에 들어오고 싶어 하는 학생들이 하나둘씩 생겨날 것입니다.

(3) 도서관 이벤트 이용해 먹기!

새내기 모집 직전 도서관 안에서 할 수 있는 갖가지 도서관 이벤트로 활력이 넘치는 도서관의 이미지를 만들어 봐요! 친구들에게 도서부 동아리에 대해 물어보면 보통 '도서부는 책만 읽는 동아리 아니냐?'고 되물어 보는 친구가 많지요? 또 신입생들에게 도서관이란 들어가기에는 약간 벽이 있는 공간이죠. 이럴 때는 신입생들의 마음을 먼저 읽어 내는 능력이 꼭 필요해요. 도서관 이벤트는 도서부 동아리에 대한 이런 이미지를 벗을 수 있는 절호의 기회죠. 신입생들을 위한 다양한 이벤트들을 통해 신입생들을 도서관으로 모아 봐요! 방문자 이벤트나 도서관에 가장 많이 오는 학생에게 선물을 주는 등 이벤트를 통해 신입생들의 마음을 뺏어 봅시다!

날 잡아 진행하는 이벤트	책 경매	선생님들께 해가 지난 잡지와 책 후원을 받아 보자!
	책 속 보물찾기	힌트가 될 만한 책의 일부를 복사해서 곳곳에 붙이자!
	책 속 스무고개	책 속에 문제~ 또 문제~ 한 단계씩 풀어 가는 재미!
	책 빨리 꽂기	분류 기호에 맞춰 빨리 꽂아 보는 일석이조 이벤트!
	독서 퀴즈 대회	도전 골든벨에 이어서 우리는 도전 북 벨을 울려 보자!
	영화 상영	도서관의 최첨단 기계들을 이용해 먹자!
	윷놀이	이용자 교육용으로 만든 윷놀이! 재미는 덤!!
덤 이벤트	몇 번째 대출자 상품 주기, 기억에 남는 구절, 만화 빈칸 채우기	

(4) 교과서 분배 이용해 먹기!

1학년들에게 입학식 이후 학교 생활은 마음이 두근두근한 시기죠. 특히 교과서 배부 날은 뭔가 기대하는 마음이 가득한 시기예요. 이때 1학년 교실에 배부될 교과서들을 도서관에서 도서부원들이 직접 나눠 줄 수 있도록 학교에 요구해 봐요. 그렇게 받아 낸 시간은 그냥 버리긴 너무 아까운 시간이죠? 이때 도서부 동아리 홍보를 하면 엄청난 홍보 효과를 누릴 수 있을 것입니다. 또한 교과서 배부와 동시에 도서부 동아리 지원서를 몇 부 끼워서 나눠 주는 센스도 발휘해 보아요!

(5) 도서관 업무로 꼬셔 보자!

도서부 동아리만이 도서관에서 누릴 수 있는 혜택이 있죠. 바로 바코드 찍기!

도서관에 와 본 학생들이라면 바코드를 한 번쯤 찍어 보고 싶은 마음이 들었을 것입니다. 그런 마음을 이용하여, 바코드를 신기해하는 1학년 학생들에게 직접 바코드를 찍어 볼 수 있는 기회를 주는 것입니다. 바코드 찍는 방법을 알려 주면서 동시에 도서부 동아리가 도서관에서 어떤 일을 하는지 함께 알려 주는 것이죠. 도서관 업무를 신기해 하는 학생들이 있다면! 재미있는 멘트와 봉사 시간이 많다는 강점을 이야기해 주며 도서부 동아리로 들어오라는 유혹의 손길과 지원서를 슬쩍 내밀어 봐요!

공략 둘. 강당 홍보
널찍한 강당을 도서부 동아리의 숨결로 가득 채워 보자!

(1) 영상 활용해 먹기!

눈을 즐겁게 하는 홍보는 정말 엄청난 효과를 가지고 오지요. 그것을 이용한 것이 CF 패러디와 뮤직 비디오 홍보 방법이에요. CF 패러디 홍보를 할 때는 한창 재미있는 CF를 패러디하여 도서부 홍보에 쓰는 것이죠. 예를 들자면 휴대전화 스카이 CF 중에서 'MUST HAVE'를 이용해 볼까요. 도서관에 지원서를 밀어 넣는 패러디! 재밌지 않을까요? 그리고 뮤직 비디오 홍보를 할 때는 도서부 동아리가 하는 업무와 도서부 동아리의 즐거운 동아리 활동을 노래와 함께 담아 보면 좋아요.

도서부 동아리가 콘티를 짤 수는 있겠지만, 영상 관련 장비가 없기 때문에 제작이 쉽지 않을 것입니다. 그럴 땐? 방송 동아리나 영상 동아리의 도움을 받아 봅시다! 이때 방송 동아리나 영상 동아리에 절친한 친구가 없다면 미끼를 던져 보는 거예요. 방송 동아리나 영상 동아리는 영상 관련 장비나 영상 편집 프로그램을 사용하기 위해서 필요로 하는 책이 있을 것입니다. 그런 책들을 구입해서 장기 대여를 해 주는 것이죠. 이런 것을 'Give And Take' 전략이라 할 수 있어요! 그렇게 방송 동아리나 영상 동아리의 도움을 받아 만들어진 영상을 강당에서 홍보할 때 틀어 주어요! 또 영상을 통해 동아리 홍보뿐만 아니라 도서관 이용자 수칙이나 도서관 홍보도 함께하면 일석이조의 효과를 누릴 수 있을 것입니다. 그런데 이렇게 도움을 청하기 어려운 상황이면 도서부원들 중에 누군가가 직접 영상을 배워 보는 것도 좋을 것입니다. 도서관에서 영상은 아주 큰 무기예요. 동아리 안에 영상을 다룰 수 있는 인재가 생긴다면 신입생 홍보뿐만 아니라 도서관에 날개를 달게 될 것입니다.

(2) 공연 활용해 먹기!

공연이라 하면 연극이나 춤 같은 것이 생각나죠. 그러나 연극은 분명 연극 동아리가 메인이고 춤은 댄스 동아리의 메인일 것입니다. 그렇다면 도서부 동아리는 어떤 공연을 할 수 있을까요? 우리는 카드섹션을 해 봐요! 월드컵 때 붉은 악마가 했던 멋진 카드섹션까지는 아니더라도 간단하게 '도서부 동아리로 오세요.' 등의 문구로 이목을 집중시키고 큰 소리로 우리 동아리만의 특성을 알려 줄 수도 있어요. 물론 꼭 카드섹션이 아니라도 좋아요. 도서부 동아리라는 고정관념을 깨고 재미있는 율동 또는 춤, 간단한 콩트도 좋아요.

공략 세엣. 교실 홍보
쿵쿵 주목해 주세요~ 도서부 동아리입니다!

(1) 피켓 이용해 먹기!

교실 홍보는 많은 학교에서 하는 홍보 방법 중 하나일 것입니다. 그리고 교실 홍보 중에서 어디서나 쉽게 볼 수 있는 것이 피켓을 이용하는 것이죠. 그리고 피켓에는 거의 동아리 이름과 동아리 전통이 담겨 있을 것입니다. 그렇게 비슷비슷한 지경이라면 결국 피켓 홍보에서 가장 중요한 것은 우리의 자세죠! 우선 교실 홍보를 할 때 가장 중요한 것은 아이들의 이목을 집중시키는 것입니다. 교실에 들어가자마자 기선을 잡아라! 발 구르기, 싸움하는 연기 등을 통해서 시선을 집중시키는 것이 필요합니다. 준비되지 않아서 우왕좌왕하는 모습은 분명 어설픈 이미지만 남기고 오는 꼴이죠. 준비된 당당한 모습을 최대한 보여 줘야 합니다.

보너스 – 도서부 동아리가 강점을 가진 말에는 뭐가 있을까?

1. 도서부 동아리는 봉사 동아리다!	다른 동아리와 차원이 다른 빵빵한 봉사 시간! 다른 봉사는 필요 없다!
2. 책과 가까운 도서부 동아리다!	힌트가 될 만한 책의 일부를 복사해서 곳곳에 붙이자!
3. 신간은 도서부 동아리 손에 있다	재미있는 신간을 먼저 접할 수 있는 특별한 기회!

1) 점심 방송 이용해 먹기!

항상 노래만 틀어 주는 점심 방송을 이용하여 동아리 홍보를 해 봐요! 라디오 광고 방송처럼 노래와 함께 우리 동아리만의 특색을 우리들의 육성으로 내보내요! 그리고 노래 바꾸기를 해서 홍보한다면 머리에 혹 박히는 홍보가 될 것입니다.

2) 학교 신문(교지) 이용해 먹기!

신입생들이 들어오면 분명 학교에선 학교 홍보를 위해 학교 신문이나 교지를 만들죠. 그때 한 페이지를 확실하게 이용해요! 그 한 페이지에 우리 동아리만의 특색 있는 전통과 도서부 동아리가 하는 일을 확실하게 보여 주는 것입니다. 이때! 도서부 동아리가 절대 따분한 동아리가 아니라는 것을 강조할 필요가 있어요.

(1) 홍보 전단지 활용하기!

홍보 전단지는 가장 기본적이면서도 몇 배의 효과를 누릴 수 있는 방법 중 하나죠. 우린 전단지도 눈에 띄게 만들어 봐요! 그냥 평범하게 동아리에 대한 글만 넣지 말고 우리의 해맑은 사진도 넣어 보고, 동아리원들의 사진을 오려서 그림과 함께 재미있게 붙여 보는 것도 좋아요. 또 원서를 전단지로 활용할 때는 너무나 간단하게 '원서'라는 말과 함께 문제만 쫙 나열하는 것보다는 '꿈의 나라로 오는 티켓'이라는 문구처럼 톡톡 튀는 문구 하나가 사람의 마음을 확 끌어올 수도 있어요. 여기서 '소리 지르기'까지 함께 곁들인다면 주위 이목까지 살 수 있어서 좋아요.

(2) 코스프레 활용하기!

앞에서 홍보 전단지를 활용할 때 코스프레도 함께 곁들인다면 교문을 지나가는 학생들의 이목을 집중시킬 수 있을 것입니다. 예를 들어 간단하게 큰 박스로 만든 책을 뒤집어쓰고 홍보 전단지를 나누어 주는 것입니다. 그 외에도 나의 동아리를 의미할 수 있는 배지 모양이나 원서를 엿처럼 나누어 주는 엿장수 등 우리들의 상상력을 마음껏 발휘했으면 좋겠어요.

(3) 플래시몹 활용하기!

플래시몹이란 불특정 다수가 인터넷을 통해 특정한 날짜, 시각에 정해진 장소에 모여 짧은 시간 안에 주어진 행동을 동시에 하고 뿔뿔이 흩어지는 깜짝쇼를 말해요. 국내에서는 명동, 강남 시체 놀이, 월드컵 놀이, 3·1 만세 운동 등의 플래시몹이 벌어졌죠. 플래시몹은 처음 보는 학생이 많기 때문에 홍보 방법 중 '신선함'이 무기예요. 예를 들어 교문 앞에서 도서부 동아리 친구들이 등교하는 척합니다. 그러다가 큰 소리로 동아리 이름을 외치며 우르르 뛰어서 도서관 앞에 원서를 들고 서 있는 것입니다. 꽤나 상징적이지만 충분히 무엇을 말하려는지 알 수 있고, 꽤나 창피하지만 창피함을 잊을 수 있는 효과를 느낄 수 있을 것입니다.

독서 토론 동아리

1. 독서 토론, 왜 하는가?

우리의 삶은 자기 자신을 포함하여 누군가와의 끝없는 대화의 과정이다. 대화하지 않는 삶, 특히 공감에 바탕을 둔 대화가 없는 삶이란 척박하다. '책'을 매개로 한 대화가 자유롭게 이루어지는 독서 토론 동아리가 다양한 형태로 운영된다면 우리들의 삶은 한결 풍요로울 것이다.

독서는 대화이다. 1차적으로 책을 쓴 저자와의 대화이고, 2차적으로는 함께 읽은 이들과의 대화이다. 그 가운데서도 특히 독서 토론은 '책'을 가지고 삶에 대한 진정성에 바탕을 두고 나누는 대화이다. 독서 토론은 시간이 오래 걸리고, 활동 결과가 쉽게 나타나지 않아 책을 읽고 할 수 있는 여러 활동 중에서 가장 힘이 들지만, 그런 만큼 만족도가 가장 높은 활동이다.

학교 급별 독서 토론의 지향점

● **초등학교**

초등 독서 지도에서 가장 중요한 것은 아이들에게 책에 대한 관심과 흥미를 갖게 하는 일이다. 평생 책을 읽으며 살 것인지 아닌지는 대부분 초등학교에서 결정된다. 독서를 아무리 강조한다고 해도, 아이들 스스로 책 읽기의 즐거움을 느끼지 못한다면 지속성을 갖기는 어렵다. 초등 독서 토론은 여기에 중점을 두고 지도해야 한다.

● **중학교**

중학생 때는, 이제 막 논리성을 갖춘 표현 능력이 형성되는 시기이다. 그렇기에 독서 토론 동아리 운영은 언어 표현 능력 향상과 발상의 다양성에 관심을 가지고 지도할 필요가 있다.

● **고등학교**

고등학교에서의 독서 토론은 논제에 어느 정도 식견을 갖춘 토론가가 말하는 것이라 생각할 수 있으며, 논거의 타당성, 논제의 증명 과정, 토론 후 논술까지 연계하여 지도할 수 있다.

---

2. 독서 토론 동아리 만들기

많은 사람이 독서 토론 동아리의 필요성을 느끼지만 막상 동아리를 조직하려면 망설여진다. 이것은 독서 토론 동아리 운영에 대한 지식과 경험이 부족해서 생기는 막연한 두려움 때문이다. 아이들 역시 마찬가지다. 토론 활동에 참여할 시간이 없거나, '토론'이라는 단어에서부터 부담을 느껴 선뜻 동아리 활동에 참여하지 못하는 학생이 많다. 따라서 독서 토론 동아리를 조직할 때 독서 토론을 두려워하는 아이들의 상황에 대한 이해를 바탕으로 '토론'보다는 책 이야기를 나누는 모임으로 출발하는 것이 좋다.

(1) 토론 시간

아이들이 처한 상황 중에서 가장 어려운 것이 시간 문제이다. 고등학교에서는 야간 자율 학습 시간을 이용하여 동아리 활동을 할 수도 있으나, 초등학교나 중학교는 방과 후 생활이 다양하여 일정한 시간을 내기가 무척 어렵다. 그래서 동아리를 구성해 놓고 시간을 잡으려면 도중에 포기하는 학생이 많이 생기기 때문에 미리 시간을 결정하여 공지하는 것이 좋다. 활동 시간별로 동아리를 구성할 수 있는 방법은 다음과 같다.

● 평일 방과 후

실제 학교 일정이 매우 유동적이어서 미리 잡아 놓은 시간을 이리저리 미루는 경우가 자주 생긴다. 교사가 없어도 실제 토론이 진행되는 고등학교나 오랫동안 토론 동아리가 유지되어 자체 활동이 가능한 단계가 아니라면 실패할 가능성이 높다.

● 토요 휴업일

토요 휴업일에도 학교도서관을 개방하는 학교에 권장할 만하다. 남들 쉬는 시간에 학교에서 자신이 선택한 활동을 한다는 자긍심이 학생들을 적극적으로 만든다. 교사는 참여한 학생들에게 이 점을 강조하여 칭찬해 주는 것이 좋다.

● 동아리 활동 시간

학생들이 별도의 시간을 내는 것이 아니라, 학교 교육과정 속에서 활동하는 것이기 때문에 교사나 학생에게 가장 여유로운 선택이며, 시간이 충분해서 그만큼 충실한 독서 토론이 이루어질 수 있다. 학교마다 동아리 활동 운영 시간이 차이가 있어서 지속적인 토론 활동을 위해 다른 시간을 함께 활용하는 것이 좋다.

(2) 모임 횟수

독서 토론 프로그램을 진행했을 때, 가장 큰 문제가 책을 읽지 않고 온다는 점이다. 그러므로 참여자의 독서 수준, 집중도에 따라 월 1회, 월 2회가 적절하다.

(3) 모집 홍보물

홍보물을 만들 때에는 특별한 활동을 한다는 것을 부각시키기보다 책과 관련한 다양한 이야기를 나누는 수다 모임 정도로 홍보하는 것이 좋다.

아이들이 모두 바쁜 것 같지만, 실제는 학교가 끝나면 특별히 할 일이 없는 아이도 많기 때문에 그들을 겨냥한 홍보물이 반응이 좋다.

지역 연합 청소년 인문학 독서 토론 동아리 모집 요강

● **취지**
책을 읽고 토론하는 과정을 통해 논리적인 사고력을 키우고 타인과 소통하는 열린 인격체로 성장하는 기틀을 마련하고자 아래와 같이 청소년 독서회를 구성하고 운영합니다.

● **목표**
- 좋은 책을 고르는 안목과 폭넓은 사고를 할 수 있다.
- '다른 세상', '다른 이들'과 소통하고 함께하는 즐거움을 안다.
- 바른 독서 습관을 통해 건강한 자아를 확립할 수 있다.

● **운영 방안**
- 월 2회, 10여 명
- 미리 정해진 도서를 읽고 와서 서로의 느낌과 생각을 나누는 토론 시간을 가진다.

● **운영 개요**
- 운영 기간: 3월부터 2월까지
- 운영 일시: 매월 2회
- 참가 대상: 관내 중학교 학생 10명 내외

● **접수 개요**
- 접수 기간: 2010년 3월(선착순)
- 접수처: 청소년 인문학 도서관
- 접수 내용: 자신의 책 이력서(book story)
기억에 남는 책, 책을 좋아하게 된 계기, 독서 습관, 읽은 책 나열 등 자유롭게 표현하기

▲ 학교 안에서 토론 동아리를 모집하는 경우

독서 토론 동아리 모집

혼자 읽기만 하면 무슨 재민겨?

★ **내용** 한 달에 한 권 읽고 이야기 나누기

★ **일시** 2주, 4주 토요 휴업일 13시~17시

★ **토론 동아리에서 하는 일**
요즘 뭐 읽니? 이 책 재밌다!
뭐 읽으면 좋을까?
결론은 책과 간식이 있는 수다

★ **가입 조건**
남는 게 시간인 사람
말하기보다 말 듣기가 취미인 사람

★ **인원** 선착순 15명

독서 토론 동아리 참가 신청서			
이름		학년/반	
주소		이메일	
전화		핸드폰	
book story	※ 자기소개, 토론회 참가를 희망하는 이유, 읽어 본 책 중 나누고 싶은 책 등 간략히 적어 주세요.		

▲ 학교 안에서 토론 동아리를 모집하는 경우

(4) 예비 모임

학생들의 부담을 줄여 주기 위해서 토론 동아리를 구성하기 전에 꼭 한 번 해 보아야 할 것이 맛보기 모임이다. 최근 도서관에서 읽은 많은 책 중에서 하나를 골라 공지를 하고 책을 읽은 학생 10~20여 명을 특별 초청하여 이야기를 나눈다. 이야기하는 과정에서 토론 동아리를 구성하려는 취지를 밝히고 희망자를 뽑으면 성공할 가능성이 훨씬 높아진다.

책과 가까운 동아리 활동 부서 중 도서부, 문예부, 독서부 등의 회원을 집중 공략하는 것이 좋은 방법이다.

토론 동아리를 조직할 때 주의할 점

1. 독서 단계가 심하게 차이가 날 경우
읽을 책을 미리 정해 공지를 하고 나서 모집을 하면 이런 고민은 줄어든다.

2. 학년이 다른 경우
학년은 숫자일 뿐 지적 수준을 의미하는 것은 아니다. 그러므로 학년이 다르다고 해서 고민할 필요는 없다. 다양한 경험을 포함한 이야기를 나눌 수 있어 좋다.

(5) 동아리 이름 짓기

독서 토론 동아리가 지속된 경우는 반드시 동아리 이름이 있다. 이름도 없이 동아리가 지속되기는 어렵다. 동아리 이름 정할 때에도 토론을 통해 지으면 더욱 좋다.

동아리 이름의 예

눈 뜬 물고기, 낙서(樂書), 북세통(책은 세상의 통로), 신통 방통 소통,
꿈 두드림, 책 권하는 사회, 토론의 정석, 북소리 등

(6) 동아리 역할 정하기

교사 혼자서, 또는 동아리 대표 혼자서 운영하는 모임은 오래 가지 못한다. 교사나 대표가 무능해서가 아니라, 의사 표현 구조가 민주적이지 않아서이다. 그래서 동아리 회원 모두에게 한 가지씩은 역할을 정해 줘야 한다.

대표, 부대표, 도서 구입 담당자, 기록 담당자, 간식 및 뒤풀이 담당자, 논제 관련 도서 추천 담당자, 카페 담당자, 교사(자문) 등이 필요하다.

3. 독서 토론 준비하기

(1) 책 선정하기

독서 토론에서 도서 선정은 가장 중요한 문제이다. 토론 참여자의 수준을 제대로 고려하지 않고 책을 선정하면 토론 자체가 성립하지 않기 때문이다.

독서 토론에서 논제를 미리 정한 후 책을 선정할 수도 있고, 책을 먼저 선정하고 논제를 정할 수도 있다. 저학년은 학생들이 책을 읽으면서 제시된 논제를 생각하며 집중하여 읽을 수 있는 논제 제시형이 적합하며, 고학년인 경우에는 한 권의 책에서도 여러 가지 논제를 찾아낼 수 있기 때문에 토론

도서만 정하고 논제는 책을 읽은 후 아이들이 스스로 정하도록 하는 것이 좋다.

① 논제를 먼저 정하고 책을 고르는 경우

보통 독서 토론 대회에서 택하는 방법으로, 논의하고 싶은 논제를 정하고 이를 논의할 만한 도서를 전문가의 도움을 받아 선정하는 것이다. 이 경우 실제로 그 도서를 읽은 교사와 동아리 구성원들의 추천과 논의가 충분히 있고 난 후 독서 활동으로 들어가는 것이 좋다.

② 책을 먼저 고르고 논제를 정하는 경우

일반적인 도서 선정 방법으로, 교사와 동아리 구성원들이 의미 있게 읽은 작품이나 각 신문사와 도서관, 독서와 관련된 기관에서 소개하는 책 가운데서 고르는 것이다. 그러나 권하는 사람의 편견이 개입할 수 있으므로 그 책에 대한 다양한 서평을 참고해야 한다.

그런 면에서 중심 논제가 있고, 현실에 적용하여 자신의 삶을 고민할 수 있어 상대적으로 안정된 동서양의 고전을 읽는 것도 좋다. 문학 작품을 선택하는 경우에는 주관적 감상에 치우쳐 작품이 의도하지 않은 방향으로 논제가 정해지지 않도록 주의해야 한다.

책을 선정할 때 주의점

1. 교사가 읽어 보지 않은 책을 선정해서는 안 된다.
2. 교사가 읽어 보고 좋다고 반드시 아이들도 좋아하는 것은 아니다.
3. 고전일 경우, 출판사와 발행년도를 명시해야 혼란이 없다.
4. 아이들이 좋아하는 책이라고 모두 좋은 것은 아니다.
5. 연간 계획을 세울 때는 다양한 주제를 다룰 수 있도록 골고루 선정한다.
6. 미리 읽어야 할 목록을 정하지 않고, 다음에 읽을 책을 토론하여 결정하는 방식도 학생의 참여도를 높일 수 있다.

추천자	책 이름	근거 제시	질의 응답	선정 여부
		비평가의 의견, 다양한 독자군의 의견, 그 영역 전문가의 의견, 다른 책과의 비교 등	질의 응답 내용 메모	찬, 반

▲ 도서 선정 활동지 양식

(2) 책 읽기

독서 토론이 제대로 이루어지기 위해서는 책을 반드시 읽고 와야 하는 것이 당연함에도 실제 진행을 하다 보면 여러 가지 사정으로 책을 읽지 못하고 오는 학생들이 있다. 못 읽고 올 수밖에 없는 학생의 마음은 불편할 것이다. 이런 불편한 마음이 지속될 경우 독서 토론에 대한 부담을 느끼고 모임을 그만두는 일이 발생할 수 있다. 이런 사태를 방지하기 위해서는 교사는 세심하게 지도할 필요가 있다.

① 책 구입하기

● 학교 도서관에서 찾기

학교 도서관에 5~10권 이상 있는 도서 중에서 토론할 만한 책을 정하는 방법으로 필요한 경우 몇 권만 추가하여 신청하면 되므로 가장 손쉽게 책을 구할 수 있다.

● 주변 학교와 협력하기

주변 학교에 도움을 청하는 방법으로 몇 개의 학교를 조사해 보면 독서 토론 동아리를 운영할 만큼 책을 모을 수 있다. 서로 협조가 잘 되면 윤독의 형태로 진행할 수 있다. 공공도서관은 책을 여러 권 구입하지 않기 때문에 미리 제안해야만 도움을 받을 수 있다.

● 새로 구입하기

위의 방법으로 충분한 도서를 확보하지 못했을 때 직접 책을 구입해야 한다. 그러나 학생들에게 직접 사서 읽으라고 하면 책을 구입하는 시기가 각각 달라서 시간이 지체되기 쉽다. 그러므로 인터넷 공동 구매를 하는 방법이 좋다. 바쁜 교사가 하는 것보다 동아리 도서 구입 담당자가 하는 것이 모임을 활성화시키는 데도 도움이 된다.

② 책 읽기

책을 준비한 후, 무작정 책을 읽어 오라고 하기보다는 토론 준비 양식을 나눠 주고 책을 읽어 가며 정리해 오도록 하는 것이 책 읽기에도 효과적이고 토론을 할 때에도 집중도가 높다.

학생들의 토론 단계에 따라 토론 준비 양식도 달라진다. 아래의 양식 1은 가장 자유로운 독서 토론을 할 때, 또는 독서 토론 초기 단계에서 사용하면 좋다.

책 제목 _________________ 글쓴이 _________________
출판사 _________________ 읽은 날짜 _________________

- 기본 내용

- 인상적인 장면(문장)

- 새로 알게 된 사실

- 궁금한 것

- 토론하고 싶은 것(이미 정해졌을 때는 어느 쪽 입장인가?)

- 이 책과 관련지어 같이 읽으면 좋은 책

▲ 토론 준비 양식 1

찬반 토론인 경우 좀 더 진지한 토론을 위해서는 다음과 같은 토론 준비 양식이 반드시 필요하다. 학생들에게 양식을 미리 주고 작성해 오도록 하되, 찬성과 반대 팀을 사전에 따로 만나 지도해야 한다. 그렇지 않을 경우 일방적으로 토론이 진행되어 이야기를 깊이 할 수 없다.

다음은 좋은 독서 토론을 하기 위해 지정 도서를 읽은 후 독서 감상문과 토론 주제를 사전에 지도 교사에게 제출하는 방식으로 책을 읽지 않고 토론에 참여하는 학생들이 생기지 않도록 하는 방법이다.

토론 준비표		
논제	학문을 한다는 이유로 살림살이에 신경을 쓰지 않는 허생의 행동은 옳은가?	
구분	찬성 입장에서 준비	반대 입장에서 준비
이유 및 근거		
반론 준비 (상대에게 할 질문)		
반론 답변 준비 (상대방 질문에대한 답변)		
최종 변론		

▲ 토론 준비 양식 2

1. 토론 순서
가) 글 나누기 → 나) 독서 토론 → 다) 댓글 나누기
2. 사전 과제
가) 지정 도서를 읽은 후 독서 감상문 사전 제출. 일요일까지 지도 교사에게 메일로 제출.
  분량은 A4 용지 1매 이상, 10포인트, 행간 160, 자간 0, 장평 100.
나) 지정 도서를 읽은 후 개념 정리 및 토론 주제 사전에 제출
3. 세부 사항
가) 글 나누기 : 각자 제출한 글을 돌려 읽으며 상호 평가 및 조언
나) 독서 토론 : 개념 정리 – 주제 토론
다) 댓글 나누기 : 토론이 끝난 후 자신의 생각을 정리하여 제출.
  분량은 A4 용지 1매 이내, 10포인트, 행간 160, 자간 0, 장평 100.

▲ 토론 준비 양식 3

(3) 토론 방법 익히기

토론의 주제가 정해지면 이제 토론을 시작한다. 그런데 절차에 따라 토론을 하는데도 불구하고 토론이 제대로 이루어지지 않을 때가 많다. 토론의 참여자인 학생과 조력자인 교사 모두 가장 고민하는 부분이다. 좋은 토론이 어려운 이유를 살펴봄으로써 그 대안을 찾아볼 수 있다.

좋은 토론이 어려운 이유는 대체로 다음과 같다.

첫째, 토론자의 태도가 성숙하지 못한 경우다. 특히 토론을 말하기라고 생각하고 말하는 데에 집중하고, 발언이 끝난 후 상대방의 말에 귀를 기울이지 않아 생기는 문제다.

둘째, 토론의 주제를 너무 크게 잡는 경우가 많다. 토론은 거창한 것을 말해야 한다고 생각해서 각론부터 해결해 나가면서 결론에 도달하지 않고 총론적 주제로 시작할 경우 토론이 겉돌게 된다.

셋째, 독서 토론의 논제에서 벗어나는 경우가 있다. 논제에서 잡은 토론의 범위를 넘어 현실과 연관지어 지나치게 확장하면 시사 토론으로 흐를 가능성이 많아 주의해야 한다.

사회자

토론을 할 때 사회자를 미리 선정해 두는 것이 좋다. 사회자가 없는 경우 그날의 발제자가 사회를 맡는 것도 가능하다. 구성원 중심의 토론이 되기 위해서는 지도 교사보다는 학생이 맡는 것이 좋으며 토론의 횟수가 거듭될수록 학생이 번갈아 가면서 모두 사회를 맡아 보는 것이 바람직하다.

사회자는 너무 많은 발언을 해서는 안 되며, 논제별로 시간을 잘 배분하여 토론을 이끌어야 한다. 그리고 모든 토론자가 고루 발표할 수 있도록 발언자를 배려해야 한다. 또 엉뚱한 이야기로 시간을 낭비하지 않도록 적절한 질문과 요약으로 토론자의 발언을 잘 정리하여 토론이 논제에서 벗어나지 않도록 해야 한다.

토론을 위한 최소한의 규칙	논리 전개를 위한 기본적인 발문법
● 말하기보다 듣기 ● 한 번에 하나씩 말하기 ● 긍정하거나 부정할 경우 이유 말하기 ● 주제에서 벗어나지 말기 ● 다른 사람에게도 말할 기회 주기	● 나는 이것에 대해 ○○이라고 생각한다. ● 왜냐하면 ○○하기 때문이다 ● 예를 들면 ○○이 여기에 해당되기 때문이다. ● 그러므로, 나는 ○○ 이라고 생각한다.

(4) 독서 토론 동아리 길 찾기

독서 토론 동아리 구성 후 오리엔테이션을 통해 독서 동아리의 힘과 가치, 독서 토론 동아리 활동 방법, 독서 토론 방법을 안내한다.

이때 예산이 있으면 독서 토론이나 독서의 가치에 대해 강연해 줄 외부 강사를 초청하여 강연회를 개최하면 효과가 더 크다. 강연 후에는 도서관에 있는 책들을 살펴보며 독서 토론 동아리 연간 계획서를 작성하여 발표하는 것이 필요하다. 또한 교사가 도란도란 이야기를 나누며 서로 소통하는 만남의 시간을 가질 수 있도록 이끌어 주어야 동아리 활동이 유지된다.

독서 토론 동아리 워크숍

만남과 소통, 밤새워 책 읽기 계획

● 목적: 독서 토론 동아리가 자발적으로 운영될 수 있도록 교육하고 서로 소통하고 친목할 기회를 제공한다.
● 일시: 3. 30(금) 18:30 ~ 3. 31(토) 08:30
● 장소: ○○중학교 글벗누리 도서관
● 대상: ○○중학교 학생 독서 동아리 35개 팀 160명
● 지도 교사: ○○○, ○○○, ○○○

● 일정 및 내용

활동일	일시	활동 내용	활동 형태
3월 30일 (금)	18:30~19:00	개회식 및 짐 풀기	전체 활동
	19:00~20:00	외국의 독서 교육 들여다보기 – 교사 백화현 강의	전체 활동
	20:00~21:00	2011년 독서 동아리 활동 사례 발표 – 2011년 독서 동아리 활동 동영상 보기 – 싱책향, 말할 수 없는 비밀, 페이스북	전체 활동
	21:00~22:30	동아리 1년 계획 세우기 (도서관의 장서 탐색과 함께)	동아리별 활동
	22:30~24:00	동아리별 계획 발표	전체 활동
3월 31일 (토)	00:00~02:00	토론 한마당 – 발표 •《꽃들에게 희망을》,《아낌없이 주는 나무》,《우리 누나》,《행복한 청소》 가운데 택일하여 주제 토론하기 •모둠별 토론 결과 발표	동아리별 혹은 동아리 혼합
	02:00~04:00	소통하기 혹은 책 읽기	동아리별 활동
	04:00~07:00	잠자기	동아리별 활동
	07:00~08:00	소감문 써서 발표하기	자유롭게 활동
	08:00~08:30	짐 정리 및 청소, 폐회	전체 활동

●**참가자 준비물:** 돗자리, 이불, 베개나 쿠션, 필기도구, 읽을 책, 간식거리

▲ 봉원중학교 독서 동아리 오리엔테이션 프로그램

(5) 독서 토론 동아리 활동 지원하기

• 지도 교사는 독서 동아리 활동일에 간단한 활동 일지를 쓸 수 있도록 독서 동아리 활동 일지를 마련해 준다.

• 지도 교사는 학생이 활동일에 결석하는 일이 없도록 출결을 관리한다(특별한 사유나 사전 연락 없이 결석하는 경우 상담을 하거나 타일러 주기).

• 지도 교사는 독서 동아리가 활동 방법을 물어 올 경우 다양한 방법을 안내하여 스스로 선택하여 활동할 수 있도록 돕는다.

– 원하는 책이나 읽기 자료를 읽고 자신의 삶과 관련 지어 자유롭게 이야기 나누기

- 책이나 읽기 자료를 읽고 글을 써서 발표한 후 주제 토론하기
- 원작 읽고 영화 보기 혹은 명화 보기
- 자료나 책 읽고 독서 기행 혹은 문화 답사하기
- 관련 책이나 자료 읽은 후 전시회 및 음악회 등 함께 가기
- 토론 주제 정하여 관련 자료 읽은 후 찬반 토론하기(디베이트 형태)
- 진로 관련 책들을 읽고 진로 탐구하기(진로 독서 동아리)
- 특별 분야의 책들을 중점적으로 읽으며 한 분야의 전문성 키우기(예: 경제 독서 동아리, 환경 독서 동아리, 역사 독서 동아리 등)
- 한 주제에 관해 3개월 혹은 6개월 단위로 탐구 조사하기(프로젝트 독서 동아리)
- 이 밖에도 책을 읽고 다양한 독후 활동(캐릭터 그리기, 독서 신문 제작하기, 독서 나무 만들기, 표지화 그리기 등) 자유롭게 하기.

• 지도 교사는 동아리 내 갈등이나 분란이 생길 경우 서로를 이해하고 화해할 수 있도록 상담해 주고 격려한다.
• 지도 교사는 동아리에서 책 추천 요구를 받았을 때, 동아리 활동자의 관심과 흥미, 수준을 고려하여 책을 추천해 준다.

4. 독서 토론하기

책을 충분히 읽으면, 주제 의식이 분명하여 논의 과제 선정은 비교적 쉽게 이루어질 수 있다. 그런데 이때에도 토론 자체가 논의의 과정이므로 토론 주제 선정 역시 논의의 과정을 거쳐야 한다. 과제 선정부터 토론 진행까지 토론은 의사 결정으로 다가가는 하나의 과정이다. 절차와 순서를 지켜 서로 다른 의견을 나누고 순서대로 단계를 밟아 소통하고 토론하는 과정을 거칠 때 그 과정과 결과 모두가 의미를 갖게 된다.

또한 토론을 조직하고 진행하는 과정에서 작은 공동체를 경험하고, 그

속에서 함께 소통하면서 사회를 배워 나가는 것이 바로 교육의 핵심이다. 토론은 승패를 가리기보다는 서로 배우기 위해 열린 마음으로 서로의 입장 차이를 좁혀 가는 것이다.

(1) 토론 주제 선정하기

본격적인 토론에 들어가기에 앞서 토론 주제를 정하는 논의가 필요하다. 토론 주제는 토론 참여자들의 의견을 모아 선정한다. 독서 토론의 논제는 대개 저자가 던진 핵심 질문을 제대로 파악하여 독자가 저자의 답을 제대로 해석해 냈는지를 따져 보는 해석의 적절성이나, 저자의 판단이 타당한지를 독자가 따져 보고 또 책에서 저자가 말한 바가 과연 현실에 적용 가능한가를 확인해 보는 것에 있다.

중요한 것은 독서 토론의 논제는 책 속에서 추출해야 한다는 것이다. 책에 대한 이야기를 충분히 나눈 후 현실 문제까지 확대해서 생각해 봐야 한다. 처음부터 책의 내용을 현실 문제와 연결지어 생각할 경우 책에 대한 이야기는 뒷전으로 밀려나 토론의 방향을 잃기 쉽기 때문이다.

선정 도서	토론 주제	토론하려는 이유	토론 후 택한 희망 논제
○○	논의하고 싶은 주제	적기 독서 활동에서 작성한 메모 자료의 내용을 간단히 적는다.	

▲ 토론 주제 선정 활동지

(2) 토론 형식 정하기

토론의 형식은 자유 토론식, 세미나식, 포럼식, 찬반 토론식 등 다양하다. 토론은 찬반 양론으로 진행하는 것만이 아니라 서로의 이야기를 나누는 토의식 토론을 포함하는 포괄적 의미로 보기도 하기 때문에 꼭 찬반 양론의 토론을 고집할 필요는 없다. 따라서 토론의 주제에 맞는 형식을 논의하여 선택하고 형식에 맞는 역할을 정하여 준비하는 것이 필요하다.

① 자유 토론식(원탁 토론)

자유 토론은 사회자가 중심이 되어 진행하는 방법으로 토론에 참가하는 회원들이 토론 주제를 중심으로 자유롭게 자신의 의견을 이야기하는 방식으로 진행된다. 사회자가 토론 도서에 대한 전체적인 배경을 간단히 이야기하면서 저자에 대하여 연구한 내용을 발표하고 대강의 줄거리를 발표한다. 만약 발제자가 따로 있다면 발제자가 이 부분을 발표한다. 그리고 참가자들로부터 토론할 주제를 받는다. 토론 주제가 정해지면 토론 순서를 정하고 나서 한 주제씩 토론에 들어간다. 한 주제별 소요 시간을 10~15분 정도로 하면서 적당한 시간에 다음 주제로 넘어간다.

② 찬반 토론식

찬반 토론은 논제에 대하여 상반된 입장을 가진 두 집단으로 나누어 각 집단의 견해를 주장하면서 전개시키는 방식이다. 두 집단의 대립 의식이 강하므로 사회자는 공정성을 잃지 않도록 하며 조정자의 역할을 충실히 해야 한다. 찬반 토론은 승패의 결과보다 자신의 주장을 명확히 세우고, 근거와 자료를 찾아 반박하고 상대를 논리적으로 설득하는 과정을 중시한다. 지나치게 승패에 집착하여 토론의 본질을 잃지 않도록 해야 한다.

③ 기타 독서 토론 형식

• 세미나식: 큰 주제를 두고 주제 3~4개를 각각 발표자와 질문자가 발표하고 전 회원이 토론하는 방식

• 심포지엄식: 발표자와 질문자 각각 3~4명이 의견을 말하고 그 의견을 바탕으로 참석자가 질의 응답하는 형식

• 포럼식: 한 사람 또는 여러 사람이 발표하고 청중이 질문하면서 토론하는 형식

• 패널식: 4~6명이 대립되는 의견을 대표자 자격으로 청중 앞에서 논의하는 방식

(3) 실제 토론하기

① 토론의 기초 단계

토론의 초기 단계에서, 특히 초등학생과 중학생의 경우 말문을 떼기조차 힘들어하는 학생들이 있다. 이런 학생들이 토론에 대한 두려움을 없애고 자연스럽게 토론 활동을 할 수 있도록 이끌어 가기 위해 교사가 세심하게 배려해야 한다. 토론 분위기는 지나치게 엄숙하지 않도록 하고, 참여자들 모두 진지한 가운데 자유롭고 개방적인 분위가 조성되도록 해야 한다. 본격적인 토론에 들어가기 전 책에 대한 이야기를 전반적으로 나누는 것도 좋은 방법이다. 편안하게 돌아가며 책을 읽은 감상을 나누다 보면 긴장도 풀리고 토론할 내용을 정리하는 데도 도움이 된다.

토론 전 마음 열기

- 지난 번 토론 후 어떤 생각이 들었는지, 어떻게 살았는지 말하기
- 제목을 통하여 책의 내용을 상상했을 때와 읽고 나서의 느낌 말하기
- 책 표지 의미 이야기 나누기
- 주인공의 삶 평가하기, 주인공과 현재의 자기와 비교하기
- 작품 속에서 독특한 캐릭터가 있었는지 말하기
- 내 인생관과 딱 들어맞는 인물이 누구인지 말하기
- 좋아하는 인물, 싫어하는 인물 말하기
- 작품과 관련된 상황 말하기
- 영화로 만들 경우 인물과 어울릴 만한 배우 찾기
- 내가 알고 있었던 내용과 다른 내용 말하기 (새로 알게 된 사실 말하기)
- 작품의 내용과 유사한 사례를 우리 사회에서 찾아보기
- 작품의 내용과 다른 우리 사회의 모습 찾아보기
- 작품의 내용에서 우리 사회가 배워야 할 점 찾아보기
- 이해할 수 없는 내용 질문하기
- 작품이 중학생에게 적절한지 아닌지 평가하기
- 이 책을 소개해 주고 싶은 사람 말하기
- 이 글을 쓴 작가를 초청했다면 꼭 묻고 싶은 이야기
- 내가 만약 이와 같은 주제로 책을 썼을 때, 작가와 다르게 이야기를 전개하고 싶은 부분 말하기
- 이 책과 연관되는 책 이야기 나누기

(경남고등학교 교사 안병만 자료 참고)

1. 독서하기
1) 읽어 주기: 그림책이나 두께가 얇은 책은 읽어 주면 가장 손쉽다.
2) 개별 읽기: 토론할 책을 미리 알려 주고 읽어 오게 한다. 도서관에 같은 책이 많지 않을 경우가 대부분이니 4~6명을 한 모둠으로 묶어 주고 모둠별로 다른 책을 선정하여 읽고 다음 모임에서는 모둠끼리 책을 바꾸어 읽으면 좋다. 이를 위해 도서실에 한 종류의 책을 5권 정도씩 구비하면 좋다.

2. 독서 내용 확인
1) 단계별 핵심 문제의 제시
　① 사실적 질문: 책의 내용을 충실하게 읽었는지 확인할 수 있는 문제
　② 추론적 질문: 인물의 성격 파악, 암시나 상징 파악하기 등 행간을 제대로 읽었는지 확인할 수 있는 문제
　③ 적용적 질문: 나의 경험이나 우리가 살고 있는 사회와 연관지어 생각해 볼 수 있는 문제
2) 이야기 요약법
이야기의 전체 내용을 머릿속에 구조화시킨 후 이야기 요약법을 통해 이야기를 정리해 보게 한다. 이야기 요약법이란 '주인공, 상황, 행동, 동기, 방해, 결과'로 이야기의 내용을 요약하는 방법을 말하는데, 책을 읽고 읽은 내용을 핵심적인 내용으로 정리할 수 있다는 장점이 있다. 주요 사건을 어떤 것으로 하느냐에 따라 주인공을 누구로 하느냐에 따라 다양한 관점에서 이야기를 요약할 수 있다.

▶ 이야기 요약법에 따라 '누가 더 높은 데서 뛰어내릴까?'를 요약한 예

구분	이야기 요약하기
주인공	알빈
상황	스티그보다 달리기를 못 한다, 스티그보다 '일기예보'라는 말을 먼저 했다, 스티그가 한 체조 기술을 흉내 내려고 연습했다, 스티그와 9년째 경쟁을 해오고 있다, 높이뛰기 시합에서 스티그에게 졌다, 아이들이 응원을 하였다.
행동	외양간에서 뛰어내렸다.
동기	스티그가 알빈을 '풋내기'라고 놀렸기 때문에
방해	두려움, 내키지 않는 마음
결과	다리가 부러졌다.

3) 토론거리 정하기
토론을 위해 찬성과 반대의 두 입장이 팽팽하게 맞설 수 있는 안건의 경우

▶ '누가 더 높은 데서 뛰어내릴까?'에서

• 경쟁은 좋은가?　• 선의의 경쟁을 위해 노력할 점은 무엇인가?

• 알빈과 스티그가 외양간에서 뛰어내린 것은 잘한 일인가?

• 구경한 아이들에게 알빈과 스티그가 외양간에서 뛰어내리도록 유도한 잘못이 있는가?

▲ 초등학교 독서 토론 준비 과정의 예시(서울 신당초등학교)

③ 토론의 실제 2

《고릴라는 핸드폰을 미워해》를 읽고

1. 나의 환경 지수를 점검해 보고하기(O. X)

1) 지금 가진 핸드폰은 4년 이상 쓴 것이다. (　)

2) 겨울철에는 내복을 입는다. (　)

3) 쌀뜨물을 받아 두었다가 기름기 있는 그릇을 닦는다. (　)

4) 일반 샤워 용품보다 천연 비누를 구해서 사용한다. (　)

5) 충동 구매해서 입지 않은 옷이 있다. (　)

6) 크기가 맞지 않거나 안 입는 옷을 재활용 가게에 기증한 적이 있다. (　)

7) 프린트 할 때 이면지를 자주 사용한다. (　)

8) 노트는 끝까지 쓰되 혹시 남는 부분은 연습장으로 활용한다. (　)

9) 시민단체나 구호 단체에 정기적으로 기부를 한다. (　)

10) 일회용 종이컵이나 나무젓가락을 의식적으로 쓰지 않는다. (　)

11) 친구에게 선물을 할 때 과대 포장하지 않는다. (　)

12) 급식할 때 음식을 남기지 않는다. (　)

2. 이 책을 읽고 나는 어떤 생각이 들었는지 이야기 나눠 보기

3. 동물권에 대해 생각해 보기

동물 실험은 인간의 질병을 치유하고 생명을 연장하며 인간이 더 좋은 환경에서 살 수 있도록 하기 위해 의학, 자연과학, 사회과학 등에서 널리 쓰이고 있습니다. 또한 매년 수십 억 마리의 동물이 사람들의 식탁에 오르기 위해 죽어 갑니다.
그런데 동물권을 주장하는 이들은 동물도 인간과 마찬가지로 고통과 두려움을 느끼는 존재로 그들의 생명권은 보호받아야 한다고 주장합니다. 여러분은 동물권에 대해 어떻게 생각합니까? 동물 실험, 육식, 애완동물 사육에 대해 의견을 나눠 봅시다.

▲ 중학교 독서 토론 준비 과정의 예시(인천 부원중학교)

5. 토론 후 활동하기

(1) 토론 평가

토론의 평가 방법은 차례로 돌아가면서 발언을 하고 사회자가 나중에 종합 정리하여 토론의 내용을 수정, 보완, 평가한다. 그러나 이런 활동이 토론의 분위기를 해치거나 토론을 어렵게 생각하게 만든다면 차라리 토론을 하고 느낀 점을 돌아가면서 자유롭게 발표하는 형식도 무난하다. 이때 다음의 자기 평가표를 작성한 후 말하면 내용이 훨씬 충실해진다.

독서 토론 자기 평가표						
_______ 년 _____ 월 _____ 일 이름 __________						
논제						
평가 영역	평가 항목	평점				
		매우 부족	부족	보통	우수	매우 우수
입론	주장에 대한 근거가 논리적이고 타당했는가?					
반론	논점을 잘 정리해서 질문했는가?					
	상대의 질문에 대하여 정확히 답변했는가?					
최종 변론	상대 주장의 모순점을 찾아낸 것을 근거로 주장을 재구성했는가?					
기타	토론의 예절을 잘 지켰는가?					
토론 소감						
토론왕		추천 이유				

(2) 글쓰기

토론을 마친 후에 글쓰기를 하면, 토론 중에 논의된 이야기가 정리된다. 글쓰기는 그 자리에서 하는 것이 논제의 근거가 풍부하지만, 실제로 글쓰기까지 마치기에는 시간이 충분하지 않은 경우가 많다.

그래서 토론 후 글을 올릴 수 있는 카페를 운영하는 것이 좋다. 여기에 글을 올리고 읽고 나서 댓글을 올려 상호 평가하는 방식으로 정리한다. 이때 그냥 댓글을 올리라고 하면 학생들은 잘 올리지 않기 때문에, 최소한 몇 개 이상 올리는 것을 아예 정하는 것이 낫다.

| 초·중·고 독서 토론 사례 |

독서 토론 동아리 운영 계획(안)

○○중학교

1. 목적

- 친구와 함께하는 독서 동아리 활동을 통해 독서에 대한 관심과 흥미를 높이고 정서적인 안정감을 꾀한다.
- 자율적이면서도 지속적인 독서 동아리 활동을 통해 독서 습관 및 독서의 질을 향상시키고 평생 독서의 기틀을 다진다.
- 스스로 운영하는 자율적인 독서 동아리 활동을 통해 자기 주도적인 학습 능력을 향상시킨다.

2. 추진 방침

- '방과 후'부와 2학년부가 협력하여 추진한다.
- 학생들의 자발적 참여, 자율적 운영, 소그룹 구성(한 동아리 4~6명)을 원칙으로 한다.
- 독서 동아리 활동은 1주일 1~2회, 1시간 이상 활동을 원칙으로 한다.
- 각 독서 동아리에 도서관 등의 활동 장소 및 약간의 간식을 제공한다.
- 독서 동아리마다 울타리 교사를 두어 활동을 격려하고 자문한다.
- 1년에 1, 2회 독서 동아리 워크숍 및 독서 동아리 발표회를 실시하여 활동의 효율성을 높인다.
- 지도 교사는 독서 동아리 활동자의 활동 내용을 생활기록부에 등재한다.

3. 세부 추진 계획

추진 과제	추진 내용	비고
준비	'방과 후'부와 2학년부 간 회의를 통한 계획 수립	3월
실행	•독서 동아리 활동자 모집: 3월 말 완료 •독서 동아리 조직 및 울타리 교사 선임: 4월 초 완료 •독서 동아리 활동: 3월 ~ 12월 •독서 동아리 워크숍 & 밤새워 책 읽기: 4월 초 •독서 동아리 발표회: 10월	3월~12월

평가 및 환류	교사, 학생 설문지 작성 및 분석	12월
추진 주체	'방과 후'부와 2학년 부	

4. 독서 동아리에게 권하는 활동

- 원하는 책이나 읽기 자료를 읽고 자신의 삶과 관련지어 자유롭게 얘기 나누기
- 책이나 읽기 자료를 읽고 글을 써서 발표한 후 주제 토론하기
- 원작 읽고 영화 보기
- 자료나 책 읽고 독서 기행 혹은 문화 답사하기
- 관련 책이나 자료 읽은 후 전시회 및 음악회 등 함께 가기
- 토론 주제 정하여 관련 자료 읽은 후 찬반 토론하기(디베이트 형태)
- 진로 관련 책들을 읽고 진로 탐구하기(진로 독서 동아리)
- 특별 분야의 책들을 중점적으로 읽으며 한 분야의 전문성 키우기
  (예: 경제 독서 동아리, 환경 독서 동아리, 역사 독서 동아리 등)
- 한 주제에 관해 3개월 혹은 6개월 단위로 탐구 조사하기(프로젝트 독서 동아리)
- 이 밖에도 책을 읽고 다양한 독후 활동 자유롭게 하기
  (캐릭터 그리기, 독서 신문 제작하기, 독서 나무 만들기, 표지화 그리기 등)

5. 기대 효과

- 독서에 대한 관심과 흥미가 높아진다.
- 책과 친구가 함께함으로써 지적 능력과 정서적인 안정감이 향상된다.
- 친구들과 지속적으로 활동할 수 있어 더욱 다양한 책들을 깊이 있게 읽을 수 있다.
- 평생 독서의 기틀을 마련할 수 있다.
- 자기 주도적 학습 능력을 향상시킬 수 있다.

▲ 봉원중학교 독서 토론 동아리 활동

| 초등학교 1단계 | 독서 토론 도서 목록

초등 4학년 단계에서도 가볍게 접근할 수 있는 낮은 단계의 책으로 쪽수가 많지 않고 아이들이 재미있어 하면서 쉽게 읽는 책들이다. 독서 토론을 처음 시작할 때나, 4학년이라도 독서 수준이 낮은 단계의 학생들에게 적용하기 적합하다.

순	분야	책 제목	저자	출판사
1	가치 갈등	노란 양동이	모리야마 미야코	현암사
2	가족	종이밥	김중미	낮은산
3	모험	멋진 여우 씨	로알드 달	논장
4	가치 갈등	마법의 설탕 두 조각	미하엘 엔데	소년한길
5	가치 갈등	그림 도둑 준모	오승희	낮은산
6	양성 평등	종이 봉지 공주	로버트 먼치	비룡소
7	생명 존중	생명이 들려준 이야기	위기철	사계절
8	가치 판단	엉뚱이 소피의 못 말리는 패션	수지 모건스턴	비룡소
9	인물	루이 브라이	마가렛 데이비슨	다산기획
10	환경	나무 위의 아이들	구드룬 파우제방	비룡소
11	우정	안녕 캐러멜!	곤살로 모우레	주니어김영사
12	생명 존중	새끼 개	박기범	낮은산
13	가족	밤티 마을 영미네 집	이금이	푸른책들
14	왕따·우정	이 세상에는 공주가 꼭 필요하다	공지희	낮은산
15	전쟁	곰 인형 오토	토미 웅거러	비룡소
16	우정	화요일의 두꺼비	러셀 에릭슨	사계절
17	장애	나는 입으로 걷는다	오카 슈조	웅진주니어
18	역사	흙으로 만든 귀	이규희	바우솔
19	자아 성장	빨간 구두와 바람 샌들	우술라 뷜펠	한림출판사

1단계에 비하면 일단 쪽수가 많고 내용도 깊이가 있지만 책을 좋아하는 고학년 정도의 학생이면 쉽게 읽을 만한 책이다.

순	분야	책 제목	저자	출판사
1	왕따	내겐 드레스 백 벌이 있어	엘레노어 에스테스	비룡소
2	가치 갈등	목수들의 전쟁	김진경	문학동네어린이
3	왕따	양파의 왕따일기	문선이	파랑새어린이
4	환경	최후의 늑대	멜빈 버지스	푸른나무
5	모험	칠칠단의 비밀	방정환	사계절
6	우정	내 친구가 마녀래요	E. L. 코닉스버그	문학과지성사
7	모험	왕도둑 호첸플로츠	오트프리트 프로이슬러	비룡소
8	상처	밴드마녀와 빵공주	김녹두	한겨레아이들
9	자아 성장	받은 편지함	남찬숙	우리교육
10	전쟁 고발	밥데기 죽데기	권정생	바오로딸
11	자아 성장	프린들 주세요	앤드류 클레먼츠	사계절
12	자아 성장	초정리 편지	배유안	창비
13	환경	작은 집 이야기	버지니아 리 버튼	시공주니어
14	모험	미오, 나의 미오	아스트리드 린드그렌	우리교육
15	가치 갈등	수일이와 수일이	김우경	우리교육
16	생명 존중	아기 여우 헬렌(절판)	다케타쓰 미노루	청어람미디어
17	생태	남녘 북녘은 나비도 다르나요	이상권	우리교육
18	자아 실현	산왕 부루 1,2	박윤구	웅진주니어

독서 토론 도서 목록

책이 두껍고 2단계보다 내용도 깊이가 있어서 독서력이 높은 고학년 수준 정도의 아이들에게 적용할 만하다.

순	분야	책 제목	저자	출판사
1	우정	줄리와 늑대	진 크레이그헤드 조지	대교출판
2	환경	그리운 매화 향기	장주식	한겨레아이들
3	양성 평등	엄마의 마흔 번째 생일	최나미	사계절
4	인물	세상을 바꾼 위대한 책벌레들 1,2	김문태	뜨인돌어린이
5	환경·인물	나무를 심은 사람	장 지오노	두레
6	인권	난 두렵지 않아요	프란체스코 다다모	주니어RHK
7	가치 판단	생명의 저울	김경호	푸른나무
8	평화	무기 팔지 마세요	위기철	청년사
9	인물	아름다운 위인전	고진숙	한겨레아이들
10	입양	까망머리 주디	손연자	푸른책들
11	전쟁	골목 전쟁	진 메릴	다른
12	자아실현	야성의 외침	잭 런던	웅진주니어
13	우정	내 친구 비차	니콜라이 노소프	사계절
14	현실 고발	문제아	박기범	창비
15	자아실현	마당을 나온 암탉	황선미	사계절
16	모험	윌러비 언덕의 늑대들	조안 에이킨	비룡소
17	생명공학	씨앗을 지키는 사람들	안미란	창비
18	가족	너도 하늘말나리야	이금이	푸른책들
19	자아실현	큰발 중국 아가씨	렌세이 나미오카	달리
20	전쟁·인물	몽실 언니	권정생	창비

순	분야	책 제목	저자	출판사
21	전쟁	핵 폭발 뒤 최후의 아이들	구드룬 파우제방	보물창고
22	자아 성장	바다소	차오원쉬엔	다림
23	전쟁·인물	천사들의 행진	강무홍	양철북
24	환경 파괴	마지막 거인	프랑수아 플라스	디자인하우스
25	전쟁	야시골 미륵이	김정희	사계절
26	전쟁	노근리, 그 해 여름	김정희	사계절
27	가치 갈등	할 말이 많아요(절판)	존 마스든	솔출판사
28	왕따	모르는 척	우메다 순사쿠	길벗어린이
29	전쟁	희망의 섬 78번지	우리 오를레브	비룡소
30	모험	손도끼	게리 폴슨	사계절

| 중학교 인천 계양 지역 연합 독서 토론 모임 자료 |

책 제목	글쓴이	활동 내용
가족입니까	김해원 외	• '~ 도 가족입니까' 문장 완성하기(10개씩) 　예: 밥도 같이 안 먹는데 가족입니까?, 상처만 주는 관계도 가족입니까? • 가장 마음에 드는 문장 고르고 이유 말하기 • **토론 후 글쓰기** 　가족에게 하고 싶은 말, 자신에게 하고 싶은 말 　첫 활동 소감 정리하고 말하기
난 빨강	박성우	• 가장 마음에 드는 시 고르기, 낭송하기, 이유 말하기 • 내가 교장이라면 바꾸고 싶은 것 말하기(가장 시급한 것) • 서울, 경기, 광주 학생 인권 조례를 살피고, 인천 학생 인권 조례안 만들기 • **토론을 마치고 글쓰기**
우아한 거짓말	김려령	• 가장 인상적인 장면 말하기 • 읽으면서 이해가 안 된 부분, 궁금한 점 찾아 나누기 　–서로 대답해 주기 • 줄거리 요약하기 • 자살하려는 주인공 '천지'에게 편지 쓰기(설득적 말하기) • 활동 후 글쓰기
나무를 심은 사람	장 지오노	• 영상 감상 • 이해를 위한 독서 퀴즈 • 토론 주제: 엘자르 부피에는 행복한가
열혈 수탉 분투기	창신강	• 마당을 나온 암탉과 비교하기 • 리더의 조건 찾기 • 수탉이 리더가 되는 과정과 우리나라 선거 제도 비교하기
십시일반	박재동 외	• 궁금한 것 질문하기(5가지 이상) • 이 책은 2002년에 초판 발행되어 사회적으로 반향이 컸던 책이다. 10여 년 이상 지난 현재와 비교하여 가장 변화가 더딘 곳은 어디인가? 그 이유는 무엇인가? • 책에 나오지 않은 차별 찾아보기, 새로운 차별 찾아보기

책 제목	글쓴이	활동 내용
달의 바다	정한아	• 중심 인물 관계망 그리기 • 은미가 고모를 만나고 돌아와 고모의 진실을 알게 된다. 고모가 어머니(은미의 할머니)에게 거짓 편지를 쓴 것은 잘한 일일까? • 소설가가 꿈인 은미가 마지막 장면에 아버지가 일하는 고깃집으로 일하러 가는 것은 어떤 의미인가? • 부모가 용서 못할 자식의 일에는 어떤 것이 있는가? • '나의 첫 거짓말' 나누기
번데기 프로젝트	이제미	• 이해되지 않은 것들 물어보기 • 정수선은 어떻게 소설가의 길을 걷는가(내용 정리) • 주인공 정수선의 인물 분석: 긍정적 외부 요소, 부정적 외부 요소 긍정적 내부 요소, 부정적 내부 요소 • 주말 동안 자기 시간 일기 쓰기, 발표 하기 (이야기를 들어가며 발표자의 뇌 구조 그리기, 발표자는 자기 뇌 구조를 보고 수정하거나 의견 말하기)
이 선생의 학교폭력 평정기	김경욱	• 줄거리 요약 발표하기 • 작가에게 질문하기 • 정부에서 발표한 학교 폭력 대책에 대한 찬성 반대 토론 (생기부 기록, 스포츠 클럽 및 체육 증대, 교사 징계 등)
열일곱 살의 털	김해원	• 지난 공개 토론회 평가 • 질문하고 대답하기 • 일호를 중심으로 인물망 그리기 • 가장 매력적인 인물 말하기 • 학교 규정은 어떻게 만들어지는가 • 나는 어떤 일에 분노하는가 • (고등)학생에게도 정치적 활동 보장해야 한다
금희의 여행	최금희	• 지난 토론에 대해 한마디씩 하기 • 질문하고 대답하기 (탈북의 루트, 국제 이해관계, 북한의 현실, 특정 종교 등) • 나는 북에서 온 사람과 결혼할 수 있다.

| 봉원중학교 '혜윰나래' 2011년 활동 내용 |

회	주제	대상 도서	특색 및 의의
1	차별과 편견	앵무새 죽이기	봉원중학교 사례는 기존의 교사 중심의 독서 동아리에서 더 나아가 아이들이 스스로 동아리를 만들고 그 속에서 책을 읽고 소통, 배려, 존중을 배워 나가는 자발적 동아리의 형태이다. 교사는 울타리 교사라 하여 학생 동아리 운영에 개입하지 않고 지원하는 역할을 하고 있다. 입시 위주의 독서 교육은 오히려 독서에 대한 흥미를 떨어뜨릴 수 있다. 책 읽는 분위기를 먼저 차근차근 다진 뒤 친구들과 소통하며 자유롭게 독서 활동을 할 수 있도록 공간과 장을 마련해 줄 때 아이들의 자율성과 창조성이 더욱 크게 자라날 수 있음을 봉원중학교 사례는 보여 주고 있다. 봉원중학교의 사례에서 이 활동을 통해 전교생의 1/8이 자발적인 독서 동아리 활동을 하였다. 독서 동아리 활동을 통해 독서의 기쁨, 스스로 배우는 기쁨, 함께 어울리고 소통하고 나누는 기쁨을 누리게 되었다. 또한 자연스레 교사의 독서문화가 자리 잡게 되었고 책 읽는 학교 문화가 형성되었다.
2	청소년의 정체성, 가족애	불량 가족 레시피	
3	한국 청춘들에게 보내는 위로와 메시지	아프니까 청춘이다	
4	희망 교육 에세이	교실 밖 아이들 책으로 만나다	
5	엄마를 통해서 생각하는 가족 이야기	엄마를 부탁해	
6	한국 미술의 이해	오주석의 한국의 美 특강	
7	소외된 도시 하층민의 삶	난장이가 쏘아올린 작은 공	
8	동양 고전 독법	강의	
9	다양하게 욕망하는 법	공지영의 지리산 행복학교	
10	비판적, 적극적인 영화 보기	또 하나의 책으로서 영화 읽기란 무엇일까요? (특강)영화 교육가 윤희윤	
11	한글 창제 과정의 비밀과 미스터리를 다룬 픽션	뿌리 깊은 나무 1,2	
12	꿈과 소망으로 만든 사랑	마당을 나온 암탉	
13	책 읽는 관악구, 책 읽는 한국	관악 북 페스티벌을 위한 6m '용' 제작	
14	책을 열어 미래를 열다	관악 북 페스티벌 책 읽기 플래시몹 참여, 부스 운영, 책 모임 사례 발표	
15	새 시대 인재에 대한 심도 깊은 통찰	조벽 교수의 인재 혁명	
16	안철수의 삶과 기업에 대한 철학	CEO 안철수, 영혼이 있는 승부	
17	희망과 사랑을 바탕으로 참 자아를 발견하는 길	꽃들에게 희망을	
18	16세기 천재 여류 시인 허난설헌의 삶을 조명	난설헌	
19	다양한 인간 군상, 인간의 본질을 밀도 있게 조명	7년의 밤	

진로 독서 동아리

1. 왜 진로 독서 동아리인가?

청소년기에는 진학보다 진로 설계에 먼저 관심을 가져야 한다. 그러나 우리 교육의 현실은 학력을 중시할 뿐, 학생의 적성과 능력, 흥미에 맞는 진로지도를 못하고 있다.

학생들의 진로 설계가 잘못 되었을 경우 개인적, 가정적, 사회적으로 파장이 드러나기 때문에 학교는 지금도 여러 각도로 방법을 모색하고 있다. 표준화 검사를 실시하고, 진로 체험의 날을 운영하며, 부모님 직장 체험 등 다양한 시도를 하고 있는 단계이다. 그러나 학교에서 일방적으로 실시하는 프로그램의 만족도는 높지 않다.

청소년기는 또래 집단에 의해 많은 영향을 받는 시기다. 그러므로 학생들의 자발적 진로 독서 동아리는 힘을 갖는다. 교사 중심의 활동에서 벗어나 진로가 같은 아이들끼리 자발적으로 동아리를 만들고 활동 시간도 자율적으로 정하고, 읽을 책도 스스로 정한 후 각 팀마다 자율적으로 운영하는 과정을 통하여 아이들은 크게 성장한다.

2. 진로 독서 동아리가 잘 되기 위해서는

진로 독서 동아리가 지속적으로 운영되기 위해 기본적으로 학생이 인식해야 하는 사항을 충분하게 강조해야 한다. 이는 다음과 같다.

- 진로 독서 동아리 활동은 교사 중심이 아니라 학생 중심의 활동이다.
- 동아리별로 활동 내용과 날짜, 시간, 읽을 책 등을 자율적으로 정한다.
- 동아리 대표자는 활동 전에 활동 계획서를 작성해서 제출한다.
- 동아리 대표자는 활동 일지를 반드시 지도 교사에게 제출한다.
- 월 1회 이상 동아리 대표자 모임을 주기적으로 운영한다.
- 발대식, 1박 2일 캠프, 진로 특강, 활동 발표회 등 기본 프로그램을 모두 참석했을 때 수료증을 발급하는 것을 원칙으로 한다.

3. 단계별 활동을 꼭 챙기자

진로 독서 동아리는 학생들이 자율적으로 운영하기 때문에 자칫 동아리 구성이 끝난 후 어떻게 활동할지 몰라 우왕좌왕하다가 아무것도 하지 않은 채 시간이 흐르는 경우가 있을 수 있다. 그래서 기본적으로 운영해야 하는 프로그램을 단계별로 나눠 처음부터 안내한 후 활동하는 것이 좋다.

(1) 구성

모든 학교에서 3월에 적성 검사, 인성 검사, 진로 탐색 검사, 학습 방법 진단 검사 등 각종 표준화 검사를 실시한다. 표준화 검사 결과가 나올 즈음 학교 홈페이지, 가정통신문, 도서관 게시판 등을 통하여 진로 독서 동아리 모집 홍보를 시작한다.

진로 독서 동아리를 구성할 때 유의해야 할 사항은 다음과 같다.

첫째, 동아리 구성부터 의사소통이 중요하다. 학생들이 지원 신청서를 제출하면, 지원 현황을 도서관 칠판에 진로별로 표시하여 학생들끼리 서로 정보를 공유할 수 있게 해야 하며, 진로가 아예 달라서 혼자 신청하는 학생이 있을 경우 다른 진로 팀으로 이동을 권유해 보거나 다음에 신청을 하도록 이야기해야 한다.

둘째, 동아리 구성 시간을 충분히 확보해 주어야 한다. 학생들끼리 충분한 이야기를 나눠 동아리가 구성되었을 경우 모든 활동이 원활하게 진행된다. 그러므로 동아리 구성까지 최소한 2주간의 시간이 필요하며, 동아리 구성 진행 과정은 도서관 칠판에 기록하여 공개하는 것이 좋다.

셋째, 동아리 활동 시간을 적절하게 안배할 필요가 있다. 어느 한 요일에 활동 시간이 집중될 경우, 도서관이 북적이고 서로 활동하는 모습을 살펴볼 수 있는 효과도 있었지만, 교사가 토론 활동을 지도하기에 어려운 점이 있다. 그래서 하루에 여러 팀이 겹치지 않도록 주의해서 살펴야 한다.

넷째, 동아리 리더의 능력이 일 년간의 활동을 결정한다. 책임감 있게 활동할 수 있는 학생을 리더로 뽑아야 한다. 리더의 첫째 조건으로 바쁘지 않은 것을 꼽을 수 있으므로, 여러 가지 활동을 하는 학생을 리더로 정하는 것은 피해야 한다.

다섯째, 진로 독서 동아리를 운영하기 위한 예산 확보를 확실하게 해야 한다. 이를 위해서는 동아리를 신청하여 동아리 운영 지원금을 받아야 하며, 연간 행사를 계획할 때에는 예산 계획도 함께 세워야 한다. 학교에서의 지원금이 충분치 못한 경우에는 도서관 관련 단체의 도움을 받는 방법도 찾아볼 수 있다.

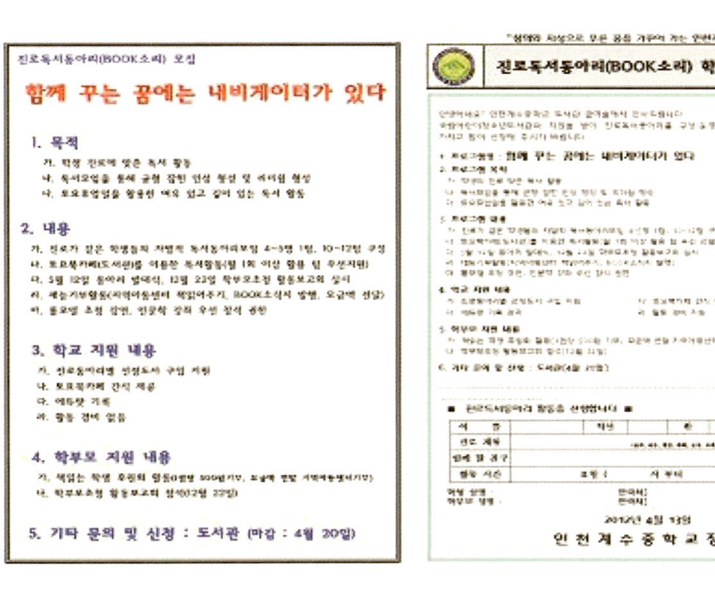

진로 독서 동아리 신청서

직업	동아리명	모임 시간	회원
봉사	세계 평화	수 점심시간	6
심리학	마음의 소리	토 12:30~	3
스튜어디스	스튜어디스	토 10시~12시	2
요리	배고파요	토 10시~12시	3
음악	용감한 녀석들	2, 4주 토	4
작가	라온글	2, 4주 토	6
언어	말소리	금 점심 시간	6
과학	과학수사대	수 5시~6:30	5
경영	리더스	주 1회 점심	3
교사	나는 선생님이 좋아요	토 10:30~12시	5
법률	정의로운 소녀들	수 방과 후	5
외교	to the world	2, 4주 수	3
작가	read and write	금 방과 후	7
패션	패션왕	1, 3주 토	5

인천 계수중학교 2012 진로 독서 동아리 구성 현황

▲ 진로 독서 동아리 구성에 필요한 여러 양식

동아리를 구성한 후, 활동을 각자가 바로 시작할 수는 없다. 그래서 1회 고사가 끝난 직후 진로 독서 동아리 회원이 모두 모여 발대식을 하여 동아리가 지속적으로 모임을 할 수 있도록 도와주어야 한다. 이때 충분한 시간을 확보하기 위해서는 토요일에 발대식을 갖는 것이 좋다.

발대식에 진행하면 좋은 프로그램은 다음과 같다.

- 진로 독서 동아리 운영 원칙과 연간 진행 과정 안내
- 동아리별 세부 계획(진로 독서 목록 결정, 팀별 특별 활동 계획 수립)
- 독서 토론 방법 안내
- 동아리 회원 간의 갈등 조정을 위한 에니어그램 활동

진로 독서 동아리 발대식을 할 때, 유의해야 할 사항은 다음과 같다.

첫째, 발대식 날짜를 미리 공지한다. 미리 충분히 공지하지 않으면, 학생들이 다른 계획을 세우는 경우가 있다.

둘째, 교장, 교감 선생님이 오셔서 격려 말씀을 해 주시도록 부탁하는 것이 학생들의 활동에 큰 힘이 된다. 또한 담당 교사도 책임감을 가지고 활동하는 데, 자극이 되기도 한다. 이 또한 미리 이야기를 해야 한다.

셋째, 각 팀의 운영 계획을 수립하는 과정에서 대표자의 책임감, 리더십, 봉사 정신의 중요성을 강조해야 하며, 월 1회 동아리 대표자 모임을 상설 운영하여 어려움이 없는지 체크하는 것이 필요하다.

넷째, '독서 토론 방법 교육'은 담당 교사가 진행하는 것보다는 특별 강사를 초청하여 깊이 있는 전달을 하는 것이 학생들에게 효과적이다. 동아리 지도 교사는 강의를 하지 않아도 매우 할 일이 많으므로 모든 것을 혼자 진행하지 말아야 한다.

발대식 세부 프로그램 예시

시간	내용	소요 물품
09:30~10:00	출석 확인	이름표, 출석부
10:00~10:10	행사 안내 및 연간 행사 계획	유인물
10:10~10:20	격려사	
10:20~11:30	동아리별 활동 계획 작성 및 발표	4절지
11:30~11:40	휴식	간식
11:40~12:40	독서 토론 방법 교육	특강 강사, 영상, 유인물
12:40~13:00	포트폴리오 작성 안내	클리어 파일(개인, 전체)

발대식 격려사

종이 출력 행사 플래카드

동아리별 활동 목표, 연간 계획

동아리별 대표자 기념 촬영

진로 독서 동아리 활동 계획서

동아리명					
	학년	반	성명	연락처	동아리 대표
동아리 회원					
활동 목표					
월별 계획	월	활동 내용(읽고 싶은 책 포함)			
	4				
	5				
	6				
	7				
	8				
	9				
	10				
	11				
	12				
활동 일시	요일	시간		총시간	

진로 독서 동아리 ( )번 운영 일지

차시	( )차시	지도 교사 확인( )
일시	월 일 요일 시 분 ~ 시 분	
장소		
참가자		
활동 내용 (책 내용, 토론 내용 등)		
힘들었던 점		
도와 주세요 ^^		

▲ 동아리 활동에 필요한 양식들

진로 독서 동아리 발대식 이후 동아리별로 진로와 관련한 책을 읽고 이야기를 나누는 활동을 본격적으로 전개하게 된다. 이때, 독서 토론 방법, 진로 탐색 수업 등을 담당 교사는 안내해 주면 좋다.

동아리별로 활동하다가 1학기를 마무리할 때, 활동을 점검하기 위한 시간으로 1박 2일 밤샘 캠프를 진행하면 좋다. 이때 동아리별 활동을 교사의 잣대로 평가하는 방식은 바람직하지 않다. 1박 2일 캠프로 동아리별 활동 내용을 발표하는 형식을 통해 동아리별 회원 간의 공동체 의식 강화는 물론 다른 동아리 발표 내용을 보면서 활동 내용에 대한 상호 보완의 계기를 가질 수 있어 의미가 있다.

진로 독서 동아리 1박 2일 밤샘 캠프를 진행할 때, 유의해야 할 사항은 다음과 같다.

첫째, 여러 학생이 참여하는 행사로 생활 지도 담당 교사가 필요하므로, 동료 교사의 협조를 받는 것이 좋다. 이때 시간 외 근무를 요청한다.

둘째, 동아리별로 저녁 식사를 준비할 때 가사실을 이용하면 편리하다. 교정에서 취사할 수도 있으나 비가 올 경우를 대비하여 가사실 같은 특별실 사용 협조를 받으면 도움이 된다. 특별실 협조를 받았을 경우, 청소 및 뒷마무리는 반드시 교사가 최종 확인하는 것이 좋다. 분리수거 및 화장실 마무리까지 꼼꼼하게 챙기는 것이 필요하다.

셋째, 강사비, 간식비, 평가회비를 여유 있게 책정하는 것이 행사 진행을 하는데 도움이 된다.

넷째, 학교 야간 경비 직원 및 분리수거 담당자와 사전 협의가 되어야만 마음 편하게 행사를 진행할 수 있다. 행사가 끝난 후 감사의 표현을 하는 것도 좋다.

다섯째, 야간 활동 중에 몸이 불편한 학생들을 위해 상비약을 보건실에서 얻어 준비해 두어야 한다.

여섯째, 방학을 이용한 활동에 대해 이야기할 시간을 줄 필요가 있다. 언제, 어디서, 무엇을 할 것인지에 대해 도란도란 이야기를 나눌 수 있도록 안내한다. 미리 준비해야 하는 일들은 다음과 같다.

- 학생 사전 모임: 가정통신문 발송, 행사 안내 및 준비물 숙지
- 프로그램 담당 교사 섭외: 여는 마당 강사, 진로 북아트 강사 초빙
- 식사 준비 및 지도: 학부모 명예 사서 10명
- 생활지도 및 프로그램 보조 교사: 동료 교사 2명
- 학교 야간 경비 직원 및 분리수거 담당자 협의

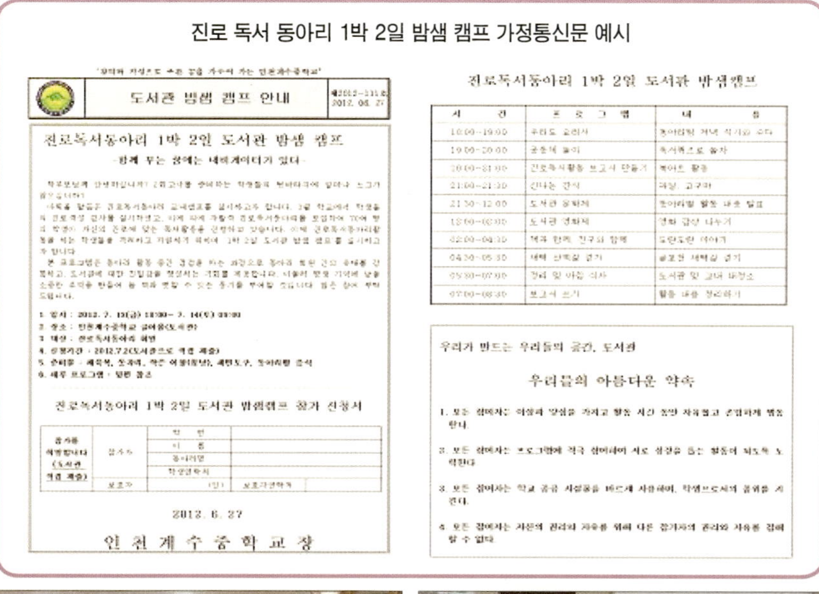

진로 독서 동아리 1박 2일 밤샘 캠프 가정통신문 예시

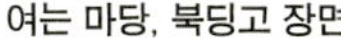

여는 마당, 북딩고 장면

동아리별 북아트 활동

전문가 인터뷰 방법
-교과부 진로 독서 동아리 메뉴얼*

1. 전문가 인터뷰 활동이 뭐죠?

진로나 희망 직업과 관련된 전문 직업인을 만나 인터뷰하는 활동이다. 진로나 희망 직업이 비슷한 학생들끼리 팀을 만들었기 때문에 팀별로 전문 직업인을 만나 인터뷰를 한다. 예를 들어, 진로나 희망 직업이 요리사이면 1학기에 요리에 관한 책을 읽고 친구들과 토론을 한 뒤 요리사를 만나 인터뷰를 한다. 교사, 경찰, 교사, 의사, 뮤지컬 배우 등 진로나 희망 직업과 관련된 전문 직업인을 인터뷰하는 것이다.

2. 전문가 인터뷰 활동을 왜 하죠?

전문 직업인을 만나 인터뷰 활동을 함으로써 자신의 진로나 희망 직업에 대해 보다 구체적으로 알 수 있다. 또한 세상에 열심히 사는 어른들이 많다는 것을 알고, 그런 어른들을 만남으로써 스스로의 삶을 더욱 잘 가꿀 수 있다.

3. 전문가 인터뷰 활동은 어떻게 하죠?

① 1단계 : 팀별 역할을 정한다.

역할	하는 일
기획	• 모둠을 지휘하는 사람으로 일정을 챙기고 모둠을 이끈다. • 모둠 친구들이 자기 일을 그때그때 잘하고 있는지 살피고, 못하는 친구가 있으면 도와준다. • 보고서: 활동 일지를 쓴다.
섭외	• 만날 사람과 연락해서 인터뷰 약속을 받아 낸다. • 친구들이 쓴 서평과 각자에 대한 소개, 인터뷰를 하고자 하는 이유, 상대를 만나서 어떤 이야기를 나누고 싶은지 자세히 정성 들여 써서 보낸다. • 상대와 약속이 잡히면, 상대가 어떤 사람인지 정보를 모아 친구들에게 자세히 알려 준다. • 보고서: 인터뷰 대상과 전화 통화한 내용을 기록하고, 오고 간 이메일을 모아서 쓴다.

* 나혜정 외(2013) 〈진로 독서 동아리 매뉴얼〉, 교과부.

물음	• 만난 자리에서 이야기를 풍부하게 하기 위해 물음을 만든다. • 처음 만나자마다 깊은 얘기를 꺼내면 상대가 말하기 어려울 수 있다. 그러므로 어떻게 이야기를 시작해서 분위기를 편하게 만들지, 어떻게 이야기를 깊게 하고 어떤 이야기를 나눈 뒤에 마무리를 할지 흐름도를 작성한다. • 보고서: 인터뷰할 때 나눈 대화 내용을 쓴다.
사진	• 인터뷰 과정 전체를 사진으로 기록한다. • 사진을 어떻게 찍을지 기획안을 제출한다. • 보고서: 찍은 사진과 그 사진에 대한 이야기를 짧게 쓴다.
최종 보고서	• 정리하는 사람이다. • 친구들이 쓴 보고서를 자료 삼아 한 편의 완성된 보고서를 쓴다. • 물음이 쓴 보고서만 그대로 쓰고 다른 친구들이 쓴 보고서는 조금씩 다듬는다.

② 2단계: 동네, 가까운 지역 등에서 팀원의 진로나 희망 직업과 관련된 전문 직업인을 정한다.

전문 직업인과 인터뷰하기 위해서는 사전에 충분한 준비가 있어야 한다. 즉, 무턱대고 찾아가서 인터뷰해 달라고 하면 해 주지 않는다. 따라서 만날 자격이 있다는 것을 증명해야 한다. 인터뷰 활동의 목적, 읽은 책, 서평, 만나서 나누고 싶은 이야기 등을 작성해서 메일로 보낸다.

③ 3단계: 인터뷰 질문을 작성한다.

만나서 알고 싶은 내용을 중심으로 인터뷰 질문을 작성한다. 그리고 인터뷰 대상에 대해 사전 조사를 하면 더욱 좋다.

● 인터뷰 질문 예시
– 요리사를 선택하게 된 계기?
– 학창 시절 어떤 학생이었는지?
– 요리사를 선택하고 후회한 적은 없었는지?
– 요리사와 관련된 에피소드나 추억은?
– 요리의 의미는? 또는 요리사는 어떤 사람인가?
– 하루 일과는 어떻게 되는지?
– 요리를 하면서 힘들거나 어려운 점은?
– 요리사를 하기 위해서 어떤 노력을 해야 하는가?
– 요리사는 어떻게 하면 될 수 있는가?
– 요리가가 되기 위해서 꼭 갖추어야 할 것은?
– 요리사를 꿈꾸는 청소년들에게 가장 중요한 것은?
– 요리사가 되기 위해서 어떤 삶의 자세를 가져야 할까요?

인터뷰 질문을 작성할 때, 인터뷰 대상에게 불쾌감을 주는 질문은 피해야 한다. 예를 들어, '월급이 얼마인지?'와 같은 개인적인 질문은 피해야 한다.

④ 4단계: 인터뷰 날짜와 시간, 장소를 정한다.

인터뷰를 잡는 요일은 평일보다는 주말이 좋다. 인터뷰 대상이 직업인이기 때문에 평일에는 인터뷰할 시간을 내기 어렵기 때문이다. 그리고 학생들도 수업을 늦게 마치기 때문에 직업인과 만나서 여유롭게 이야기를 나눌 수가 없다.

⑤ 5단계: 인터뷰하기

⑥ 6단계: 인터뷰 활동을 바탕으로 각자의 역할 보고서를 쓴다.

기획을 맡은 학생은 기획 보고서, 섭외를 맡은 학생은 섭외 보고서, 물음을 맡은 학생은 물음 보고서, 사진을 맡은 학생은 사진 보고서, 최종 보고서를 맡은 학생은 친구들이 쓴 보고서를 바탕으로 최종 보고서를 쓴다.

4. 전문가 인터뷰 활동에서 무엇을 고려해야 하죠?

첫째, 인터뷰를 통해 어떤 정보를 얻을 것인가?

전문가 인터뷰는 책 읽기에서 가졌던 질문을 중심으로 직업 현장에서의 실제적인 지식을 얻을 수 있어야 한다. 책 읽기나 토론을 통해 관념적 수준에서 얻을 수 있는 지식은 구태여 인터뷰를 통하지 않고서도 충분히 알 수 있기 때문이다.

둘째, 인터뷰의 질문은 사전에 준비를 해야 한다.

인터뷰 질문들은 좀 더 구체적인 수준에서 만들어야 한다. 자칫 잘못하면 인터뷰를 위해 만든 질문의 내용에 해당 회사의 영업상 기밀이나 중요한 정보가 일부 포함될 수도 있다. 따라서 신중히 문항을 구성해야 하며 면담 대상자와의 사전 연락을 통한 조율이 필요할 수 있다.

셋째, 인터뷰 대상자에 대한 예절을 지켜야 한다.

물론 한 학기 동안의 독서를 통해 어느 정도 관련 진로에 대한 공부는 했겠지만, 인터뷰 대상자에게도 그러한 느낌이 들도록 해야 한다. 또한 시시콜콜하고 사소한 질문은 되도록 배제하고, 질문을 할 때에도 취조하듯이 해서는 안 되며 공손하게 배운다는 자세가 드러나야 한다. 반대로 지나치게 어려운 학문적인 내용도 별 도움이 되지 않으므로 질문에서 빼는 것이 좋다.

넷째, 인터뷰 절차는 인터뷰 대상자의 일정을 중심으로 해야 한다.

사전 약속 없이 인터뷰 대상자를 방문하여 인터뷰를 요구하는 것은 큰 결례이다. 사전에 회사의 담당자나 인터뷰 희망자와 통화를 하여 취지와 질문의 내용을 잘 설명한 후 인터뷰 허가를 받고 방문 날짜, 시간 장소 등을 정해야 한다. 또한 인터뷰에 응하는 대상은 주로 회사의 경우 실무를 담당하는 직원일 가능성이 많다. 이 직원을 대상으로 반나절이나 하루 종일 인터뷰를 하는 것 또한 실례이다. 해당 직원이나 면담 대상자의 그날 업무 진행을 방해하지 않는 수준을 고려하면 최대 두 시간 정도가 적당하다. 뿐만 아니라 인터뷰 대상자의 의사를 존중하여 개인 정보가 뜻하지 않게 유출되지 않도록 주의하여야 한다.

다섯째, 인터뷰를 위한 역할 분담을 해야 한다.

인터뷰를 위해 동아리에서는 회사 섭외, 질문 내용 작성, 인터뷰 자료의 정리, 사진 촬영 등의 역할을 분담하여야 한다.

역할	준비 내용
회사 섭외	인터뷰에 대하여 가장 많은 지식을 가진 학생이 실시하며, 방문 시 음료수 정도는 미리 준비한다.
질문 내용 작성	각자 작성한 다음에 전체 토론을 거쳐 확정한다.
인터뷰 자료의 정리	필요하다면 캠코더나 소형 녹음기를 준비하며 사용은 인터뷰 대상자의 동의를 얻어야 한다. 만약 동의하지 않았을 경우에는 인터뷰 내용을 가급적 많은 수의 학생이 기록하여야 한다.
사진 촬영	인터뷰 장면이나 기념사진 촬영을 위해 준비하며 사진 촬영 또한 회사의 동의를 반드시 얻어야 한다.

| 전문가 인터뷰 기록문 양식 |

교과부 진로 독서 동아리 메뉴얼

	○○동아리 직업 전문가와의 인터뷰
인터뷰 대상자	
인터뷰 일시	
인터뷰에서 인상 깊은 부분	① ② ③
인터뷰에서 핵심 내용	① ② ③
기억해야 할 내용	① ② ③
직업에 대하여 새로 알게 된 내용	① ② ③
진로 선택에서 생각할 내용	① ② ③

(4) 공개 발표회

진로 독서 동아리 공개 발표회는 여러 동아리가 함께 모여 각 동아리별
로 자신들의 계획-실행-결과를 발표하고 토론하는 활동이다. 이 보고회는

누가 잘하고 못했느냐를 겨루는 것이 아니라 다양한 진로를 서로에게 안내하고 독서에 이은 독후 활동을 통해 자신에게 맞는 진로를 탐색하는 모델을 제시하는 것이다. 이러한 활동을 통해 학생들이 독서와 가까워지게 되고, 무엇보다도 독후 활동을 통해 자신의 미래에 대하여 고민하고 진로를 찾아 나아가는 것을 발표하는 자리이다.

진로 독서 동아리 공개 발표회를 진행할 때, 유의해야 할 사항은 다음과 같다.

첫째, 공개 발표회는 각 동아리에서 자신만의 꿈을 찾는 활동 내용을 격려하기 위한 축제의 자리를 만들어 주는 것이 좋다. 공개 발표회를 할 때는 동아리별 자체 평가 시간을 갖는 것에 의미를 두고 진행하는 것이 학생들에게 부담이 가지 않는다.

둘째, 학생들의 발표를 다양한 양식으로 표현할 수 있도록 지도하면 발표가 단조롭지 않아 좋다. 작가 팀은 소설처럼 활동 과정을 써서 발표할 수 있고, UCC, 연극, 음악, 패션쇼 등 진로에 맞는 방식으로 창의적인 발표회를 모색하도록 지도하고, 대표자와 이야기를 나눠 영역이 고루 분포하도록 살펴보아야 한다. 이때 충분한 시간 확보가 절대로 필요하다.

셋째, 우수 동아리 표창, 수료증 발급, 생활기록부 기재 등 활동 내용을 정리하는 과정이 반드시 필요하다. 우수 동아리 선정은 활동 결과보다는 동아리 회원이 모두 성실하게 프로그램을 이수한 팀 중심을 살펴 선정하는 것이 좋으며, 수료증 발급은 중도 포기 학생에게 발급되는 일이 없어야 한다. 일 년 동안 자발적으로 활동한 내용을 생활기록부에 기재할 수 있도록 담당 교사는 준비해야 한다(양식은 다음 쪽에 나와 있다).

넷째, 새해 소망 쓰기 활동을 통해 자신의 꿈으로 한 발자국 더 다가가게 하는 것이 좋다. 그리고 학생들이 1년 동안 동아리 활동을 지속할 수 있도록 지원한 단체 및 여러 사람의 노고에 감사하는 마음을 표현하게 하는 것이 학생들이 사회의 일원으로 성장할 수 있게 하는 것이 될 것이다.

공개 발표회 일정 및 프로그램 예시

일시	프로그램	내용	비고
11월 22일	행사 안내	행사 전체 계획 안내	
12월 13일	동아리별 활동 내용 정리	동아리별 활동 내용 점검	
12월 15일	활동 발표 방법 결정	대표자 회의	
12월 16일	초대장 발송	학부모, 교사 행사 초대장 발송	
12월 21일	전체 리허설	행사의 진행 과정 교육	
12월 22일	격려사	교장 선생님	
	독서 동아리 운영 보고	담당 교사	
	동아리별 활동 내용 발표	동아리 14개	
	안광복 선생님 특강	철학으로 다잡은 나의 미래	
	새해 소망 작성 및 다과회	학부모 인사 나누기	

진로 독서 동아리 발표 계획서

동아리명					
	학년	반	성명	연락처	동아리 대표
동아리 회원					
전체 활동 또는 개별 활동					
표현 방식					
역할 분담					
	요일		시간		총 시간
활동 일시					

인천 계수중 제 ○○호

수료증

동아리명 : 세계평화(봉사)

○학년 ○반
성명 ○○○

위 학생은 2012학년도 진로 독서 동아리
활동 전 과정을 성실하게 수료하였기에
이에 이 증서를 수여합니다.

2012년 12월 22일

인천 계수중학교장 ○○○

▲ 발표회 준비에 필요한 양식

작가 동아리의 팀원 발표

봉사 동아리 발표

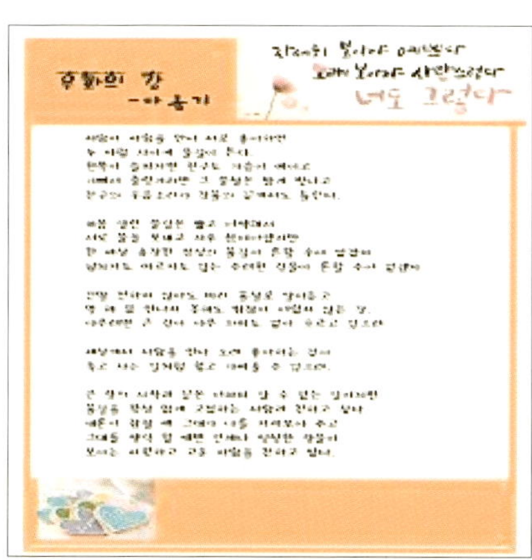

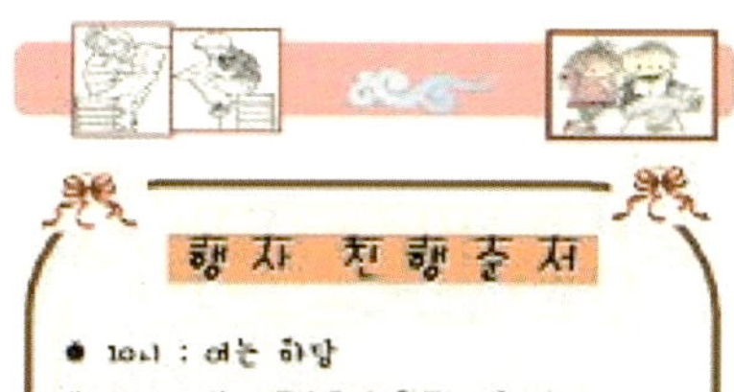

함께 한 동아리 친구들은요

직업	동아리명	대표자	회원
봉사	세계 평화	권지용	조승민, 서한비, 여은미, 김민정, 이하늘
심리학	마음의 소리	여도경	김수아, 최휘진
요리	뚝고마요	김채원	남유진, 이지우
음악	용감한 녀석들	여정호	여도희, 최규리, 봉지선
작가	라온글	김승혜	박영은, 문수빈, 염유진, 여지현, 질해한
언어	밀소리	여소연	유수연, 봉친의, 장마현, 박민정, 오세윤
과학	과학수시대	홍세미	주수풍, 조춘, 강어진, 김가영
패션	패션왕	차다현	맥혜울, 여수한, 박설희, 박수희
외교	to the world	구한결	유송인, 권한범
정별	리더스	정혜진	황다정, 김세영
교사	나는 선생님이 좋아요	조수현	밝은지, 이지현, 갑혜찬, 최현주
법률	설의로운 소녀들	희온영	여유실, 전주민, 감지수, 조민승
스튜어디스	스튜어디스	룡다희	여슴윤
작가	read and write	위연미	희지은, 이주익, 권혁인, 여의성, 김소현, 손나원

한광록 선생님은요^^

- 1970년 서울 출생
- 서강대 철학과 소크라테스 대화법 연구 박사 학위 받음
- 중등고 철학교사로 근무
- 청소년을 위한 철학자 이야기
- 철학, 역사를 만나다
- 처음 읽는 서양 철학사
- 최리 시간에 철학하기
- 딜딜공실의 인생론
- 인생 고수
- 철학계에 대려를 몰다
- 키워드 인문학 …

▲ 동아리 활동 발표회 행사 안내장

발표회 평가 및 철학의 의미 특강

새해 소망 트리 점등식

| 생활기록부 특별활동 기재 예시 |

✏️ 진로 독서 동아리 우수 활동 학생 생기부 기록 내용
- 영역: 진로 활동
- 내용: (작가) 진로 독서 동아리(2012.5.12~12.22) 활동을 통하여 자신의 구체적 진로에 맞춘 독서 활동을 함으로써 직업 탐색 과정을 충실히 이행함.

✏️ 진로 독서 동아리 특별활동 학생 생기부 기록 내용

○학년 ○반 ○○○

진로가 같은 학생들끼리 모여 책을 읽고 토론하는 진로 독서 동아리 'BOOK소리' 중 봉사 팀 '십시일반'에서 동아리 대표를 맡고 있으며, 1박 2일 밤샘 진로 캠프에서 《진격의 거인》을 패러디한 연극을 무대에 올림.

○학년 ○반 ○○○

진로가 같은 학생들끼리 모여 책을 읽고 토론하는 진로 독서 동아리 'BOOK소리' 중 법률가 팀 '정의로운 소녀들' 활동을 지속적으로 참여했으며, 동아리 학생들과 함께 1박 2일 밤샘 진로 캠프에서 올해 방영되는 드라마의 법률 해석을 창의적으로 소개했고, 지속적으로 읽는 법률 관련 도서를 통해 진로에 대한 확신을 갖게 되는 계기가 되었음.

○학년 ○반 ○○○

진로가 같은 학생들끼리 모여 책을 읽고 토론하는 진로 독서 동아리 'BOOK소리' 중 외교관 팀 'TO THE WORLD' 대표로 활동하면서 모임을 주관하고 갈등을 조정하는 등의 리더십을 발휘하였으며, 동아리 학생들과 함께 외교관 콘서트, 외교관 사료관을 방문하는 특별 체험활동을 하여 진로에 대한 모색을 하는 계기가 되었음.

○학년 ○반 ○○○

진로가 같은 학생들끼리 모여 책을 읽고 토론하는 진로 독서 동아리 'BOOK소리' 중 작가 팀 'Read & Write'에서 대표로 활동하면서 모임을 정하고 토론을 주관하는 역할을 하였으며, 특히 주관이 강한 동아리 회원의 갈등을 다양한 성향에 대한 이해로 성숙하게 조정하는 등 리더십을 발휘하여, 전체 회원이 한국도서관협회 주최 인천 청소년 시 낭송 축제, 교과부 주최 북나눔 책 축제 작가 만남 스토리텔링 과정 등 대외 활동에도 적극적으로 참여하는데 크게 기여하였음.

○학년 ○반 ○○○

진로가 같은 학생들끼리 모여 책을 읽고 토론하는 진로 독서 동아리 'BOOK소리' 중 봉사 팀 '세계 평화를 위하여'에서 《괭이부리말 아이들》에 대해 토론을 하면서 어려운 이웃의 생활에 대해 간접 경험을 하였으며, '1박 2일 밤샘 진로 캠프', '서점 나들이' 등을 할 때 동아리 회원들과의 연락을 맡는 역할을 통해 상대방에 대한 배려와 존중의 가치를 소중히 여기게 됨.

독서 동아리, 그 밖의 활동

1. 외부 기관에서 주최하는 독서 토론 모임

최근 인문학에 대한 관심이 조금씩 높아지고 있다. 이런 영향으로 외부에서 실시하는 청소년 독서 토론 프로그램이 늘어나고 있다. 꾸준히 독서 토론 활동을 했다면 이번에는 아이들과 학교 밖에서 하는 독서 토론 프로그램에 참가해 보자. 인문학 강연만을 하는 프로그램도 있고 인문학 강연 후 함께 토론하는 시간을 갖는 프로그램도 있다.

청소년을 위한 인문학 강좌 혹은 토론 프로그램 시행 기관

- 부산대학교 점필재연구소 인문 고전 독서 교실 www.jpj.or.kr
  경상남도 밀양시 삼랑진읍 삼랑진로 1268-50, 055-350-5886
- 연구공간 수유+너머 '청소년 케포이필리아' www.transs.pe.kr
  서울시 서대문구 연희동 193-16 동아빌딩 4층, 070-8270-0910
- 책 읽는 도시 김해 '청소년 인문학 읽기 전국 대회' lib.gimhae.go.kr
  경상남도 김해시에서 운영, 김해시청 교육도시육성과 055-330-6681
- 길담서원 '청소년 인문학 교실' cafe.naver.com/gildam
  서울특별시 종로구 옥인동 19-17(1층), 02-730-9949
- 부산민주항쟁기념사업회 '전국 청소년 논술 토론 한마당' toron.demopark.or.kr
  부산시 중구 영주동 산 10-16, 051-790-7411
- 인디고 서원 www.indigoground.net
  부산광역시 수영구 수영로 408번길 28, 051-628-2897
- 교육공동체 나다 nada.jinbo.net
  서울시 마포구 망원로 7길 44 3층, 02-324-0148
- 두잉 청소년 인문학 도서관
  인천시 부평구 마장로 35, 070-8247-3669

여러 곳에서 모인 친구들과 어우러져 공부하고 토론하면서 함께 배우는 기쁨을 느낄 수 있고 생각의 폭도 훨씬 넓어짐을 느낄 수 있다.

부산대학교 점필재연구소는 '인문 고전 독서 교실'을 운영하고 있다. 부산, 밀양, 울산 지역 학생들과 교사들이 함께 책을 읽고 참가하여 저자의 강의를 들은 후 오후에는 토론을 진행한다. 토론은 모둠 토론으로 진행되며 이때 모둠에는 세 지역의 학생들이 고루 배치되어 다른 지역의 청소년들과 교류하는 장이 되고 있다. 1년 동안 네 번에 걸쳐 행사가 이루어지며 방학 때 실시되는 독서 캠프 마지막 날에는 그동안 학생들이 공부한 것을 바탕으로 연극을 만들어 발표회를 한다.

2. 창의적 체험활동과 연계한 독서 토론 동아리 운영

2009 개정 교육과정에 도입되어 초·중·고등학생을 대상으로 주당 3~4시간 편성되는 창의적 체험활동은 교과목 이외의 비교과 활동을 말한다. 창체 활동은 학생 개개인의 적성에 맞게 자율 활동, 동아리 활동, 봉사 활동, 진로 활동 영역의 콘텐츠를 통해 '창의적 체험활동 종합 지원 시스템'에 스스로 기록할 수 있도록 돼 있다. 창의적 체험활동과 관련해서는 긍정적인 이야기와 부정적인 이야기가 공존하고 있다. 여러 논의를 떠나 이미 학교 현장에서는 잘 되든 못 되든 이미 창체가 시작되었다. 창체와 연계된 동아리 운영 프로그램을 통해 대안을 제시한다.

공개 발표회 일정 및 프로그램 예시

영역	세부 활동
자율 활동	적응 활동, 자치 활동, 행사 활동, 창의적 특색 활동
동아리 활동	학술 활동, 문화 예술 활동, 스포츠 활동, 실습 노작 활동, 청소년 단체 활동
봉사 활동	교내 봉사 활동, 지역사회 봉사 활동, 자연 환경 보호 활동, 캠페인 활동
진로 활동	자기 이해 활동, 진로 정보 탐색 활동, 진로 계획 활동, 진로 체험활동

▲ 창의적 체험활동 영역별 세부 내용

(1) 동아리 활동

동아리 활동 시간과 연계하여 실시해 볼 만한 프로그램으로 독서 토론, 여름 독서 캠프, 문학 기행, 토론 대회 참가, 출판 문화 캠프 참여 등이 있으며, 활동 내용을 학생생활기록부에 기록해 주어야 한다.

여름 독서 캠프

독서 토론

출판 문화 캠프

(2) 자율 활동

자율 활동 영역에서 독서 토론 동아리가 실천해 볼 만한 것 중 지역사회 연계 활동으로 안남고등학교 사례를 소개한다.

안남고등학교 독서 토론 동아리는 여름방학을 맞아 1박 2일 여름 캠프를 진행했는데, 활동 주제는 '계양구를 디자인하다'였다. 모둠별로 학생들이 살고 있는 지역 도서관의 문제점을 찾고 그 대안을 모색하기 위한 '우리 마을의 살아 있는 도서관 만들기 프로젝트' 활동을 전개하였다.

도서관의 롤모델이 될 만한 몇 군데의 도서관을 지정한 후, 지역의 도서관과 그들의 차이점이 무엇인지를 확인하기 위해 탐방 계획을 세웠다. 본격적인 탐방에 앞서 학생들은 도서관을 어떻게 탐방할 것인지 계획서를 작성했고, 인터넷을 참고하여 사전 조사한 뒤 인터뷰할 질문지도 만드는 과정을 거치면서 참가 학생 모두가 이용자로서 느끼고 있는 도서관의 문제점이 무엇이며, 원하는 도서관의 미래상은 무엇이었는지를 조금 더 현실적으로 파악할 수 있는 기회가 되었다. 세부 프로그램은 다음과 같다.

시간	첫째날
09:00 - 10:00	여는 마당, 독서 캠프 안내 및 모둠 편성
10:00 - 17:00	모둠별 마을 도서관 탐방 – 서울 성동구 '책 읽는 안남, 책 읽는 아이', 용인 수지 '느티나무 도서관'
17:00 - 18:00	책 읽는 사회 만들기 국민 운동 탐방 및 간담회
18:00 - 19:00	저녁 식사
19:00 - 20:00	부천 복사골 연수원으로 이동
20:00 - 22:00	모둠별 탐방 활동 정리 및 발표
22:00 - 24:00	독서 캠프 문화제 및 정리
시간	둘째날
08:00 - 09:00	기상 및 아침 식사
10:00 - 12:00	계양구를 책으로 디자인하다(토론 및 발표)
12:00 - 13:00	점심 식사
13:00 - 17:00	인사동 문화 탐방
17:00 - 19:00	문화 체험(뮤지컬)
19:00 - 20:00	저녁 식사
20:00 - 22:00	집으로

(3) 봉사 활동

독서 토론 동아리가 책에서 배운 여러 가지 가치를 실천할 수 있는 연계 활동으로 봉사 활동을 권한다. 독서 토론 동아리 소속 학생이라면 독서와 연계한 봉사 활동을 하는 것이 창의적 체험 학습의 일관성을 갖는다. 안남고등학교에서는 루게릭병 보호시설인 '더불어 사는 집'에서 봉사 활동을 펼쳤다. 학생들은 책과 영상을 통해 루게릭병에 대한 지식과 정보를 얻고, 보호시설을 찾아 '책 읽어 주기' 봉사 활동을 하는 과정을 통하여 더불어 살아가야 하는 것에 대한 사회적 책무성을 확실하게 인식하게 되었다.

또 독서 토론 동아리가 봉사 활동과 연계하여 실천하면 좋은 것은 지역 단위의 청소년 문화 축제에 참가하여 책과 도서관을 주제로

인천청소년문화대축제

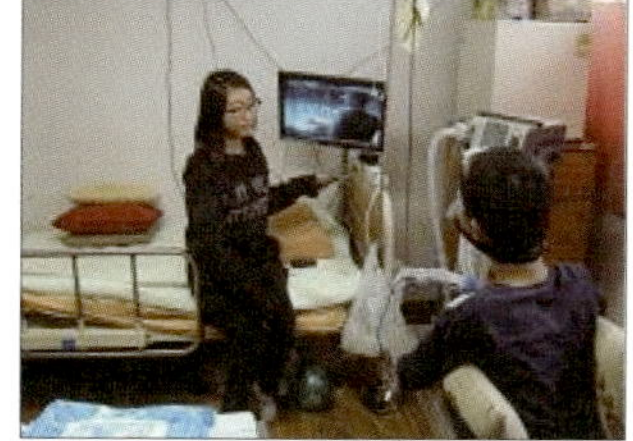

더불어 사는 집 봉사 활동

전시 마당, 체험 마당을 운영해 보는 것이다. 학생들을 대상으로 하던 활동을 넘어 시민들과 함께 하는 활동을 통해 학생들의 만족도는 더 높아진다.

(4) 진로 활동

학생들의 관심은 진로이다. 학교에서 모든 학생들에게 맞춤형 진로 지도를 하기는 어렵지만, 학생들의 '내 꿈 찾아가기' 활동을 지원해 줄 수 있는 방법으로 각계각층의 전문가를 만나게 하는 프로그램을 운영하면 좋다. 분야가 다르므로 강좌가 열리기 전에 관련 진로를 희망하는 학생을 중심으로 신청을 받아 운영하면 강연이 훨씬 깊이 있게 진행된다. 희망자 모집은 교사 추천을 참고할 수도 있고, 도서관에서 그 분야의 책을 대출한 학생들에게 기회를 주는 방법도 좋다.

다음은 안남고등학교에서 실시한 진로 활동 세부 내용이다.

구분	주제	행사 세부 내용	강사	비고
직업 탐색 및 진로 목록 작성	진로 도서 목록 만들기	읽자! 진로 관련 도서	이성희	
진로 체험	희망 직업인 인터뷰 및 체험	하자! 진로 체험 프로그램	희망 진로 멘토	
자기 탐색	MBTI를 통한 진로 탐색	검사를 통한 나의 성격 확인 성격 유형별 직업 특성과 종류	배임숙일	
진로 인식	출발! 진로 여행	진로에 대한 관점	김찬호	
		공인으로 산다는 것 -금태섭의 변호사 이야기	금태섭	
		방송인으로 산다는 것 -김민식 PD 이야기	김민식	
		창공을 나는 꿈 -스튜어디스 박지선 이야기	박지선	
		재미있는 과학 이야기 -이은희의 과학 이야기	이은희	
		요리사로 산다는 것 -김희태의 요리 이야기	김희태	
		영화인으로 산다는 것 -부지영의 영화 이야기	부지영	

진로 계획	진로 사전 만들기 (나만의 진로 도서 목록)	나누자! 우리가 만드는 직업 대사전	이성희	

▲ 내 꿈 찾아가기 프로젝트

금태섭 변호사 이야기

MBTI를 통한 진로 탐색

출발! 진로 여행(특강)

안 녕하세요 뿌잉뿌잉

책을 읽었어요 힛

안남고등학교에서는 독서 토론 동아리 '카르페디엠' 1년 동안의 활동을 성실하게 기록한 결과물인 '時之香'을 발행하고 출판기념회를 가졌다. '時之香'의 목차는 다음과 같다.

주제	도서	활동 내용	
책과 친해지기	지도 밖으로 행군하라 / 한비야	토론 주제	내 가슴을 뛰게 하는 일은 무엇인가?
		체험활동	출판사 습격기 – 파주 출판 단지 출판사 탐방
책과 만나기	대한민국 원주민 / 최규석	토론 주제	나에게 가족의 의미는?
		체험활동	최규석 작가와의 만남 (작가 집필실 – 저자 인터뷰, 영상 제작) 부천 만화 도서관 탐방 체험 학습
책과 함께 생각하기	청년 의사 장기려 / 손흥규	토론 주제	사회적 나눔에 대하여
		체험활동	인도주의실천의사협의회 방문 및 봉사 활동
책과 함께 놀기	열네 살의 인턴십 / 마리오드 뮈라이유	토론 주제	직업 선택의 바람직한 기준은 무엇인가?
		체험활동	우리 동네의 명인을 찾아서 – 인터뷰 게임 학교도서관에서 밤샘 책 읽기 – 독서 캠프
책과 함께하기	거대한 뿌리 / 김중미	토론 주제	혼혈아, 이주 노동자를 어떻게 바라볼 것인가?
		체험활동	저자와의 만남 – 김중미
	사막에 숲이 있다 / 이미애	토론 주제	계양산 골프장 문제에 대해 이야기 나누기
		체험활동	계양산 둘레길 돌아보기(녹색연합)
책, 함께 나누기	사랑이 꽃피는 민들레 국수집 / 서영남	토론 주제	내가 생각하는 행복은 무엇인가?
		체험활동	인천 문학 탐방 체험 – 배다리 헌책방 문화 체험 (인천작가회의 – 사진책도서관 – 아벨서점 – 수도국산달동네 박물관) 무료 급식 나눔터 인천 민들레 국수집에 기부
	가방 들어주는 아이 / 고정욱	토론 주제	장애우 통합 교육에 대해 어떻게 생각하는가?
		체험활동	작가 초청 강연 – 고정욱 작가와의 만남 점자 도서관에 봉사 활동 – 소리책 만들기, 책을 활자로 옮기기 등
책 속에서 만나는 내 안의 보물		독서 포트폴리오 만들기 – 북아트	
		독서 포트폴리오 만들기 – 출판 기념회	

(3) E-BOOK 출판 사례

작가를 만나 이야기를 듣고, 소감문을 쓰는 방식에서 한 발 나아가 이모든 과정을 책으로 출판한 사례가 있어 소개한다.

이 활동은 서울문화재단과 10명의 중학생이 연희문학창작촌에서 소설가 이현을 만나 문학 인터뷰 쇼를 진행하고 나서 쓴《내 인생의 멘토는 나다》라는 전자책 출판 사례다.

이 프로그램은 약 4개월에 걸쳐 이루어졌다. 먼저 시인이자 르포 작가인 송기역이 프로그램에 참여하는 학생들을 만나 '좋은 인터뷰어의 자세'에 대한 특강을 실시하였다. 먼저 긍정적이고 호의적인 태도로 상대방의 마음을 편안하게 하여 질문한 내용보다 더 많은 이야기를 듣기 위해 갖춰야 할 기본 자세에 대해 설명하였다. 그리고 질문 순서가 잘못 되었을 때의 사례를 충분히 들어 주었다. 이 활동에서 만날 작가 이현을 소개하고 주제 도서인 이현의《오, 나의 남자들!》에서 질문 3개를 뽑도록 했다. 더불어 풍부한 인터뷰를 위해 이현 작가의 다른 책에서 3문제, 이현 작가 관련 질문을 3문제씩 뽑아 보도록 과제를 냈다.

한 달 뒤, 학생들이 소설을 읽으면서 뽑은 질문지를 가지고 토의를 하였다. 좋은 질문이라고 선정된 질문에 살을 붙여 부드럽게 만들고, 재치있게 질문하는 방법을 익혔으며, 작가와 작품에 대한 다양한 질문이 고루 이루어지도록 고려하면서 질문 순서를 배열하는 과정을 거쳤다.

이윽고 연희문학창작촌 야외 무대에서 이현 작가를 만나 10명의 학생들이 준비한 질문으로 북 콘서트가 진행되었으며, 싱어송라이터가 학생들의 이야기를 그대로 작곡한 '바람개비'를 불러 학생들에게 이야기가 노래가 되는 체험을 만들어 줬다. 그후 문학 인터뷰 쇼 소감문을 작성하고 합평회를 가졌다. 비문으로 되어 있는 글을 바로잡는 과정을 학생들이 가장 힘들어 했지만, 이를 계기로 좋은 글쓰기에 대한 공부를 한 것이다. 그리고 마지막으로 학생들이 책에 실을 사진을 함께 모여 고르고, 녹음실에서 빌려 '바람개비'를 녹음하는 과정을 거쳐,《내 인생의 멘토는 나다》가 탄생하였다.

이현 작가 문학 인터뷰 쇼

작가 관련 질문과 질문 순서

1. 이○○

본명이든 필명이든 이름에는 어떤 뜻이 담겨 있다고 하는데요, '이현'이라는 이름이 본명인가요? 그리고 이름의 뜻이 뭔가요? (뭔가 심오한 뜻이라고 기대합니다만.)

2. 정○○

이렇게 작가님을 직접 뵈니 작가님도 충분히 선우완에게 스토킹 당하던 나금영처럼 스토킹 당하실 수 있으실 거 같은데요. 실제 스토킹 당한 경험이 계시다면 말씀해 주실 수 있으신가요?

3. 이○○

모든 직업은 우리가 상상하는 것과는 다르다고 들었는데, 작가라는 직업이 꿈일 때의 모습과 현실 모습의 차이점과 현실에 대해 솔직하게 알려 주세요.

4. 박○○

저는 《애들아, 정말 작가가 되고 싶니?》를 읽었습니다. 이 책에서는 이렇게 하라고 하셔서 작가가 되고 싶어 하는 아이들에게 도움이 많이 될 수 있다고 생각했어요. 그런데 이 책에 나오는 방법들을 그대로 따라하면 작가가 될 수 있을까요?

5. 박○○

작가가 되고 싶다는 생각을 한 적이 있었는데 돈을 못 번다는 이유로 부모님이 할 생각하지 말라고 하셨는데 그 정도로 돈을 못 버는 직업인가요?

6. 이○○

작가님의 책에 대해 호감을 갖는 사람들이 많겠지만 비호감을 갖는 사람들이 악플을 달기도 할 것 같은데 악플을 달거나 하는…… 그런 일이 있으신가요? 꼭 악플은 아니어도 직접 듣거나 다른 사람을 통해 전해 들은 경우가 있으셨나요?

7. 김○○

저는 10명의 남자들 중 선우완이 개인적으로 제일 비호감이었습니다. 그 이유는 연애할 때 너무 여자를 답답하게 옭아매기 때문인데요. 선생님은 어떤 타입의 남자를 싫어하시나요?

8. 우○○

선생님의 롤모델이 있으셨나요? 작가로서 가장 존경하는 작가에 대해 궁금합니다. 그리고 그 작가를 넘어서서 선생님을 더 드러나게 할 특별한 노력은 어떤 것이 있을까요?

9. 이○○

선생님께서 쓰신 책 중에 가장 마음에 드는 책, 가장 아끼는 책은 무엇입니까? 혹시 쓰신 작품 중 가장 아쉬운 점이 있는 작품은 무엇인가요?

10. 이○○

선생님, 작가는 상상력이 뛰어난 사람이고 소설을 통해 세상을 바꾸는 데 관심이 많은 사람이라고 들었습니다. 선생님은 세상을 바꾸기 위해서 어떤 노력을 하고 계신가요? 선생님이 꿈꾸는 세상은 어떤 세상이신가요?

11. 우○○

지금까지 선생님 말씀 잘 들었습니다. 마지막으로 여쭙고 싶은 질문이 있습니다. 지금 쓰고 계신 작품, 준비 중인 작품에 대한 이야기를 듣고 싶습니다. 10년 후에 선생님이 꼭 쓰시고 싶은 작품이 있으신가요? 왜 그런 작품을 쓰고 싶으신가요?

1. 김○○

작가님이 쓰신 책을 보면 역사 동화부터 SF 동화까지 종류가 매우 다양한데, 왜 이렇게 다양한 종류의 작품을 쓰시나요? 그리고 그 소재는 주로 어디서 얻으시나요? 꼭 써 보시고 싶은 장르가 있나요?

2. 이○○

책 중간중간에 곡 번호는 많이 나오더라구요. 그런데 작가의 후기에 나오는 번호가 딱 하나 있는데요. 바로 81271번, 곡이 뭔가요? 다른 곡은 다 제목이나 가사가 있는데, 이것은 없더라구요. 잠깐 불러 주실 수는?

3. 이○○

'나금영', '최강태민' '부끄럽지 않아요' '떡실신' 같은 사람 이름이나 동아리 이름이 재미있었습니다. 이름 짓기의 달인 같은 생각이 들었는데, 아이디어를 구하는 방법을 알고 싶습니다.

4. 이○○

생활과학고등학교 조리과 학생들의 이야기가 생생했습니다. 저는 예고 만화창작과에 가려고 합니다. 소설과 만화는 관련이 많을 것 같아서요. 제가 만화가 되어 선생님 작품을 그려도 될까요?

5. 정○○

《오, 나의 남자들!》에서 한상진 선생님하고 김현수 선생님에 대해 이상한 소문이라던가 스캔들이 있었습니다. 혹시 이와 비슷한 일이 선생님 주위에서 실제로 있었던 일인지 궁금합니다.

6. 정○○

《오, 나의 남자들!》에서는 나금영이 통금 이후의 세계를 알게 된 후 한층 더 성숙한 모습이었습니다. 혹시 이 책에서 일어났던 사건들은 이현 선생님이 겪으셨던 경험인가요? 선생님의 청

소년 시절이 궁금합니다.

7. 이○○

저는 시사 문제에도 관심이 있습니다. 전두환 전대통령이 맨 처음 나와서 안 볼까도 생각했어요. 읽어 보니 전두환 때문에 인생이 바뀐 할아버지, 아버지 이야기라 용서하며 읽었습니다. 첫머리에 이런 이야기를 넣는 것이 부담스럽지는 않으셨나요?

8. 정○○

《오, 나의 남자들!》 마지막에 '결코 돌아갈 수 없는 이 시간을 돌아보며 조금쯤 외로워질 나와 함께'라는 구절이 공감되었습니다. 작가님께서도 그런 시간이 있다면 저희에게 알려 주실 수 있으신가요?

9. 이○○

《우리들의 스캔들》이라는 책을 봤는데, 그 책에서 닉네임을 'L'이라고 한 이유가 있습니까? 데스노트에서 'L'은 '악'보다는 '선' 쪽인데 왜 이 책에서는 'L'을 '악'에 더 가깝게 했나요?

11. 김○○

이 책에는 학교 폭력, 미혼모에 대한 부정적 시선 등 우리 사회의 여러 문제가 담겨 있는데요, 작가님의 학창 시절이 궁금합니다. 그때부터 이런 문제에 관심을 가지고 계셨던 건가요?

11. 정○○

《로봇의 별》은 우주에 있는 로봇의 별과 지구 사이에서 일어나는 스토리들입니다. 이 책에서 지구에 있는 인간들은 여러 계급으로 나뉘어 있고 로봇들은 여러 용도로 나뉘어 인간에게 충성하고 있었는데요, 선생님은 이런 설정을 우리 사회의 무엇을 보고 생각해 내셨는지 궁금합니다.

● **도란도란 책 모임** 백화현 | 학교도서관저널

독서 동아리를 만들었던 동기에서부터 회원 모집 방법, 모임의 원칙, 도서 목록, 활동 프로그램과 한 해 동안 활동한 39개의 책 모임 연합 발표회까지 독서 동아리 운영에 관한 모든 것의 구체적인 내용을 담아 놓았다. 책 모임을 만들려는 사람 모두에게 좋은 참고 자료가 된다.

● **교실 토론의 방법** 김주환 | 우리학교

토론의 기초에서부터 토론 수업 중 교실에서 우발적으로 일어나는 구체적인 사례에 이르기까지 친절하게 설명하고 있다. 산만한 아이들까지도 진지한 토론 광장으로 이끌어 주고자 고민하는 교사에게 참고 자료가 된다.

● **토론의 전사** 유동걸 | 해냄에듀

우리 철학과 정서와 방법에 맞는 토론 책으로 영화, 드라마, 책 등에서 다양하고 풍부한 사례와 근거들을 인용하여 재미있고 쉽게 읽힌다. 1권은 토론의 철학을, 2권은 다양한 토론 유형을 바탕으로 토론의 구체적인 방법을 제시한 토론 교육 안내서이다.

● **책 읽는 교실** 여희숙 | 파란자전거

아이들의 책 읽기 욕구를 승화시켜 진정 책 읽는 즐거움을 몸으로 깨치기까지, 1년의 과정 동안 교실에서 어떻게 독서 지도를 할 것인지를 상세하게 안내하고 있다. 초등학교 학생들 지도에 도움이 많이 된다.

● 이것은 질문입니까?   존 판던 | 랜덤하우스

옥스퍼드와 케임브리지 대학교에서 최고의 인재를 찾아내기 위해 던지는 60여 가지 질문과 답변들로 이루어진 책. 단순한 질문부터 황당한 질문까지 지식이 아니라 어떻게, 얼마나 생각할 줄 아는가를 중요하게 여기는 풍토를 배워야 하는 우리가 읽어 볼 만한 책이다.

● 감성UP 지성UP 독서 토론   한송이 외 | 지식과감성

《감성UP 지성UP 독서 토론》은 아직 생각을 정리하여 말하기 힘든 청소년들에게, 그리고 책을 읽는 것에만 의미를 두는 청소년들에게, 올바른 독서와 소통 방법을 알려 주는 교과서이다. 모두가 익숙한 책에 대한 실천 사례가 들어 있다.

● 진로 독서   임성미 | 꿈결

청소년들이 꼭 읽어야 할 도서 30권을 선정하여 '저자 및 줄거리 소개'를 기본으로 '책 속에서 진로 찾기', '더 고민하기', '나대로 책 읽기', '내 꿈을 위해 한 걸음 더' 등 다양한 각도에서 한 권의 책을 읽고 분석하여, 책 속에서 미래의 꿈을 발견할 수 있도록 돕는다.

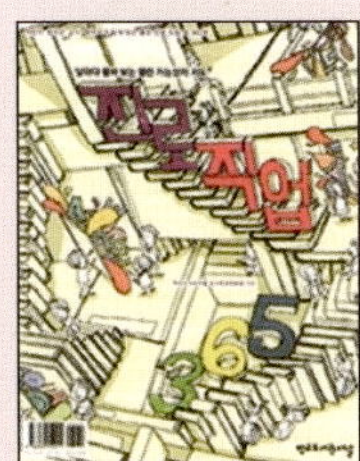

● 진로 직업 365   학교도서관저널 도서추천위원회 | 학교도서관저널

하루에 한 권씩 1년 동안 진로 직업 책을 읽을 수 있도록 이끌어 주는 진로 직업 안내서. 교사, 사서, 도서관 활동가, 학부모 등으로 구성된 필진이 선정한 책으로 진로가 고민인 청소년들이 관심 있는 진로와 직업에 관한 책을 찾아볼 수 있으며, 교사의 지침서로 적격이다.

● 관련 사이트

경기도 교육청 주관 '독서 토론 실기 직무 연수' 카페 cafe.daum.net/book-read
대구광역시 교육청 주관 '독서 토론 지도법 직무 연수' 카페 cafe.naver.com/danggamnamu

떠나자!
독서 문화 탐방

3장

책과 함께 떠나는 즐거운 여행 독서 문화 탐방

청소년 독서 문화 탐방 활동을 하면서 우리 땅의 갈피에 녹아 있는 작가들의 발자취와 문학작품의 배경지를 따라가며 문학의 감미로움을 느끼고, 여러 문인들의 문학비와 생가, 기념관을 찾아가 보며 문학의 달콤함을 맛볼 수 있도록 해 보았다. 또, 지역의 작지만 따뜻한 도서관을 찾아 행복한 만남을 경험하고 문학 축제 등을 체험하고 즐기면서, 책으로만 볼 때와는 다른 문학의 깊은 맛을 느낄 수 있도록 하였다. 평소에 도서관 운영에만 매달려 있는 도서부 아이들과 책을 읽고 체험활동을 하고 싶다면, 진지한 독서 모임에서 벗어나 체험활동을 통해 신나게 즐기고 싶다면, 문학을 온몸으로 즐겁게 만나는 그 길을 부담 없이 따라가 보자. 이 장은 그 길에 친절한 안내자가 되어 줄 것이다.

여행 도종환

처음 보는 사람과 한자리에 앉아서 먼 길을 갔습니다
가다가 서로 흔들려 간혹 어깨살을 부대기도 하고
맨다리가 닿기도 했습니다
어떤 때는 몇마디씩 말을 주고받기도 했지만
한참씩 말을 않고 먼 곳을 내다보곤 하였습니다
날이 저물어 우리 가야 할 길에도 어둠이 내리고
두 사람은 앞서거니 뒤서거니 하면서
서로가 내려야 할 곳에서 말없이 내려
자기의 길을 갔습니다
얼마쯤은 함께 왔지만 혼자 가는 먼 여행이었습니다
이 세상 많은 이들의 만나고 헤어지는 일이 그런 것처럼.

독서 문화 탐방 하나에서 열까지

서가의 책들은 조리하기 전의 식재료와 같다. 날것이다. 이 재료들은 조리를 해야 먹을 수 있다. 책도 마찬가지다. 아이들에게 책 맛을 느끼게 하려면 아이들과 책을 함께 읽으면서 적당히 간을 하고 작가와의 만남이라는 양념을 치고 다양한 체험활동으로 조리하는 과정을 거쳐야 한다.

청소년 독서 문화 탐방 활동은 이런 조리 과정이었다. 우리 땅의 갈피에 녹아 있는 작가들의 발자취와 문학 작품의 배경지를 따라가며 문학의 감미로움을 느끼게 하고, 여러 문인들의 문학비와 생가, 기념관을 찾아가 보며 문학의 달콤함을 맛볼 수 있도록 해 보았다. 또 지역의 작지만 따뜻한 도서관을 찾아 행복한 만남을 경험하고 문학 축제 등을 체험하고 즐기면서, 책으로만 볼 때와는 다른 문학의 깊은 맛을 느낄 수 있도록 하였다. 평소에 도서관 운영에만 매달려 있는 도서부 아이들과 책을 읽고 체험활동을 하고 싶다면, 진지한 독서 모임에서 벗어나 체험활동을 통해 신나게 즐기고 싶다면, 문학을 온몸으로 즐겁게 만나는 그 길을 부담 없이 따라가 보자.

1. 독서 문화 탐방 이렇게 준비해요!

독서 문화 탐방 활동은 작가를 만나는 것뿐만 아니라 문학과 역사, 문화라는 주제를 가지고 소통하는 기쁨과 감동을 나누는 자리이다. 독서 동아리 학생을 중심으로 갈 수도 있고, 전교생에게 신청자를 받아서 다녀올 수도 있다.

그러나 혼자 준비하기에는 힘든 일이 많다. 탐방 장소에 대한 정보도 꼼꼼히 챙겨야 하고, 차량 예약부터 프로그램 기획까지 해야 하므로 주위 선생님들께 도움을 청해서 함께하는 것이 좋다.

 상황에 따라 담당 교사가 프로그램 준비를 할 수도 있고 준비 위원을 두어 함께 준비할 수도 있다. 준비 모임이 구성되면 먼저, 작가와 작품 배경지를 중심으로 체험 학습 장소를 정한다. 그리고 다양한 체험활동, 학습지나 자료집 제작 등의 업무를 계획한다.

독서 문화 탐방 활동을 떠나기 전 준비 사항과 탐방 활동 중 유의 사항, 탐방 활동 후 활동으로 나누어 정리해 보았다.

활동	교사	학생
사전 활동 (떠나기 전에)	· 계획 수립하기 · 구두 결재 · 체험 장소 사전 답사 및 예약 · 계획서 결재 · 사전 자료 조사 및 자료집 제작 · 참가자 교육 및 안내 · 예약 사항 · 확인	· 참가 신청서 제출 · 미리 책 읽기 · 사전 조사 및 자료 조사
중간 활동 (체험지에서)	· 일정 진행 · 인솔 지도	· 신나게 놀면서 체험활동
사후 활동 (다녀와서)	· 자료 정리	· 체험 학습 후기

▲ 독서 문화 탐방 진행 절차

• 계획을 세울 때 기억할 점

체험활동 일정, 작가 및 체험 장소, 참가 대상 및 인원수, 예산 규모, 활동 내용 등 전반적인 계획을 세운 후, 구두 결재를 미리 받는 것이 좋아요. 체험비를 걷을 경우 학교운영위원회의 승인을 받아야 하거든요.

(2) 활동 장소 선정하기

 작가를 중심으로 프로그램을 구성한다면 작가의 고향이나 문학관이 있는 곳, 작품의 배경이 되었던 곳으로 독서 문화 탐방 활동을 떠날 수 있다. 문학관이 없다면 지역을 중심으로 작품의 배경지와 다양한 문화 체험활동을 할 수 있는 곳으로 체험 학습 장소를 정한다. 작가들의 문학비와 생가, 기념관, 작은 지역 도서관이나 학교도서관을 함께 탐방하면 좋다.

일정, 체험 장소, 참가 인원, 활동 내용, 예산 내역을 담아 계획서를 작성한다. 참가비를 걷어야 하는 경우 여유를 두고 미리 계획하는 것이 좋다.

저자와 함께 떠나는 인문학 기행
정지용의 향수로 다시 피어난 옥천 문학 탐방 계획

1. 목적
가. 문학 배경지를 찾아서 작품에 대한 이해를 높이고 문학에 좀 더 흥미를 갖도록 한다.
나. 작가의 생애를 이해하고 삶의 자취를 느끼며 문학작품을 즐기는 태도를 기른다.
다. 작가와의 만남, 추적 놀이, 문화 탐방 등 다양한 문화 경험을 통해 문학적 감수성을 기른다.

2. 활동 내용
가. 일시: 20○○년 ○월 ○일(토)
나. 장소: 충청북도 옥천 우암 송시열 생가, 정지용 생가 일대
   정지용 생가 → 정지용 문학관 → 시가 있는 거리 → 옥천 향교 → 향수 30리-멋진 신세계
다. 참가 인원: 40명 (교사 ○명, 학생 ○명)
라. 주제 도서: 이용재《딸과 떠나는 인문학 기행》, 정지용《선생님과 함께 읽는 정지용》,《유리창》
마. 활동 일정:

시간	활동 내용
08:30 - 09:00	학교 집결, 인원 확인
09:00 - 11:30	충청도 옥천으로 이동
11:30 - 12:30	우암 송시열 기념관-명문가 옛집에서 듣는 인문학 강연1(이용재)
12:30 - 13:30	점심 식사
13:30 - 14:30	정지용 문학관-문학관 해설 듣고 둘러보기
14:30 - 15:30	인문학 강연 2-문학 기행의 재미와 의미 (이용재)
15:30 - 17:00	향수 30리 길 따라 걷기 죽향초등학교 → 시가 있는 거리 → 관성회관
17:00 - 18:30	인천으로 이동(독서 퀴즈 대회 진행)

▲ 독서 문화 탐방 추진 계획

문학 탐방 활동에 대해 홍보하고 참가 신청서를 받는다. 예산과 인원이 한정되어 있으므로 신청자가 많을 경우 선발 과정을 거치거나 선착순으로 받는다. 참가 신청서에는 학생의 인적 사항과 학부모 연락처를 기재하게 하고 주민등록번호(여행자 보험 가입)를 작성하게 한다. 참가 학생에게는 작품을 미리 읽고 자료 조사를 할 수 있도록 준비시킨다.

저자와 함께 떠나는 인문학 기행
정지용의 향수로 다시 피어난 옥천 문학 탐방 계획

학부모님 가정에 행복과 건강이 깃드시길 기원합니다.
학생들이 문학작품의 배경지를 찾아가는 문학 기행을 통해 문학에 좀 더 흥미를 느끼고 작품에 대한 이해도를 높일 수 있는 기회를 제공하고자 합니다. 아래의 내용을 참고하시어 희망하시면 동의서를 제출해 주시기 바랍니다.

가. 일시: 20○○년 ○월 ○일(토)
나. 장소: 충청북도 옥천 우암 송시열 생가, 정지용 생가 일대
다. 참가 인원: 40명(교사 ○명, 학생 ○명)
라. 주제 도서: 이용재 《딸과 떠나는 인문학 기행》, 정지용 《선생님과 함께 읽는 정지용》, 《유리창》
마. 참가 신청: ○월 ○일까지 도서관으로 제출
바. 활동 일정: 정지용 생가 → 정지용 문학관 → 시가 있는 거리 → 옥천 향교 → 향수 30리-멋진 신세계

참가 신청서

20○○년 ○월 ○일에 이루어지는 문학 기행에 참가하고자 합니다.

학년 반 번 이름:　　　　　(인)
보호자:　　　　　(인)
학생 연락처:
보호자 연락처:

○○ 중학교장

▲ 독서 문화 탐방 가정통신문

독서 동아리 모임에서 해당 작가나 작품에 대해서 사전 조사를 하도록 한다. 별도 준비 모임을 꾸려서 체험 학습지를 만들거나 담당 교사가 만든다. 사전에 그 작가와 작품, 지역사회에 대해 알아보고 활동을 한다면 그 내용이 더 풍부해질 것이다.

가. 관련 책을 사전에 꼭 읽어라!

독서 문화 탐방을 떠나는 곳과 관련된 책들을 미리 준비해서 탐방 가기 전, 혹은 시간이 없다면 탐방을 떠나는 도중이라도 챙겨서 함께 읽도록 한다. 아는 만큼 보인다. 책을 읽고 탐방지에 가면 학생들은 그만큼 더 다양하고 정교하게 탐방 활동을 할 수 있다.

나. 문화 관광 홈페이지를 이용하라!

해당 시·도·군청의 문화 관광 홈페이지, 해당 문학관에 들어가면 다양한 정보를 얻을 수 있다. 문화 관광 코스를 소개하고 문화해설사를 신청할 수 있도록 정보를 제공하고 있다. 또 문화 관광 해설 책자를 신청하면 우편으로 보내 주기도 한다. 답사 가기 전에 이용하면 유용한 정보를 얻을 수 있다.

다. 함께 활동지를 만들어라!

아이들과 함께 자료를 펼쳐 놓고 활동 내용을 만들어 보면 좋다. 탐방할 곳의 자료와 지도를 두고 나만의 탐방 루트를 짜게 한다든지 탐방 가이드북을 만들어 보는 것도 좋은 방법이다.

▲ 독서 문화 탐방 자료집

2. 독서 문화 탐방 이렇게 진행해요!

독서 문화 탐방 활동을 통해 책을 만나면 책에 대한 거부감을 줄일 수 있다. 답답하게 앉아 있지 않아도 되고 공부하는 느낌이 들지 않는다. 맑은 공기 마시며 즐겁게 보고 듣고 익히는 탐방 활동은 그야말로 책 속의 지식이 입체적으로 다가올 수 있도록 만들어 주는 영양제와 같다. 경험을 많이 한 아이들이 외우지 않아도 입체적으로 기억할 수 있는 능력이 길러지는 것처럼 문학 탐방 활동을 통해 독서 활동이 좀 더 심화될 수 있다. 독서 문화 탐방 활동을 어떻게 다녀야 할지 구체적으로 살펴보도록 하자.

(1) 체험활동 중심으로 진행하기

문학 배경지와 문학관을 일률적으로 둘러보기보다는 추적 놀이나 게임을 통한 활동을 중심으로 구성한다. 지역사회 문화 체험과 함께 먹거리 체험을 곁들인다면 좀 더 즐겁게 활동을 운영할 수 있다.

[참고 자료]
■ **정지용 문학관 탐방하기**

1. 이제 그의 삶을 샅샅이 해부해 보자. 정지용 연보와 삶과 문학을 살펴보고, 정지용 시인의 인생에서 가장 큰 사건 세 가지를 골라 그의 삶을 이해해 보자. 사건 1위, 2위, 3위는 무엇?

1위 _______________________________________

2위 _______________________________________

3위 _______________________________________

2. '손으로 느끼는 시'와 '영상 시화'를 체험하면서 가장 마음에 드는 시를 골라 그 구절을 적어 와라! 그 구절로 예쁜 시화 엽서를 만들어 보자.

★ 내 마음에 꽂힌 시
제목 :
이유 :

---

3. 〈향수〉는 우리말을 아름답게 구사한 시로서 그 자체로도 사랑을 받았지만, 성악가와 대중 가수가 불러서 더욱 유명해졌다. 영상에 흐르는 가곡 〈향수〉를 들으며 시의 빈칸을 채워서 완성해 보자!

> 넓은 벌 동쪽 끝으로 / ○○○○ 지줄대는 실개천이 휘돌아 나가고,
> 얼룩백이 황소가 / 해설피 ○○ 게으른 울음을 우는 곳,
> ─── 그곳이 참하 꿈엔들 잊힐리야.
>
> ○○○에 재가 식어지면 / 뷔인 밭에 밤바람 소리 말을 달리고
> 엷은 졸음에 겨운 늙으신 ○○○가 / 짚벼개를 돋아 고이시는 곳
> ─── 그곳이 참하 꿈엔들 잊힐리야.
>
> 흙에서 자란 내 마음 / 파아란 ○○○이 그립어
> 함부로 쏜 ○○을 찾으려 / 풀섶 이슬에 함추름 휘적시던 곳,
> ─── 그곳이 참하 꿈엔들 잊힐리야.
>
> 전설 바다에 춤추는 밤물결 같은
> 검은 귀밑머리 날리는 ○○○○와 / 아무렇지도 않고 예쁠것도 없는
> 사철 발 벗은 ○○가 / 따가운 햇살을 등에 지고 이삭 줏던 곳,
> ─── 그곳이 참하 꿈엔들 잊힐리야.

■ 시가 있는 거리 거닐기

정지용 생가가 있는 구읍 거리를 천천히 거닐다 보면 정지용의 아름다운 시와 아기자기한 그림으로 만들어진 가게 간판들이 펼쳐진다. 도시의 판에 박힌 간판과 달리 시가 함께 있는 간판들을 감상하다 보면, 이곳의 사람들 역시 맑고 순수한 시의 가슴을 가졌으리라는 생각에 잠기게 된다. 천천히 여유 있게 거리를 거닐어 보자.

1. 정지용의 시가 적혀 있는 낭만적인 간판들을 살펴보면서 가장 마음에 드는 간판 3개를 골라 사진을 찍고, 그 구절을 적어 오자!

1위 ____

2위 ____

3위 ____

2. 간판으로 쓰이지 않은 정지용의 시구절을 골라서 나만의 멋진 간판을 디자인해 보자!

 탐방 활동하면서 사진 자료도 기록하도록 한다. 또한 문학 탐방 UCC나 포토 에세이, 문학 지도 만들기, 체험 학습 보고서 만들기 등 다양한 형식으로 감상을 남기면 좋다. 또는 탐방 활동이 끝난 뒤 그 활동 내용을 책으로 묶는 것도 좋다. 문학 탐방 전 학생들에게 속 내용이 없는 책을 주고 문학 탐방 활동을 하면서 그 내용을 채우게 하는 것이다. 아이들에게 탐방 활동이 끝난 뒤 추억이 가득 담긴 책 한 권이 선물로 주어지는 것이다.

[참고 자료]
※ 정지용 문학 탐방 활동을 다녀와서 패러디 시 짓기를 하고 시상한다.

유리창 1	패러디 시
유리에 차고 슬픈 것이 어린거린다. 열없이 붙어 서서 입김을 흐리우니 길들은 양 언 날개를 파다거린다./ 지우고 보고 지우고 보아도 새까만 밤이 밀려 나가고 밀려와 부딪히고, 물 먹은 별이, 반짝, 보석처럼 백힌다./ 밤에 홀로 유리를 닦는 것은 ……	내 눈에 네모난 성적표가 어른거린다 책상에 앉아서 눈물을 흘리우니 후회해도 나의 목은 날아갔다네 지우고 보고 구겨도 보아도 엄마의 눈은 찌릿지릿 내등은 따끔따끔 눈물 젖은 성적표 반짝 눈처럼 흩날린다 밤에 홀로 방황하는 것은 암울한 심사이어니 집엔 성적표가 찢어진 채로 아아, 등급은 산새처럼 날아갔구나
고향	패러디 시
고향에 고향에 돌아와도 그리던 고향은 아니러뇨./ 산꿩이 알을 품고 뻐꾸기 제철을 울건만,/ 마음은 제 고향 지니지 않고 머언 항구로 떠도는 구름./ 오늘도 메끝에 홀로 오르니 흰점 꽃이 인정스레 웃고/ 어린 시절에 불던 풀피리 소리 아니 나고 ……	학교에 학교에 돌아와도 오고 싶던 학교는 아니려뇨/ 선생님 독을 품고 학교에 고함소리 울리건만/ 마음은 울어도 학교엔 가야하고 머언 하늘로 떠도는 내 마음/ 오늘도 정문에 홀로 걸리니 일점 벌점이 비정하게 웃네/ 중학 시절 날던 몸뚱이 살쪄서 아니 날고 비인~ 머리가 장식이다./ 학교에 학교에 돌아와도 탈출구는 대학뿐이로다

3. 독서 문화 탐방 이렇게 운영해요! [지역별 사례]

(1) 강원도

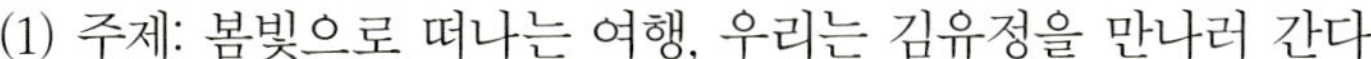

1. 봄빛으로 떠나는 김유정 문학 탐방

춘천은 문화 예술의 도시이자 향토적 정서가 짙은 작가 김유정의 삶과 문학이 고스란히 스며 있는 곳이다. 웃음과 해학 속에서 소박한 농촌 사람들의 진솔한 삶을 구수한 사투리로 담아낸 김유정 문학의 고향 실레마을을 찾아 떠나 보자.

(1) 주제: 봄빛으로 떠나는 여행, 우리는 김유정을 만나러 간다

(2) 주제도서: 김유정 《봄봄》, 《동백꽃》

《봄봄》 1930년대 가난한 농촌 마을을 배경으로 젊은 남녀의 순수한 사랑을 그려 낸 작품이다. 웃음이 넘쳐나는 강원도 사투리의 토속적인 어휘 구사, 간결한 대화체의 문장과 살아 있는 듯 꿈틀거리는 언어로 목가적인 아름다움을 그리고 있다. 김유정의 소설에는 고향의 아름다운 자연과 고향 사람들의 소박하고 진솔한 삶의 모습이 겉치레 없이 담겨 있다.

(3) 탐방 코스:

김유정역 → 김유정문학촌 → 실레마을 일대(산국 농장, 봄봄길) → 담작은 도서관

● 김유정 생가

김유정 생가에 둘러앉으면 소설에 등장하는 배경이 한눈에 들어온다. 소설 속의 장면을 떠올리며 김유정 문학 이야기를 전상국 선생님으로부터 듣는다.

● 금병산

《동백꽃》의 배경이 되는 곳으로 산국 농장을 통해 금병산 능선길을 걸으며 김유정 문학

의 숨결을 느껴 본다.

● 금병의숙
김유정이 불타 없어진 야학당을 넓게 옮겨 짓고 이름 붙인 곳이다.

● 김봉필의 집터
《봄봄》에서 장인과 '나'가 드잡이를 하던 곳이다.

● 김유정문학관
문학촌 둘러보며 설명 듣기
보물찾기-김유정 작품 속 구절을 보물로 숨기고 찾기
나도 소설가-찾은 문장으로 마당에 앉아 글쓰기
모둠 대항 놀이-작품 제목으로 사방치기, 비석치기, 닭싸움

● 담작은 도서관
아기자기하고 예쁜 작은 도서관으로 다양한 프로그램이 운영되고 있어 한번쯤 들러 보면 좋은 곳이다.

(4) 이렇게 따라가 봐요!

■ **김유정문학촌 가는 길**
  1. 나무 이름표 만들기
  2. 김유정 작품 제목으로 이행시 짓기
    봄 ____
    봄 ____

■ **김유정역에서**
  1. 간이역에서 기차가 지나가는 모습 바라보며 책 읽기
  2. '내가 가장 예뻤을 때' 책 읽는 모습 사진 찍기

■ **김유정문학촌에서**
  1. 전상국 선생님께 듣는 김유정 문학 이야기

2. 김유정 생가에서 듣는 김유정 문학 이야기

■ **김유정 문학 놀이 3종 경기**
　1. 김유정 문학의 보물을 찾아라!
　　보물찾기-김유정 작품 중 감동적 문장을 보물로 숨기고 찾음
　　나도 소설가-찾은 문장으로 글쓰기
　2. 봄봄배 닭싸움 대회
　　문학촌 앞마당에서 닭싸움 대회를 하며 신나게 놀기
　3. 김유정 작품 제목으로 사방치기, 비석치기 – 최종 통과자 시상
　　김유정 작품 제목을 게임판이나 비석에 적어 두고 게임을 진행한다. 보너스로 독
　　서 퀴즈 문제를 내서 맞히면 한 단계 통과하는 등 진행상 변화를 주어 재밌게 진행

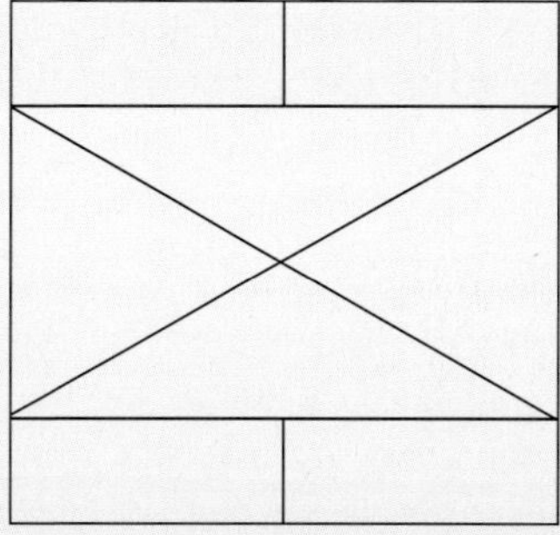

8	필승前
7	정분
6	땡볕
5	어떠한 부인을 맞이할까
4	동백꽃
3	봄봄
2	만무방
1	산골 나그네

■ **실레마을-산국 농장 둘러 오기(김희목 선생님과 함께)**
　실레 이야기 길 걸으며 소설 속 장면 재현 사진 찍기

　– 도란도란 열여섯 마당 실레 이야기 길 시작하며 물어보는 물음표 길
　1. 금병산을 〈진병산〉이라고도 한다는데 왜 그런 이름이?
　2. 금병산 서남쪽 자락에 신라 고분군이 있다는데 정말일까?
　3. 소설가 김유정, 여자야 남자야?
　4. 김유정이 고향 마을에 내려와 야학 등 농촌 계몽운동을 하며 작품 구상을 했다
　　는데 그게 언제였어? 그 야학당 이름은?
　5. 김유정 소설에 들병이가 많이 등장한다는데 '들병이'가 뭐야?
　6. 김유정 소설 《동백꽃》의 동백꽃은 동백꽃이 아니다?
　7. 김유정 소설에 나오는 지명이 지금도 그대로라면서? 그게 어떤 것들이야?
　8. 실레 이야기 길은 이야기 열여섯 마당이 있다는데 그 첫 번째는 뭘까?

(5) 미리 알고 떠나요!

● 김유정문학촌 www.kimyoujeong.org, ☎ 033-261-4650

강원도 춘천시 신동면 증리에 있는 김유정 기념 마을이다. 한국의 대표적인 단편문학 작가 김유정(金裕貞, 1908~1937)의 문학적 업적을 알리고 그의 문학 정신을 계승하기 위해 만들었다. 춘천시 신동면 실레마을은《봄봄》,《동백꽃》의 작가 김유정의 고향 마을이다. 김유정의 소설 대부분이 이곳에서 구상되고 작품의 등장인물이나 지명 등도 대부분 이곳의 실제 상황과 일치한다.

개관 시간: 동절기 09:30~17:00, 하절기 09:00~18:00

휴관: 월요일, 법정 공휴일 다음 날(명절날은 당일)

● 김유정문학제

동백꽃이 피는 매년 4월 김유정문학촌과 실레마을 일대에서는 김유정문학제가 개최된다. 김유정 문학 현장 답사 기행, 김유정 입체 소설 낭송 대회, 김유정 산문 백일장, 민속놀이, 김유정 캐릭터 속 인물 찾기 등 다양한 행사를 통해 김유정 문학과 가까이 할 수 있는 기회를 제공하고 있다.

● 매년 봄에 열리는 청소년 문학 축제, '봄봄'

청소년들이 생각하는 김유정 소설의 또 다른 결말이나 결말 이후의 이야기 등을 속편으로 써 보는 김유정 소설 속편 쓰기, 김유정 소설《봄봄》,《동백꽃》의 등장인물 캐릭터 그리기, 소설 속의 이야기 그리기, 소설의 배경인 금병산, 실레마을 풍경 그리기, 국내 유명 작가와의 만남, 김유정의 생애와 작품 세계에 관한 문제를 풀어 보는 김유정 소설 퀴즈 골든벨, 청소년들의 다양한 장기를 겨뤄 보는 '봄봄 장기자랑' 등이 펼쳐진다.

● 소설의 무대를 찾아 떠나는 문학 열차

작가 김유정의 고향 실레마을은 31편의 소설 중 12편의 무대가 되는 곳이다. 금병산에는 김유정 소설 제목을 딴 등산로와 김유정의 소설 내용으로 이어진 실레 이야기 길이 있다. 전상국 작가가 김유정을 모델로 쓴《유정의 사랑》무대도 이곳이다. 복원된 생가, 전시관, 금병의숙, 작품 속의 현장들과 함께 2004년 김유정역으로 개명된 실레마을은 살아 있는 문학 기념관이다. 경춘선 열차를 타고 김유정역에서 내려 소설의 배경을 찾아보고, 작가의 창작 이야기를 들음으로써 잠재된 문학적 열정, 글쓰기의 즐거움을 느끼게 한다.

● 김유정 문학 캠프

매년 7월 중에 2박 3일 일정으로 김유정의 고향, 실레마을에서 김유정 문학 캠프를 개최한다. 국내 유명 작가들과 만나 대화할 수 있고, 소설 속의 실제 문학 현장을 둘러보고, 김유정의 소설 열여섯 마당으로 이루어진 실레 이야기 길도 걸어 보고, 백일장에도 참가해 보고, 문학의 밤을 통해 추억을 만들 수 있다.

● 김유정 도보 문학길 소개

1코스
김유정역 ⇒ (김유정문학촌) ⇒ 금병의숙 ⇒ 소와리골 ⇒ 만무방길 ⇒ 능선 4거리 ⇒ 산골나그네길 ⇒ 금병산 정산 ⇒ 봄 · 봄길 ⇒ 원창고개(3시간 소요)

2코스
김유정역 ⇒ 김유정문학촌 ⇒ 산국 농장 ⇒ 금따는 콩밭길 ⇒ 능선 4거리 ⇒ 산골나그네길 ⇒ 금병산 정상 ⇒ 동백꽃길 ⇒ 산국 농장 ⇒ 김유정문학촌

3코스
김유정역 ⇒ 김유정문학촌 ⇒ 금병의숙 ⇒ 만무방길 ⇒ 능선 5거리 ⇒ 금따는 콩밭길 ⇒ 제 2광장 ⇒ 동백꽃길 ⇒ 산국 농장 ⇒ 김유정문학촌

(6) 주변에 이런 곳도 있어요!

● 담작은 도서관 dam.ilib.or.kr, ☎ 033-256-6363
꿈과 이야기가 있는 아이들의 작은 공간 담작은 도서관은 (재)어린이도서관문화재단이 설립한 사립 공공 어린이도서관으로 어린이를 위한 공간과 책, 그리고 사람의 내음이 함께 어우러지는 아름다운 문화 공간이다. 장서 17,000권이 있으며 도서관의 모습이 예쁘기로 소문났다.
개관 시간: 화 · 수 · 목 10:00~18:00, 금 11:00~21:00, 토 · 일 11:00~18:00

● 애니메이션 박물관 www.animationmuseum.com, ☎ 033-245-6444
이른 아침 안개 그림을 그리고 있는 의암 호수를 지나면 바로 보이는 애니메이션 박물관은 상설 전시(1층, 2층), 기획 전시, 3D 애니메이션 상영관, 아니마떼끄로 구성되어 있다. 이용객들을 위한 다양한 체험활동이 준비되어 있다.
오전 10시에서 오후 6시까지 이용할 수 있으며 이용 요금은 3,000원이다.

2. 메밀꽃 천지에서 이효석 문학을 만나다, 이효석 문학 탐방

평창의 문화 마을인 봉평은 태기산과 흥정산, 청태산, 금당산이 사면을 둘러싸고 있으며 흥정 계곡의 빼어난 산수와 어우러져 멋진 정취를 느낄 수 있다. 메밀밭으로 가득한 봉평의 들녘 이곳이 이효석의 고향이며 우리의 가슴을 설레게 하는《메밀꽃 필 무렵》의 배경이다.

(1) 주제: 메밀꽃 천지에서 이효석 문학을 만나다

(2) 주제 도서: 이효석《메밀꽃 필 무렵》

《메밀꽃 필 무렵》소금을 뿌린 듯이 흐뭇한 달빛을 찾아서.
이 작품은 향토적인 어휘의 적절한 사용과 시적인 표현을 통해 메밀꽃이 흐드러지게 핀 달밤의 서정적이고 낭만적인 분위기를 회화적으로 그려 내고 있다. 동이와 허 생원의 관계를 드러내는 장면을 마치 한 편의 로드무비와 같은 기법으로 표현하고 있다.

(3) 탐방 코스
이효석 문화 마을 → 봉평장터 → 가산공원 → 섶다리 → 메밀꽃랜드 → 이효석문학관 → 이효석 생가터 → 무이예술관

● 이효석문학관
보물찾기-이효석의 문학과《메밀꽃 필 무렵》과 관련 단어 찾기

● 이효석 문화 마을(이효석 생가-물레방앗간-충주집-가산공원)
소설 속 장면 재현하기
메밀꽃 짱 사진 콘테스트
메밀꽃 밭에서《메밀꽃 필 무렵》입체 낭송 대회

(4) 이렇게 따라가 봐요!

탐방지를 따라가면서 자기가 보고 느낀 점을 바탕으로 이효석 문화 마을 가이드북을 제작한다고 상상하여 나만의 탐방 루트를 짜 본다.

메밀의 꽃 향기, 효석의 글 향기 100배 즐기기
여행 가이드 ○○의 효석 문화 마을 가이드북

1. "소금을 뿌린 듯 하얗게 흐드러진 메밀꽃" 이효석 작가의 표현처럼 아름다운 메밀꽃 향기가 짙게 나도록 메밀꽃 밭을 멋지게 표현해 보세요!

2. 여행 가이드 ○○의 추천 코스-이효석 문화 마을 명소 베스트 5
   [사진 찍기 좋은 장소, 사색하기 좋은 장소, 먹거리 장소 등]

3. 메일꽃 향기 따라가며 만난 사람(인터뷰)

4. 메밀꽃 문학길 탐방 루트 만들기(소설 속 장면 재현하여 UCC 만들기)

(5) 미리 알고 떠나요!

● 이효석문학관 www.hyoseok.org, ☎ 033-330-2700
물레방앗간을 끼고 산길을 향해 난 좁은 오솔길을 오르면 언덕 위에 아담하게 자리 잡은 문학관이 보인다. 2002년에 개관한 이효석문학관은 이효석과 관련된 문학 자료를 전시하고 있다. 문학 교실과 학예 연구실, 이효석 문학 전시실, 메밀 자료실을 돌아보고 야외 문학 공원을 돌아보면 좋다.

● 효석문화제 www.hyoseok.com
메밀 음식 시식회, 가장 행렬, 포토존, 전통 놀이(봉숭아 물들이기, 종이배 띄우기), 전통 장터 체험, 소설 속 충주집 체험, 당나귀 타기 등 다양한 행사-메밀꽃이 피는 9월 초에 이효석 생가터, 물레방앗간, 충주집, 가산공원, 이효석문학관을 중심으로 펼쳐진다. 이효석 문학과 메밀꽃을 소재로 다채로운 볼거리를 제공하여 소박하고 테마가 있는 향토색 짙은 축제로 좋은 평가를 받고있다.

● 평창 무이예술관 www.mooee.co.kr, ☎ 033-335-6700
강원도 평창군 봉평면 무이리에 있는 예술관으로 조각가와 도예가, 서예가 등 4명의 예술인들이 폐교된 무이초등학교를 개조하여 2001년에 문을 연 전시관이다. 서양화가 정연서, 서예가 이천섭, 조각가 오상욱, 도예가 권순범 등의 예술인들이 2년여의 준비 기간을 거쳐 만들었다. 운동장은 야외 조각 공원으로 바꾸어 100여 점의 조각을 전시하고 있다. 또한 교실은 도자기, 서예, 그림 등을 전시하는 전시실과 작업실, 체험 학습장으로 꾸몄다. 소설 메밀꽃 필 무렵 삽화 찍기 체험도 할 수 있다. 예술인들의 작품 활동 장면을 직접 볼 수 있으며, 방문객이 직접 도자기를 만들고 그림을 배울 수 있는 체험장도 갖추고 있다. 9월에는 운동장에 가득 핀 메밀꽃을 만날 수 있는데, 이때 평창 무이예술관에서는 손도장 찍기, 가훈 갖기, 도자기 만들기 체험, 메밀꽃 그림 전시 등 다양한 행사를 연다.

학교도서관을 사랑하는 사람들 문학 기행 자료

① 활동 주제: 이야기와 시, 시가 노래가 되는 우리네 삶
② 활동 장소: 강원도 내 문학 유적지(이효석문학관, 정선, 영월)
③ 일정: 이효석 문화 마을 → 정선(아리랑) 체험 → 영월 단종 유배지 → 책 박물관

첫째 날(8.16)시간		둘째 날(8.17)		셋째 날(8.18)	
08:00 - 09:00	시청 앞 집결	08:00 - 09:00	아침 식사	08:00 - 09:00	아침 식사 및 돌림 쪽지
09:00 - 13:00	출발 및 이동	09:00 - 13:00	두레별 방언 및 민요 채록하기 또는 전통 문화 체험	09:00 - 09:30	닫는 마당
				09:00 - 11:00	이동
				11:00 - 13:00	청령포 탐방 (단종 유배지)
13:00 - 15:00	이효석 문화 마을 (평창)	13:00 - 17:00	점심 식사, 정선 5일장 탐방 및 창극 관람	13:00 - 14:00	점심 식사 및 이동
				14:00 - 15:00	책 박물관 견학
15:00 - 16:00	이동			15:00 - 17:00	인천으로 출발
16:00 - 18:00	숙소 도착, 여는 마당 (방 배정 및 공동체 놀이)	17:00 - 18:00	숙소 이동	17:00 - 18:00	
18:00 - 19:30	저녁 식사 및 산책 (두레별 시간)	18:00 - 19:00	저녁 식사	18:00 - 19:00	
19:30 - 21:30	정선 아리랑 배우기 (이론 및 실기)	19:00 - 24:00	문학 캠프 문화제 ▶노래 만들기 ▶시와 노래의 밤 (시인과 작곡가의 만남) ▶독서 퀴즈 대회 ▶문학작품 속 등장인물 코스튬플레이 ▶캠프파이어	19:00 - 20:00	
				20:00 - 21:00	
21:30 - 24:00	두레별 시간 (방언 및 민요 채록 계획 짜기, 코스튬플레이 준비)				즐거웠던 추억을 뒤로하고

3. 솔바람 물결 소리에 되살아난 님의 침묵, 한용운 문학 탐방

만해 한용운은 조국의 독립을 위해 자신의 몸을 던진 위대한 독립운동가이자 불교를 혁신한 승려이고 시인이다. 만해 한용운의 문화 유적은 전국 곳곳에 남아 있다. 서울 성북동 고택의 우장, 동국대학교의 만해 광장과 시비, 생가와 사당이 있는 홍성, 그리고 만해가 〈님의 침묵〉을 완성한 백담사가 있는 강원도 만해마을 등이다. 님의 침묵을 휩싸고 도는 노래 한용운의 애국 혼이 타오른 만해마을로 여행을 떠나 보자.

(1) 주제: 솔 바람 물결 소리에 되살아난 님의 침묵

(2) 주제 도서: 한용운《님의 침묵》

님의 침묵
님은 갔습니다.
아아, 사랑하는 나의 님은 갔습니다.
푸른 산빛을 깨치고 단풍나무 숲을 향하여 난 작은 길을 걸어서 차마 떨치고 갔습니다.
황금의 꽃 같이 굳고 빛나던 옛 맹세는 차디찬 티끌이 되어서
한숨의 미풍에 날려 갔습니다.
날카로운 첫 키스의 추억은 나의 운명의 지침을 돌려 놓고 뒷걸음쳐서 사라졌습니다.

(3) 탐방 코스
백담사(만해기념관) → 만해마을(만해문학박물관, 님의 침묵 산책로, 심우장) → 박인환 시인 거리

(4) 이렇게 따라가 봐요!

■ **백담사〔만해기념관〕에서**

만해 한용운 선사는 1905년 백담사에 입산 수도해서 깨달음을 얻어 《님의 침묵》 등
의 시를 발표하였고, 일제 민족 수탈에 항거하여 민족 독립운동을 구상했다. 만해기
념관에서 만해 한용운의 일대기를 담은 영상을 보고 만해 한용운에 대한 강연을 통
해 한용운 선생의 삶을 조명해 보자.

활동 1. 만해 한용운 선생의 삶의 모습을 떠올려 보고 오행시로 표현해 보자.
만 ____
해 ____
한 ____
용 ____
운 ____

활동 2. 20분 동안 조용히 산사를 거닐며 묵언 수행 경험하기(20분 동안 서로 이야
기하지 않는다. 이야기를 하면 벌칙 수행)

■ **만해마을 만해문학박물관에서**

만해의 친필 서예와 작품집, 〈연보로 본 만해 선사의 생애〉와 〈주제로 본 만해 선사
의 삶〉이 일목요연하게 전시되어 있다. 2층 기획 전시실에는 미술, 사진, 서예, 서화
전 등을 기획하여 전시하는 공간이고 3층 세미나실에는 한국 대표 시인 시집이 비
치되어 있다.

활동 1. 전시실을 둘러보며 만해 한용운 선생에 대해 새롭게 알게 된 점을 정리해
보자.

____

____

활동 2. 1~2층을 연결하는 시벽(詩壁)에 새겨진 100여 편의 시를 읽고, 마음에 드
는 시를 골라 적어 보자.

____

____

활동 3. 님의 침묵 산책로와 심우장을 따라 걸어 보자.
만해 선생의 기개처럼 쭉쭉 뻗은 적송과 청간수가 흐르는 호수 공원이다. 솔 바람, 물결 소리 들리는 작은 산책로를 따라 사색과 명상의 시간을 갖고 우리 땅에서 자생하는 자잘한 들꽃들의 속살거림에 자아를 찾는 님의 침묵 산책로를 따라 걸어 보자.

활동 4. 만해 시 [숲 속 입체 시 낭송 공연]
• 님의 침묵 산책로에 모여 〈님의 침묵〉과 〈알 수 없어요〉를 함께 입체 낭독하는 공연을 한다.
• 낭송시 〈님의 침묵〉과 〈알 수 없어요〉를 구절을 나눠 프린트해 둔다.
• 미리 시를 나눠 주고 산책로를 따라 걷는 동안 준비할 수 있도록 시간을 준다.
• 배경음악을 준비해 두고 모둠원이 차례대로 한 소절씩 시를 들고 나와 낭송한다. 암송할 경우 가산점을 준다.
• 배경음악에 맞춰 시를 입체적으로 낭송하고 그 구절을 앞에 전시하며 시를 완성한다.

● 함께 가면 좋은 곳
– 시와 함께 자라는 아이들의 마을, 강원도 인제의 시인 박인환 시인 거리
목마와 숙녀: 박인환 시인의 전신상 음각. 음각의 특성으로 이 길을 지나면서 어느 쪽으로 보든 시인과 눈빛을 마주칠 수 있다.
날아라 꿈나무 시 세상: 박인환 백일장에 출품된 창작 시들을 부착한 조형물이다.
시를 들려 주는 숲: 센서가 설치돼 있어 사람이 지나가면 시를 들려준다.
시 마을: 인제 남초등학교 어린이들이 우리 동네 그림 짓기라는 프로그램을 통해 만든 그림과 박인환 백일장에서 당선된 작품을 전시하고 있다.

(5) 미리 알고 떠나요!

● 동국대학교 만해마을 manhae2003.dongkuk.edu, ☎ 033-462-2303
강원도 인제에 있는 백담사 만해마을은 한국 문학사의 대표적 시인이자 불교의 대선사, 민족 운동가로 일제강점기 겨레의 가슴에 영원히 꺼지지 않을 민족혼을 불어넣어 주신 만해 한용운 선생의 문학성과 자유 사상, 진보 사상, 민족 사상을 높이 기리고 선양하기 위한 실천의 장으로 설립되었다. 만해문학박물관과 만해학교, 심우장, 서원보전, 님의 침묵 광장이 들어서 있다.

● 만해문학박물관
연대별로 본 만해의 일대기가 생생한 사진과 함께 전시된 공간으로 박물관 입구 로비의
벽면으로부터 '만해 연대기'와 만해의 친필 '풍상세월 유수인생(風箱歲月 流水人生)'을
만나게 된다. 박물관 입구에 들어서면 좌측 유리벽으로 외부 전경을, 우측 벽면으로 만
해 초상화를 대하게 된다. 박물관 안 전면 유리벽 밖에는 만고를 담은 초월자의 모습을
한 만해의 동상이 손을 내민다. 1층에는 만해의 친필 서예와 작품집, 〈연보로 본 만해
선사의 생애〉와 〈주제로 본 만해 선사의 삶〉이 일목요연하게 전시되어 있다.

● 만해 축전
매년 8월에 열림 (8월 11~14일)

● 백담사 www.baekdamsa.org
만해의 얼이 서린 백담사를 둘러보며, 그의 삶의 정취를 따라가 본다. 800여 점의 유
물을 전시한 만해기념관도 있다. 사찰 전통 문화 체험(템플스테이)을 통해 몸과 마음을
청정하게 다스리는 기회를 접할 수도 있다. 만해마을 견학, 명상과 다도, 발우공양 체
험, 만해 평화의 종, 법고, 범종, 목어를 직접 쳐 보는 체험 등 다양한 프로그램이 있다.

● 박인환 시비
강원도 인제읍 남북리 아미산 공원에 처음 건립했으나(1988. 10. 29.) 국도 터널 공사
를 하면서 현재의 합강정 소공원에 이전·건립했다(1998. 6. 20).

● 박인환 문학제
강원도 인제군 출신의 시인 박인환을 기리는 문학제로 매년 가을 인제 합강제 지역 축
제 기간 동안 이곳 인제군 내린천변 합강정 정자 옆 시비 앞에서 치러진다.

[참고 자료]

작가와 함께하는 문학 현장 체험 – 전상국 《동행》

① 활동 주제: 소설가 전상국 교수와 함께 하는 《동행》 문학 현장 체험
② 활동 장소: 소설 《동행》 문학 배경지
③ 일정: 강원도 홍천군 내촌면 와야리 → 봉수대 제방뚝 → 점심 → 물걸리사지 → 기미 만세 공원
　　→ 장수원 → 큰구든치
④ 세부 일정: 동화중학교 독서 기행 자료

시간	내용	비고
09:00 – 10:10	문학 현장 체험 진행 설명, 작가와 함께 참가자 인사 전상국 작가의 《동행》 소설 간략한 안내 TV문학관 《동행》 대형 스크린으로 감상	동화중 다목적실
10:10	학교 출발	
10:10 – 11:00	이동 및 명상하기(전상국 작가의 해설 감상)	
11:00 – 12:20	동행 현장 답사 – 산마루에서 즉석 시 낭송 개최 – 산길 걸으며 야생화와 산풀 이야기하기 – 모둠별 마음 열기와 친구 간 동행하기 와야분교장(시골학교)에서 마음속 이야기하기 소설 《동행》 작가 전상국과 이야기하기 자작골 고개 넘기	와야 삼거리 ~ 와야분교장 ~ 봉수대 강가
12:30 – 13:20	밥 먹으러 가자 – 동창마을 마을회관	동창마을
13:20 – 14:30	전상국 고향과 마을 문화유적 체험하기 – 물걸리사지, 기미 만세 공원 등 뚝방과 징검다리 건너며 사라진 문화 건져내기 동창초등학교에서 향토 작가와 이야기하기	물걸리
14:30 – 15:10	감드리와 장수원 답사, 강가에서 마음 씻기, 발 담그기 전상국의 《동행》 오류 찾아 이야기하기 작가와 함께 고향의 사랑, 마음의 희망 만들기 전말, 신촌, 큰구든치 길 거스르며 동행의 꼭지점 답사 체험	감드리 ~ 큰구든치
15:10 – 16:00	이동 – 학교 도착 '희망'을 안고 자신 '동행'을 찾아 세상 속으로 귀가	동화중 운동장

1. 행복이 소나기처럼 내려요, 황순원 문학 탐방

"엄마와 함께한 문학 체험활동-행복이 소나기처럼 내려요"를 주제로 소나기마을에서 황순원 문학을 다양한 놀이 활동으로 만나보자.

(1) 주제: 행복이 소나기처럼 내려요

(2) 주제 도서: 황순원 《소나기》

소년과 소녀의 순수한 사랑 이야기이자 성장 이야기. 소년은 끝까지 소녀를 지켜 주려고 노력했지만 결국 소녀의 감기가 악화되어 죽음에까지 이르고 만다. 하지만 소녀는 죽는 순간에도 소년과의 추억을 간직하려고 입고 있던 옷 그대로 묻어 달라는 유언을 남긴 채 세상을 떠났다. 이 소녀와 소년, 소나기와 얽힌 이야기는 마치 그때 당시 소나기가 퍼붓는 상황에서도 이루지 못할 것을 가슴에 품고, 소중히 여기던 우리 민족의 정서와 닮은 것 같다.

(3) 탐방 코스:

황순원문학관 둘러보기 (미션 수행)

영상 시청 → 소나기 광장 → 고백의 길 → 학의 숲 → 송아지 들판 → 들꽃마을 → 해와 달의 숲 → 고향의 숲 → 수숫단 오솔길 → 황순원 묘역

(4) 이렇게 따라가 봐요!

■ 소나기 마을 추적 놀이

활동 1. [3층 세미나실] 소나기를 들어요!
김기택 시인과 함께 황순원 문학에 대해 들으면서 새로 알게 된 점 세 가지를 정리하라.
1. ____
2. ____
3. ____

활동 2. [2층 영상실] 소나기를 보며 상상해요!
소나기 그 후 이야기 〈그날〉 애니메이션 감상
애니메이션 〈그날〉은 소설 《소나기》를 그대로 만든 것이 아니라 소설이 끝나는 장면(소년이 소녀가 죽었다는 말을 부모로부터 듣는 장면)부터 시작하는 새로운 이야기입니다. 소설의 결말이 너무 슬프고 안타깝게 끝나기 때문에 소년은 그 후로 어떻게 되었을까 궁금하지 않으세요? 말하자면, 《소나기》 이어 쓰기-《소나기》 다시 쓰기라고 할까요? 여러분도 마음껏 상상력을 펼쳐서 《소나기》 이후의 이야기를 써 보면 어떨까요?

활동 3. [제1, 2 전시실] 소나기를 느껴요!
[작품 속으로]라는 전시실에 가면 황순원 선생님의 장편과 단편 대표작을 영상물, 모형, 음성, 애니메이션 등을 통해 입체적으로 즐길 수 있습니다. 책에서 열심히 읽었던 작품을 소나기 마을에 와서 눈으로, 귀로, 손바닥으로 새롭게 느껴 보세요.

(1) 황순원 작가에 대해 새로 알게 된 사실을 바탕으로 삼행시를 지어라!
황 ____
순 ____
원 ____

(2) 황순원 작가의 책을 둘러보고 마음에 드는 작품을 골라 추천 글이나 광고문을 써라!
북 마스터 _________________의 이 달의 추천 도서

활동 4. [마타리꽃 사랑방] 《소나기》를 읽고, 듣고, 써 봐요!
[마타리꽃 사랑방(문학 카페)]에 오시면 황순원 소설을 책으로 볼 수 있을 뿐만 아니라, 전자책으로도 볼 수 있고, 듣는 책(오디오북)으로 들을 수도 있답니다. 그뿐

인가요? 소설을 읽고 나서 여러분이 직접 소설을 쓰는 곳도 있고, 잘 읽었나 알아보는 낱말 퀴즈도 있답니다. 소나기 그림 맞추기 같은 게임도 있으니까 직접 와서 해 보세요. 커다란 원고지 판에 글자를 붙이면서 원고지 쓰는 법 배우기를 해 보고요.
(1) 소나기 낱말 퀴즈 체험하기
(2) 소나기를 전자책과 오디오북으로 들어 보고 책으로 읽었을 때와 어떻게 다른지 느낌을 원고지 글씨판에 쓰고 인증샷 찍기

■ 모둠 활동. 소나기 마을에서

활동 1. 소나기 광장에서 소년, 소녀가 되어 재현 사진을 찍어라!
소나기 광장에는 매일 두 시간마다 한 번씩 소나기가 옵니다. 옷이 젖으면 어떡할까 걱정되세요? 소설《소나기》에서 소년 소녀가 한 것처럼 원두막이나 수숫단으로 피하면 되지요. 소나기 광장에서 소설《소나기》재현 사진을 찍어 보세요.

활동 2. 수숫단 오솔길에서 소설 속 구절을 읽고 소년, 소녀 인터뷰 게임
소년과 소녀가 함께 걷고 달려가며 놀던 시골길을 그려 본다. 허수아비가 있는 논, 수숫단이 있는 밭을 지나 들꽃이 핀 산길을 오른다. 그러다가 소나기를 만나 수숫단 속으로 들어간다. 이런 장면을 떠올리며 함께 소설 속 구절을 낭독하고, 수숫단 속에 들어간 소년과 소녀를 인터뷰한다.

[소설 속 구절]
수숫단 속은 비는 안 새었다. 그저 어둡고 좁은 게 안됐다. 앞에 나앉은 소년은 그냥 비를 맞아야만 했다. 그런 소년의 어깨에서 김이 올랐다. 소녀가 속삭이듯이, 이리 들어와 앉으라고 했다. 괜찮다고 했다. 소녀가 다시, 들어와 앉으라고 했다. 할 수 없이 뒷걸음질을 쳤다. 그 바람에, 소녀가 안고 있는 꽃묶음이 망그러졌다. 그러나 소녀는 상관없다고 생각했다.

[인터뷰 게임. 소년, 소녀, 리포터 등 역할을 정하고 미리 인터뷰 내용 준비]

활동 3. 송아지 들판에서 소년의 감정 변화를 살려 얼굴 사진을 찍어라!
수줍음 많고 내성적인 소년이 송아지를 타면서 자랑스러워한다. 함께 즐거운 추억을 만들며 좀 더 가까워진다. 조금은 자신감을 갖게 되는 소년의 모습을 떠올리며 소설을 낭독한다. 소설을 낭독하고 송아지를 타고 난 후, 소년과 소녀의 감정을 살려 얼굴 표정이 어땠을지 사진에 담아 본다.

[소설 속 구절]
"저기 송아지가 있다. 그리 가 보자." 누렁 송아지였다. 아직 코뚜레도 꿰지 않았다.
소년이 고삐를 바투 잡아 쥐고 등을 긁어 주는 채 훌쩍 올라탔다. 송아지가 껑충거
리며 돌아간다. 소녀의 흰 얼굴이, 분홍 스웨터가, 남색 스커트가, 안고 있는 꽃과
함께 범벅이 된다. 모두가 하나의 큰 꽃 묶음 같다. 어지럽다. 그러나 내리지 않으리
라. 자랑스러웠다.

[주인공의 감정을 떠올리며 인증 사진 찍기]
자랑스럽게 송아지를 타고 난 후 소년의 감정이 어땠을지 떠올려 보고 표정을 잘 살
려 얼굴 사진 찍기

활동 4. 너와 나만의 길에서
소녀 업고 도랑 건너는 장면 재현하며 말풍선을 완성하라!
소나기가 내린 후 갑자기 물이 불어난 도랑에서 소년은 소녀를 업고 건넌다. 소년과
소녀가 즐거운 추억을 만들고 서로 더 가까워지는 계기가 된다. 이런 감정을 바탕으
로 도랑을 건너면서 소년과 소녀가 나눴을 닭살 멘트를 만들어 보자.

[소설 속 구절]
도랑 있는 곳까지 와 보니, 엄청나게 물이 불어 있었다. 빛마저 제법 붉은 흙탕물이
었다. 뛰어 건널 수가 없었다. 소년이 등을 돌려 댔다. 소녀가 순순히 업히었다. 걷어
올린 소년의 잠방이까지 물이 올라왔다. 소녀는 "어머나!" 소리를 지르며 소년의 목
을 끌어안았다. 개울가에 다다르기 전에, 가을 하늘은 언제 그랬는가 싶게 구름 한
점 없이 쪽빛으로 개어 있었다.

[소설 속 장면 재현하며 소년과 소녀가 나눴을 닭살 멘트 만들기]
소년이 소녀를 업고 도랑을 건너면서 어떤 대화를 나눴을지 상상해서 대화 만들기

활동 5. 다시 소나기 광장으로
미션을 완성한 후 소나기 광장으로 다시 모여서 모둠 대항 퀴즈 대회!
- 100초 미션이나 보물찾기
- 꼬리잡기 단체 게임
- 독서 퀴즈 대회(스타 골든벨 형식으로 진행)

(5) 미리 알고 떠나요!

● 소나기 마을 www.sonagi.go.kr, ☎ 031-773-2299
소나기 마을은 지상 3층에 연면적 2,035m^2 규모의 황순원문학관을 비롯해 징검다리, 섶다리 개울, 수숫단 오솔길 등 소설에 나오는 공간과 시설을 재현한 체험장을 갖추고 있다.
개관 시간: 09:30~18:00
황순원문학관의 관람료: 어린이 1,000원, 어른 2,000원

● 황순원 문학제
매년 10월 작가 황순원의 문학적 업적을 기리고 '황순원문학촌—소나기 마을'에 대한 관심과 문학인 등의 참여를 촉진하고, 이 행사를 통해 어린이와 청소년 및 일반 문학 동호인들의 건전한 정서를 함양하기 위해 진행. 1일 황순원 문학 세미나, 2일 백일장과 그림 그리기 대회(+시상식), 3일 작가와 함께 하는 황순원문학촌 기행을 진행한다.

● 양평 생태 산촌 마을
생태 산촌 마을은 경기도 양평의 서부 지역에 위치하는 전형적인 산골의 농촌 마을이다. 마을 주변의 자연환경을 지키기 위하여 생태 산촌 프로젝트를 추진하는 마을로 명달리 숲속 학교, 산천체험마을을 운영하고 있다. 계절별로 식물도감 만들기, 벼농사 체험, 산나물 채취, 반딧불이 체험, 얼음 썰매 타기 체험활동을 할 수 있다. 소나기 마을에서 차로 15분 거리에 있으며, 체험활동비는 20,000원 정도이다.

● 조선 말기 성리학자 이항로 선생 생가 ☎ 031-770-2894
조선 시대 말기의 성리학자 이항로의 생가는 경기도 양평군 서종면 노문리에 자리 잡고 있다. 그리고 생가 앞으로 20여km에 이르는 벽계구곡이 흐르고 있어서 문화 유적 답사와 함께 물놀이하기에 좋은 조건을 갖추고 있다.

● 다산 유적지 ☎ 031-576-9300
경기도 남양주시 조안면 능내리에 있는 다산 정약용 선생의 유적지이다. 유적지 내에는 그의 생가인 여유당(與猶堂)과 선생의 묘, 다산 문화관과 다산 기념관이 있다. 다산 문화관에는 많은 저서에 대한 간단한 소개가 있으며, 다산 기념관에는 수원성 축조 과정에 쓰였던 거중기, 녹로 그리고 유배 생활을 했던 강진 다산초당의 축소 모형 등을 전시하고 있다.

2. 수원에서 만나는 역사와 문학, 홍사용문학관과 수원 화성 탐방

화성시 석우동에 위치한 노작홍사용문학관을 찾아 '나는 왕이로소이다'
란 시로 유명한 눈물의 왕 노작 홍사용 시인의 문학 세계와 그의 생애를 살
펴보자. 이어 화성시 안녕동에 위치한 융건릉(隆健陵, 사적 206호)과 화성
시 송산동에 자리잡은 용주사를 둘러보며 역사의 뒤안길을 걷고 수원 화
성을 탐방해 보자.

수원 화성은 조선 정조가 뒤주 속에서 세상을 마감한 아버지 사도세자
의 능침(무덤)을 수원 화성으로 옮기면서 축조되었다. 당파 정치 근절과
강력한 왕권 정치의 실현을 위한 정조의 원대한 정치적 포부가 깃들어 있
고, 특히 실학자 다산 정약용이 첨단 공법인 거중기를 활용해 성을 쌓았다.
1997년 유네스코 세계문화유산으로 등록된 수원 화성을 보며 정조와 정
약용의 꿈과 포부를 상상해 보는 것도 의미 있으리라.

(1) 주제: 수원에서 만나는 역사와 문학

(2) 주제 도서: 《영원한 제국》, 《이산 정조, 꿈의 도시 화성을 세우다》, 《수
원 화성과 정약용》, 《홍사용 전집》, 《한중록》

《영원한 제국》 조선조 헌종 1년(1835)에 쓰인 이인몽의 《취성록》을 토대로 한 장편역
사소설. 사도세자의 죽음을 애도한 시 〈올빼미〉를 둘러싸고 일어나는 검서관의 살인 사
건과 갑작스런 정조의 죽음에 대한 정치적 음모를 묘사했다.

《이산 정조, 꿈의 도시 화성을 세우다》 이 책은 전체적으로 백성을 위한 국왕 정조의
모습을 그리면서, 그가 추진했던 개혁 정책의 내용들과 개혁 완성을 위해 만들어진 화
성의 실체를 보여 주고 있다. 더불어 《정조실록》, 《화성성역의궤》, 《원행을묘정리의궤》
등의 사료를 근거로 정조 시대의 정치, 경제, 사회, 문화 등을 쉽게 이해할 수 있도록 설
명하였다.

《홍사용 전집》 노작 홍사용 시인의 탄생 100주년을 기념해 펴낸 문학 전집. 〈푸른 언

덕 가으로〉, 〈백조는 흐르는데 별 하나 나 하나〉, 〈어부의 적〉 등 시를 비롯해 〈저승길〉
등 소설 4편, 〈할미꽃〉 등 희곡 4편, 이 밖에 수필과 평론 글을 함께 묶었다.

《한중록》 역사상 가장 불행했던 왕세자비, 혜경궁 홍씨의 궁중 수기이다. 70여 년의
기록인 이 책은 실록을 통해 공식적으로 알려진 역사 이면을 섬세하게 담은 귀중한 자
료이다. 동시에 궁이라는 폐쇄된 공간에서 고통과 영화, 기쁨과 슬픔을 번갈아 겪어 낸
여인의 한이 고스란히 담긴 궁중문학의 백미로 꼽힌다.

(3) 탐방 코스:

노작홍사용문학관 → 윤건릉 → 용주사 → 수원 화성 → 화성 행궁

수원 화성 탐방: 장안문 → 화홍문 → 창룡문 → 팔달문 → 서장대 →

화서문 → 화성 행궁

(4) 미리 알고 떠나요!

● 세계문화유산 수원 화성 www.swcf.or.kr/?goPage=11, ☎ 031-251-4435
세계문화유산 수원 화성은 정조의 효심이 축성의 근본이 되었을 뿐만 아니라 당쟁에
의한 당파 정치 근절과 강력한 왕도정치의 실현을 위한 원대한 정치적 포부가 담긴 정
치 구상의 중심지로 지어진 것이며 수도 남쪽의 국방 요새로 활용하기 위한 것이었다.
정약용 등이 올린 축성 방략을 정조가 모아서 기초로 한 《성화주략》(1793년)을 지침
서로 하여, 재상을 지낸 영중추부사 채제공의 총괄 아래 조심태의 지휘로 1794년 1월
에 착공에 들어가 1796년 9월에 완공하였다. 축성시에 거중기, 녹로 등 새로운 기재를
특수하게 고안·사용하여 장대한 석재 등을 옮기며 쌓는데 이용하였다. 화성 축성과 함
께 부속 시설물로 화성 행궁, 중포사, 내포사, 사직단 등 많은 시설물을 건립하였다.

● 용주사 www.yongjoosa.or.kr, ☎ 031-234-0040
본래 용주사는 신라 문성왕 16년(845년)에 창건된 갈양사로서 청정하고 이름 높은 도
량이었으나, 병자호란 때 소실된 후 폐사되었다가 조선 시대 제22대 임금인 정조가 아
버지 사도세자의 능을 화산으로 옮기면서 절을 다시 일으켜 원찰이 되었다.

● 융건릉 royaltombs.cha.go.kr, ☎ 031-222-0142

● 노작홍사용문학관 www.nojak.or.kr, ☎ 031-8015-0880
한국 근대 문학의 선구자로 〈나는 왕이로소이다〉의 시인 노작 홍사용 선생의 업적을 기
리고 시민들에게 문학 교실, 창작 교실을 운영하기 위해 동탄 노작 근린공원에 세워졌

다. 노작의 문학적 삶의 발자취를 더듬어 볼 수 있는 전시실과 시 낭송회 및 소규모 공연이 가능한 다목적홀, 다수의 창작 문학 관련 도서를 비치한 문학 전문 도서관, 유품 전시 공간 등이 있고 휴식 공간인 북카페테리아와 창작 교실 등 강의실도 갖추고 있다.

(6) 주변에 이런 곳도 있어요.

● 수원화성박물관 hsmuseum.suwon.go.kr, ☎ 031-228-4242

● 한국민속촌 www.koreanfolk.co.kr, ☎ 031-288-0000

3. 다산길에서 정약용을 만나다, 실학 문화 탐방

남양주 마재마을은 다산 정약용 선생의 출생지이며, 오랜 유배 생활을 마치고 돌아와 여생을 보낸 곳으로 정약용 선생의 개혁의 꿈이 깃든 한국 실학의 산실이다. 유적지 내에는 그의 생가인 여유당(與猶堂)과 선생의 묘, 그리고 다산문화관과 다산기념관, 실학박물관 등이 있다.

다산 유적지-다산 생태동산-연꽃 군락지-능내역-마재성지-다산 유적지 코스를 선택하면 다산의 행적과 향기를 깊게 느끼며 호젓한 시골길 여행을 함께 즐길 수 있다.

(1) 주제: 다산길에서 만난 정약용과 실학 문화 탐방

(2) 주제도서: 《정약용》,《목민심서》,《실학의 꽃 정약용》

《목민심서》 다산 연구회가 1985년에 전 6권으로 완간한 《역주 목민심서》를 각계각층 남녀노소 모두가 읽을 수 있는 대중적인 교양서로 개편한 책이다. 중요한 내용만을 선별하여 한 권으로 대폭 줄이고, 읽기 쉽게 문장을 다듬었다. 1부 6조, 도합 12부 72조로 구성된 체제의 원형은 그대로 유지하고 있다.
《목민심서》는 다산 정약용이 강진의 귤동 유배지에서 쓴 대표적인 저술이다. 요즘 개념으로는 지방 행정의 지침서로, 민생을 중심에 둔 사고의 방향에서 정치제도의 개혁과 지방 행정의 개선을 도모하였다. 풍부한 사실과 논리를 바탕으로 당시의 실상과 관행을 파고들며, 구체적이고 분석적으로 병폐의 원인을 찾고 치유책을 고안하고 있다.

'인문 고전 깊이 읽기' 제11권 《정약용》 이 책은 다산 정약용의 생애와 사상을 전체적으로 파악하고 다산이 진정으로 말하고자 했던 바를 파악한다. 비운의 천재가 평생 공부하고 집대성해 내놓은 저작에는 시대에 대한 성찰과 고민이 들어 있다. 바로 이 고민과 성찰이 우리 시대에도 보편적인 해결 방법을 찾는 데 도움을 줄 것이다.

(3) 탐방 코스:
다산문화관 → 다산기념관 → 다산 생가 → 묘지 → 실학박물관 → 실학생태동산

(4) 이렇게 따라가 봐요!

■ **다산 기념관에서**
농민 이계심 사건의 일화를 알아보고 다산이 반역죄에 해당하는 이계심에게 무죄
를 선고한 이유를 판결문 형식으로 써 보자.

____

____

____

■ **실학박물관에서**
성호 이익의 실학 사상을 알아보고 □□ 안에 들어갈 말을 찾아보자.

많은 책을 읽었다 하더라도
□□하지 않는다면
읽지 않은 것과 같다.
읽고 행동에 옮길 수 있다면
비록 한 구절을 읽더라도 좋다.

■ **실학생태동산에서**
실학생태동산 지도를 보고 추적 놀이:
실학과 정약용에 관한 퀴즈를 풀어 다음 장소로 이동, 최종 목적지에 먼저 도달하
는 팀(개인)에게 상품을 줍니다.

(5) 미리 알고 떠나요!

● 실학박물관 www.silhakmuseum.or.kr, ☎ 031-579-6000

● 다산문화관(茶山文化館) ☎ 031-576-9300
1959년 정다산기념사업회에 의해 마현(馬峴) 묘전(墓前)에 비가 건립되었으며 선생의
생가 내에 다산 정약용 선생의 업적을 모아 기념관을 건립하여 이곳을 찾는 이들에게
개방하고 있다. 다산기념관에는 18년간의 강진 유배 생활 중 거처하던 다산초당의 모
형과 성이나 집을 축조할 때 무거운 물건을 들어올리는 기계인 녹로와 거중기를 2분의
1 모형으로 제작해 놓았다. 그리고 다산 전시실에는 다산의 주요 저서 중《경세유표》,
《목민심서》,《흠흠신서》,《논어 고금주》등을 요약해서 쉽게 설명해 놓았다.

● 다산 생가 여유당 www.nyj.go.kr/dasan/03_tra/01-jsp, ☎ 031-596-2481
선생의 생가인 여유당은 다산이 사환기(벼슬기)와 유배 기간을 제외한 거의 반평생을
보낸 곳으로 1925년 을축 대홍수 때 유실되어 방치되다가 후손들과 몇몇 뜻 있는 사람
들에 의해 1986년 복원된 전형적인 조선의 양반집으로 경기도 지정 기념물 7호이다.

● 다산기념관
다산기념관에는 다산의 친필 서한 간찰(簡札)·산수도 등과 대표적 경세서인《목민심
서》,《경세유표》,《흠흠신서》사본이 전시되어 있으며 특히 실물 크기의 4분의 1과 2분
의 1 크기의 거중기와 녹로가 눈길을 끈다. 1997년 유네스코 선정 세계문화유산으로
등재된 화성(수원성)을 쌓을 때 역학적인 원리를 이용하여 무거운 물체를 들어 올리는
데 사용되어 백성들의 노고를 덜어 주었던 거중기와 도르래의 원리를 이용해서 만든 일
종의 크레인인 녹로는 바로 실학 정신에 바탕한 다산의 설계로 제작된 기계이다.

● 다산문화제 www.nyjdasan.or.kr, ☎ 031-576-6760
남양주 출신의 조선의 대 실학자인 다산 정약용 선생의 실사구시 위민 정신과 전통문
화를 계승하고자 1986년부터 현재까지 매년 열리고 있다. 다산 대상 시상식, 다산 서
예 대전, 문예 대회, 전통 놀이 마당, 역사 놀이 체험 등 다양한 프로그램을 통하여 다
산 선생의 사상과 얼을 경험할 수 있다. 다산 사상 강연회를 개최하여 다산의 실학사상
을 전파하고 시민 축제로 승화시켜 전통 예술 공연, 각종 전시회 등 다양한 장르의 문화
예술을 접할 수 있는 기회를 제공하고 있다.

● 실학생태동산
다산 실학박물관 남쪽 호반 약 3만 5천m²에 조성된 수변 공간으로 갈대 군락지, 수변
광장, 간이 선착장, 생태 탐방로, 팔당호 전망대 등이 친환경적으로 조성되어 다산 유적
지와 함께 역사와 문화, 자연 생태 등을 모두 체험할 수 있는 생태 탐방 공원이다.

● 다산지구공원

다산 정약용 선생의 유적지에서 다산로를 따라 들어가면 팔당호 수변에 걷기 좋은 공원이 조성되어 있다. 한강수변공원의 다산지구이다. 다산 유적지 맞은 편에는 능내 1리 주민들이 운영하는 친환경 생태 체험이 가능한 연꽃 단지가 조성되어 있다. 연꽃 단지의 풍경. 수변 공원에서 바라 본 입구의 풍경. 벚꽃과 하얀 목련이 흐드러지게 피어 있어 봄 풍경이 더욱 화사하다.

(6) 주변에 이런 곳도 있어요.

● 몽골문화원
● 남양주역사문화관
● 북한강 야외공연장
● 남양주 종합촬영소
● 주필 거미박물관
● 모란미술관
● 우석헌 자연사 박물관

1. 문학의 도시를 걷다, 종로구 독서 문화 탐방

서울 종로는 서울을 대표하는 길인만큼 많은 작가가 스쳐 간 장소이다. 특히, 인사동은 예부터 시인 묵객들이 밤을 새워 문학과 사랑과 삶을 이야기하던 곳이다. 그 길을 걷다 보면 저절로 문학에 가까워진 듯한 느낌을 갖게 된다. 인사동 길을 따라 걸으면서 다양한 문화 체험을 하고 북촌길을 따라 걸으면서 한옥 마을 정취를 감상하고 중앙고등학교 출신 채만식을 작가비를 통해 만나 본다. 그리고 옛 정취가 남아 있는 정독도서관을 탐방한다.

(1) 주제: 문학의 도시를 걷다

(2) 주제 도서:
최인호《머저리 클럽》, 천상병《아름다운 이 세상 소풍 끝내는 날》

《머저리 클럽》 온 나라가 근대화와 새마을운동으로 숨 가쁘게 달려가던 1970년대 중반이 시대적 배경으로 여섯 명의 '악동'을 통해 고등학생 청소년들의 고뇌와 우정, 꿈을 그려 낸 성장소설이다. 학교 바깥에서 펼쳐지는 세상을 동경하고 등굣길에 마주친 이성을 그리워하고 불투명한 미래에 불안감을 느끼면서도 청소년기의 가장 소중한 마지막을 보내고 있다는 안타까움으로 눈물지으며 성장해 가는 이야기.

(3) 탐방 코스
인사동 → 북촌길 → 중앙고등학교 → 정독도서관 → 대학로 연극 체험

● 인사동
인사동의 역사 이야기, 카페 '귀천'(천상병 시인), 예술 거리(쌈짓길) 방문, 갤러리(인사 아트센터, 룩스, 김영섭, 나우갤러리 등)

● 북촌길 거닐기
● 중앙고등학교

이상화 시비, 채만식 문학비, 서정주 시비 찾아보기

● 정독도서관 – 서울시 종로구 북촌길
정독도서관에서 최인호의 《머저리 클럽》읽기 자료실 방문 – 인문 사회, 자연과학실, 간행물실, 디지털 자료실, 족보실 등 서울교육사료관 관람

● 한국현대문학관 서울시 종로구 장충동 2가 186-210 파라다이스빌딩 별관
한국 현대 문학 지도, 육필 원고 전시관, 주요 시인 전시관, 종합 전시관 등

(4) 이렇게 따라가 봐요!

■ 인사동 탐방하기

1. 인사동 관광정보센터에 들러 인사동의 역사에 대하여 새롭게 알게 된 사실을 적어라!
____
____

2. 천상병 시인의 부인이 운영하는 카페 '귀천'을 찾아 천상병 시인의 시 〈귀천〉 또는 〈세상에서 가장 작은 카페〉를 찾아 시 구절을 적어 와라!
____
____

3. 인사동에서 전시회를 살펴보고 느낀 점을 적어라!

① 인사아트센터
____

② 라메르갤러리
____

4. 다음 표식이 있는 곳 찾아서, 사진을 찍거나 위치를 적어라!

■ **북촌길 걸어 보기**

인사동 입구에서, 걸스카우트 건물 옆길로 난 북촌길을 걸어 보고, 마음에 드는 풍경을 사진도 찍어 보고 걸어가면서 나만의 북촌 풍경 엽서를 만들어 보자.

> 북촌길에는 한옥의 아름다움과 북촌 골목길을 구석구석 즐길 수 있는 지점 8곳에 포토 스폿이 설치되어 있다. 북촌 8경을 따라 걸으며 풍경을 사진에 담아 나만의 북촌 풍경 엽서를 만들어라!

■ **정독도서관 탐방하기**

북촌길 왼편에 한옥 대문으로 된 정독도서관 입구가 있다. 그 안쪽으로 들어가면 분수가 있고 그 뒤로 1920~30년대에 지어진 도서관 건물이 있다. 이곳에서 성삼문과 김옥균이 살았다고 한다. 정독도서관은 여느 도서관처럼 어린이도서관이 있고, 갤러리 전시, 영화 상영을 하는데 족보실이 따로 마련되어 있는 것이 특징이다.

1. 정독도서관 입구에서
최인호의《머저리 클럽》의 한 구절을 입구에서 읽어 보고 도서관 앞에서 첫사랑을 기다리는 소년의 모습을 재현 사진으로 담아 보자.

> 도서관에 다다랐을 때엔 마침 때 이른 첫눈이 내리기 시작했다. 좋은 징조라고 영민이가 킁킁거렸다. 우리는 거리에 서서 도서관 문 닫는 시간을 기다렸다. 하늘엔 가득가득 눈이 내리고 있었는데 첫눈치고는 폭설에 가까웠다. 날이 더운 탓에 눈은 쌓이질 않고 땅 위에 떨어지자마자 녹았다. 그러나 좀 후에는 쌓이기 시작했다. 가방을 어깨에 맨 채 기대서서 우리는 오랫동안 기다리고 서 있었다. 우리는 입을 벌려 눈을 받아먹었다. 그때였다 도서관에서 학생들이 꾸역꾸역 나오기 시작했다. 우리는 전신주 뒤에 몸을 숨기고 사람들이 나올 때마다 그녀인지 아닌지 구경하려고 기웃거렸다. 소녀가 맨 나중에 나오고 있었다.
>
> −최인호《머저리 클럽》중에서

2. 정독도서관을 둘러보고
1) 주요 업무: ____
2) 일반 도서관과의 차이점: ____

3. 자료실에 대하여(서가 배치 등의 특징과 이용자 입장을 중심으로)
1) 인문자연과학실: ____
2) 어문학실: ____

3) 어린이실: ____

4. 정독도서관의 역사

____

____

5. 이 도서관을 방문하고 가장 인상에 남은 점은 무엇이었나요?

____

____

■ 중앙고등학교에서 문학의 향기 찾기
북촌길을 지나 계동길을 따라 올라가다 보면 언덕길 전면에 중앙고등학교가 보인다. 중앙고등학교는 채만식, 변영로, 서정주, 이상화, 염상섭, 이상 등이 거쳐 간 학교로 교문을 들어서서 오른편 담을 따라가 보면 이상화 시비가 보인다. 그리고 학교 건물 두 채를 지나 운동장을 걸어가면 운동장 마주한 곳에 채만식 문학비와 서정주 시비가 있다.

1. 중앙고등학교를 찾아 현대 문학의 향기를 찾아보자.
이상화 시비와 서정주 시비를 찾아 시비에서 시를 낭송해 보고, 다음 빈칸을 완성하라.

국화 옆에서

서정주

한 송이의 국화꽃을 피우기 위해
봄부터 ○○○는
그렇게 울었나 보다

한 송이의 국화꽃을 피우기 위해
천둥은 ○○○ 속에서
또 그렇게 울었나 보다

그립고 아쉬움에 가슴 조이던
머언 먼 젊음의 뒤안길에서
인제는 돌아와 거울 앞에 선
내 ○○같이 생긴 꽃이여

노오란 네 꽃잎이 피려고
간밤엔 무서리가 저리 내리고
내게는 잠도 오지 않았나 보다.

(5) 미리 알고 떠나요!

● 서울특별시 홈페이지 www.seoul.go.kr
서울 지역 문화 역사 탐방 체험 코스, 도보 여행 코스 등 다양한 관광 정보가 안내되어
있다.

● 북촌한옥마을 bukchon.seoul.go.kr, ☎ 02-3707-8388
우리나라 전통 한옥의 아름다운 자태를 느낄 수 있는 마을! 북촌. 서울에서 유일하게 전
통 한옥들이 모여 있는 북촌은 굽이굽이 미로 같은 골목길 사이로 한옥들과 역사 문화
자원, 박물관, 공방들이 발길 닿는 곳곳에 자리하고 있어 국내외 관광객들에게 한국 고
유의 다양한 문화를 체험하고 알릴 수 있는 코스이다.

● 인사동 관광정보센터 www.insainfo.or.kr, ☎ 02-734-0222
인사동 거리의 볼거리, 먹거리, 추천 관광 코스 등이 자세하게 안내되어 있다.

● 정독도서관 www.jdlib.sen.go.kr, ☎ 02-2011-5732
삼청동에 위치한 정독도서관은 옛 경기고등학교 자리에 1977년에 개관하여, 49만 여
권의 장서와 14,000여 점의 자료를 소장하고 있는 서울 시립 공공도서관이다. 푸른 숲
을 연상시킬 만큼 넓은 휴게 공간과 벤치, 연못과 분수 등이 마련되어 있어 잠시 쉬어가
도 좋다. 도서관 내에는 4개의 열람실과 디지털실, 세마나실, 휴게실, 매점, 식당, 시청
각실 등이 있다.
휴관: 매월 1, 3주 수요일

● 한국현대문학관 www.kmlm.or.kr, ☎ 02-2277-4857~8
서울특별시 중구 장충동에 있는 문학 전문 박물관. 한국 현대 문학의 역사를 살펴볼 수
있는 문학관이다. 저자 강연회나 문학의 밤 등 다양한 프로그램을 진행하고 있으며, 매
년 5월 '청소년을 위한 문학 향연'을 연다. 청소년을 위한 문학 강좌와 공연을 열며, 사
전에 신청해야 참가할 수 있다. 평일에는 17시까지, 토요일에는 12시까지 개방한다. 예
약해야 한다.

● 인사동과 관련한 문학작품
최일남, 《서울의 초상》
김소진, 《양파》
이근배, 《인사동 산책-벼루 읽기》
김형경, 《새들은 제 이름을 부르며 운다》
천상병, 《귀천》

[참고 자료]
인사동 문화길 추적 놀이

인사동은 서울의 중심부에 있어요. 고층 건물들과 바쁜 사람들 사이에서 잠깐의 한가로움을 느낄 수 있는 장소로 유명해서 많은 사람의 사랑을 받고 있어요. 특히, 차 없는 거리가 되는 주말에 인사동을 가 보면 얼마나 많은 사람이 인사동을 찾아오는지 알 수 있어요. 모둠별로 미션을 수행하며, 인사동을 신나게 돌아 봐요!

인사동을 소개합니다
3호선 안국역 6번 출구 쪽에 북인사 안내소가 보여요. 북인사 안내소에서 인사동과 북촌, 삼청동 등 서울의 관광 안내를 받으실 수 있고, 전시회 소식과 공연 정보, 행사 소식도 알 수 있어요. 그 길을 따라 걷다 보면 빵집 앞에 나뭇잎 모양으로 된 인사동 지도 동판이 세워져 있어요. 건너편을 보면 붓 조형물이 보여요.
붓 조형물 감상-서울시 도시 갤러리 프로젝트의 일환으로 설치된 조형물인데요, 작품명은 '일획을 긋다'이며, 인사동이 가지고 있는 전통 문화의 모습을 상징하기 위해 기획된 작품이에요.

인사아트센터
지하 1층에서 6층이 갤러리로, 다양한 전시회를 만날 수 있어요. 4층 발코니에서 한옥으로 된 건물들과 지붕들을 볼 수 있다는 점도 인사아트센터의 매력이에요. 경인미술관 전통 다원-전시실과 야외 무대, 스크린, 전통 찻집(다원)으로 구성되어 있는 전통 문화와 현대의 문화가 어우러진 문화 공간이에요. 태극기를 만든 박영효 대감의 생가이기도 하구요.

[인사동 문화길 추적 놀이 미션 지도]

■ **인사동의 문화 역사 알기-인사동 관광정보센터**

활동 1. 인사동 관광정보센터를 찾아라!
(1) 인사동 관광정보센터를 찾아, 인사동 관광 지도를 받아라!
(2) 인사동에 대해 새롭게 알게 된 사실을 세 가지 적어라!
1. ____
2. ____
3. ____

■ 인사동에서 문화 예술 체험하기-인사아트센터 & 갤러리 룩스

활동 2. 인사아트센터를 찾아라!
(1) 가장 마음에 남는 작품을 찾아, 작품에 대한 첫인상 쓰기!

____

____

(2) 5층 전망대에서 바라본 인사동 거리 사진 찍기!

▶ 내 마음에 들어온 작품
작품명: ______________________________________

작가 이름: ____________________________________

작품에 대한 인상과 느낌: ______________________

____

____

____

▶ 5층 전망대(테라스)에서 인사동 거리가 가장 예쁘게 보이는 장소를 찾아 인사동의 모습 찍기!

활동 3. 사진 전문 갤러리 룩스를 찾아라!
(1) 입구에서 전시 리플릿을 받는다.
(2) 전시를 함께 둘러보고, 전시 리플릿에 모둠원이 한 명씩 둘러본 느낌을 한 단어의 감탄사로 적는다.

____

활동 4. 쌈지길을 찾아라!
(1) 모둠원이 함께 쌈지길을 둘러본다.
(2) 쌈지길과 어울리는 주제를 정해 단체 설정 사진을 찍고, 제목을 함께 붙여 포토 문자로 전송한다(가산점).
포토 문자 보낼 번호: ○○ 선생님 (○○○-○○○○-○○○○)
포토 문자 제목: ________________________________

활동 5. 고 천상병 시인의 찻집 '귀천'을 찾아라!
(1) 내비게이션 팁을 참고하여 찻집 '귀천'을 찾아라!
(2) 찻집 '귀천'을 찾아, 찻집 앞에 적혀 있는 천상병 시인의 동명 시 〈귀천〉의 ○○을 채워 적어라!

나 ○○로 돌아가리라
새벽빛 와 닿으면 스러지는
○○ 더불어 손에 손을 잡고,

나 ○○로 돌아가리라
노을빛 함께 단 둘이서
기슭에서 놀다가 ○○ 손짓하면은,

나 ○○로 돌아가리라
아름다운 이 세상, ○○ 끝내는 날.
가서 아름다웠더라고 말하리라
　　　　－천상병 〈귀천(歸天)〉

● 내비게이션 팁!
'귀천'은 인사동에 있으며, 본점과 분점이 있습니다. 분점은 3호선 안국역 6번 출구에서 인사동길로 들어서서 수도약방을 끼고 있는 인사동 3길로 들어서서 조금만 가면 있습니다. 본점은 수도약국(수도약방을 지나서 있다) 방향으로 200m 가량 가다 보면 달마도가 그려진 간판이 있는데, 그 골목에 있습니다.

■ **인사동에서 유명한 길거리 주전부리를 찾아라!**

임금의 무병장수를 빌며 만들었다는 정교한 꿀타래!
엿장수 맘대로 달콤한 엿과 강정!
현대 주전부리의 대표 주자 똥빵, 딸기빵!
겨울철 대기 시간 1시간, 유명한 털보네 옥수수 호떡!

활동 6. 인사동의 주전부리를 찾아라!
(1) 인사동의 대표 길거리 주전부리를 찾아라!
(2) 위에 제시된 대표 주전부리를 참고하여 한 가지를 정해 함께 맛보고 삼행시 짓기!

우리가 함께 먹은 길거리 주전부리: ______________________________
삼행시 짓기: ( ) ______________________________
　　　　　　 ( ) ______________________________
　　　　　　 ( ) ______________________________

2. 시와 사랑의 길을 따라 걷다, 성북동 문학 탐방

북한산 자락 밑에 자리 잡은 성북동은 빠르게 변하면서도, 변하지 않은 무언가를 간직하고 있는 느낌을 주는 동네이다. 성북동 좁은 골목길을 따라 걸으면 문인들의 자취가 고스란히 남아 있는 고택들을 발견하게 된다. 최순우 선생의 고즈넉한 옛집을 둘러보고 수연산방, 심우장, 길상사로 이어지는 문학산책로를 걷다보면 그곳에 숨어 있는 시와 사랑의 이야기를 만나게 된다.

(1) 주제: 시와 사랑의 길을 따라 걷다, 성북동 문학 탐방

(2) 주제 도서:
이태준 《달밤》, 한용운 〈심우장 산시〉, 강은교 〈성북동〉, 김광섭 〈성북동 비둘기〉

《달밤》 성북동을 무대로 사회 변두리로 밀려나 살아가는 순박한 하층민의 비애를 다룬 소설이다. 《달밤》에는 작가가 성북동으로 이사 와서 만나게 된 순박한 사람들을 통해 시골의 정취를 체험하는 장면이 나온다. 신문 보조 배달원인 황수건이 일터에서 쫓겨나 참외 장사를 하다 실패하고 아내도 가출하는 등 각박한 현실에 잘 적응하지 못한 못난 삶을 통해 작가의 휴머니즘적인 시선을 보여 준다.

(3) 탐방 코스:
최순우 옛집 → 이태준 옛집(수연산방) → 만해 한용운 심우장 → 성북동길 → 간송미술관 → 비둘기길 → 길상사

(4) 이렇게 따라가 봐요!

소설가 이태준의 옛집 수연산방, 만해 한용운의 심우장을 따라 성북동 문학길을 걸
으며 그 곳에 숨어 있는 시와 사랑의 이야기를 만나 본다. 성북동 문학길에서 만난
아름다운 문학 이야기를 사진과 영상으로 담아 '성북동 문학 이야기 UCC'를 만들
어 보자.

■ 이태준 옛집 수연산방에서

수연산방은 식민지 시기의 작가 이태준이 살던 집이다. 한국 근대 소설에서 세련된
단편 양식을 확립하는 데 높은 공을 세운 것으로 평가받는 작가가 직접 집을 짓고
살면서 수많은 명작을 집필한 작품의 산실이다. 현재는 작가가 살던 시기의 가옥을
그대로 보존하여 전통 찻집으로 사용하고 있다.
수연산방에 앉아 고즈넉한 성북동의 분위기를 느끼면 이태준 소설《달밤》을 낭독해
본다. 이태준 작가가 느꼈던 식민지 시기의 순박한 하층민들의 소박한 삶의 공간으
로서의 성북동의 정취를 느껴 보자.

활동 1. 다음 소설 구절을 낭송하고 그 느낌을 담아 사진으로 찍기

성북동으로 이사 나와서 한 대엿새 되었을까, 그날 밤 나는 보던 신문을 머리
맡에 밀어 던지고 누워 새삼스럽게 "여기도 정말 시골이로군!" 하였다. 무어 바
깥이 컴컴한 걸 처음 보고 시냇물 소리와 쏴~ 하는 솔바람 소리를 처음 들어서
가 아니라 황수건이라는 사람을 이날 처음 보았기 때문이다.
그는 말 몇 마디 사귀지 않아서 곧 못난이라는 것이 드러났다. 이 못난이는 성
북동의 산들보다, 조그만 산들보다 물들보다, 조그만 지름길들 보다 더 나에게
성복동이 시골이란 느낌을 풍겨 주었다.

_이태준,《달밤》중에서

■ 만해 한용운 심우장에서

수연산방에서 길을 따라 걷다 보면 길 왼편으로 한용운이 거처하던 심우장 가는 길
을 알리는 안내판을 만난다. 서울시 기념물 제7호로 지정된 이곳 심우장은 만해 한
용운이 광화문에 자리 잡은 조선총독부가 보기 싫다고 하여 일부러 북향으로 지었
다고 한다. 만해 한용운 선생이 지은 심우장 산시를 읽으며 만해 선생의 절개와 문
학의 향기를 느껴 보자.

활동 2. 다음 시구절을 낭송하고 그 느낌을 담아 사진으로 찍기

티끌 세상을 떠나면
모든 것을 잊는다 하기에
산을 깎아 집을 짓고
돌을 뚫어 새암을 팠다.
구름은 손인 양하여
스스로 왔다 스스로 가고
달은 파수꾼도 아니건만
밤을 새워 문을 지킨다.
새소리를 노래라 하고
솔바람을 거문고라 하는 것은
옛 사람을 두고 쓰는 말이다.

님 그리워 잠 못 이루는
오고 가지 않는 근심은
오직 작은 베개가 알 뿐이다.

공산(空山)의 적막(寂寞)이여
어디서 한가한 근심을 가져오는가
차라리 두견성도 없이
고요히 근심을 가져오는
오오 공산(空山)의 적막(寂寞)이여

_한용운, 〈심우장 산시1〉

■ **비둘기길에서**

심우장에서 소설가 이재준가를 지나 한성대 방면으로 걷다 보면 길가를 따라 비둘기길이 나온다. 〈성북동 비둘기〉라는 시가 떠오른다. 산업화되어 옛 정취를 잃어 가는 성북동에는 더 이상 사랑과 평화를 노래하는 비둘기가 깃들 장소가 마련되지 않는다.

활동 3. 다음 시구절을 낭송하고 그 느낌을 담아 사진으로 찍기

성북동 산에 번지가 새로 생기면서
본래 살던 성북동 비둘기만이 번지가 없어졌다.

새벽부터 돌 깨는 산울림에 떨다가
가슴에 금이 갔다.

그래도 성북동 비둘기는
하느님의 광장 같은 새파란 아침 하늘에
성북동 주민에게 축복의 메시지나 전하듯
성북동 하늘을 한 바퀴 휘 돈다.

성북동 메마른 골짜기에는
조용히 앉아 콩알 하나 찍어 먹을
널찍한 마당은커녕 가는 데마다
채석장 포성이 메아리쳐서
……

_김광섭, 〈성북동 비둘기〉 중에서

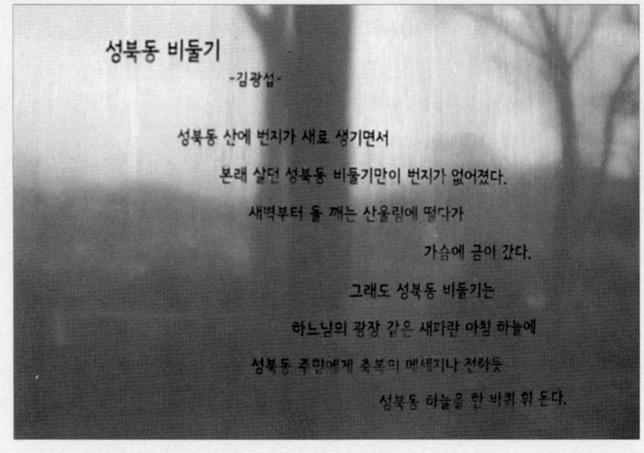

3. 책, 문화와 만나는 공간, 북카페 투어

공간의 의미를 다시 생각하려는 시도가 도시 곳곳에서 이루어지고 있다. 그중 하나가 책 읽는 공간이 도서관에서 카페로 확장되고 있다는 것이다. 카페에서의 책 읽기는 마음의 여유를 찾을 수 있게 해 주고, 독서로의 긴 여행으로 떠날 수 있게 해 준다. 그중 합정역 주변에는 출판사에서 직접 운영하는 특색 있는 북카페가 여럿 있다. 이들 북카페는 단순히 커피를 판매하고 책 읽을 공간을 마련해 주는 것에서 그치지 않고, 저자와의 대화나 강연·특강·북 콘서트 등 책과 관련된 문화 프로그램까지 운영한다. 그 북카페를 하나씩 탐방해 보자.

(1) 주제: 책, 문화와 만나는 공간

(2) 주제 도서: 구현정《북카페 인 유럽》

《북카페 인 유럽》 독일에서 생활하며 책과 카페를 사랑하는 네이버 파워 블로거의 북카페 탐험기다. 베를린, 칼프, 함부르크, 프랑크푸르트, 뮌헨 등 저자의 바쁜 일상을 잠시 쉬어 갈 수 있게 해 준 독일 여러 도시들의 북카페와 스페인, 체코, 프랑스, 네덜란드, 스위스 등 가까운 유럽에서 찾은 북카페의 다양하고도 색다른 모습과 분위기, 그곳 사람들에 대한 이야기를 담고 있다. 헤르만 헤세의 발자취를 따라 그림동화처럼 펼쳐지는 공간, 에이즈 환자를 돕기 위해 자원봉사자들이 운영하는 카페, 카멜레온 같은 네 개의 공간이 숨어 있는 양파 북카페, 공장이 책 무대 바가 어우러지는 문화 공간으로 탈바꿈한 곳 등 다양한 북카페의 풍경이 펼쳐진다.

(3) 탐방 북카페
인문 카페 창비, 카페 꼼마, 책다방, 나와 나타샤와 흰 당나귀 등.

(4) 이렇게 따라가 봐요!

■ **전체 활동 안내**
① 모둠장이 나와서 탐방할 북카페를 뽑는다.
② 탐방할 북카페에 가서 인터뷰할 질문지를 작성한다.
③ 홍대 상상마당에서 모둠별로 북카페 지도를 들고 이동한다.
④ 준비한 질문을 하고, 사진을 찍고, 이용자의 모습을 관찰한다.
⑤ 탐방 후, 친구들에게 자신이 탐방한 북카페에 대한 소개지를 만든다.
⑥ 체험활동 발표회에서 '내가 탐방한 북카페를 소개합니다'를 주제로 발표를 한다.

▶ 활동 안내: 제비뽑기를 해서 나온 북카페를 직접 방문해서 다른 친구들에게 소개할 수 있도록 정보를 얻고 내용을 마련한다.

▶ 활동 코스: 상상마당 → 홍대 주차장거리 → 각자 탐방할 북카페

▶ 북카페 소개 내용

> ※소개할 때 필수적으로 들어갈 내용
> ① 북카페 찾아가는 길
> ② 북카페의 내부와 외부 사진 5장 이상
> (북카페 입구, 책 읽는 모습, 나만의 책 사진 등)
> ③ 이용자들이 주로 읽는 책이나 북카페에 전시된 책의 종류
> ④ 북카페를 찾아가는 길에 본 다른 북카페, 혹은 거리의 풍경 사진에 담기
> ⑤ 북카페 운영자 또는 직원과 인터뷰를 해서 북카페에 대한 자세한 정보 얻기
>
> *북카페 탐방 팁: 북카페는 조용한 분위기에서 공부를 하거나 책을 읽는 문화 공간이기 때문에 이용자들에게 방해가 되거나 소란스럽게 하면 절대 안 됩니다. 활동 전 직원 분께 양해를 구하고, '속닥속닥' 활동하기!

▶ 체험활동 평가 발표회

(5) 미리 알고 떠나요

● 인문 카페 창비 blog.naver.com/changbi_book, ☎ 02-322-8626
인문 카페 창비는 출판사 창비에서 운영하는 직영 북카페이다. 독자와의 소통 공간으로
사용된다. 월별 북 콘서트, 특강, 출간 기념회, 낭독회 등 책과 관련한 다양한 문화 행사
를 진행하고 있으며, 매주 일요일은 쉰다.

● 책다방 후마니타스 cafe.naver.com/bookdabang
출판사 후마니타스에서 운영하는 북카페 책다방이다. 이곳은 북카페 한쪽에 출판사 직
원이 근무하고 있으며, 책의 출판에 관한 일을 진행하고 있다. 후마니타스에서 출판한
책을 비치하고 있으며, 조용한 곳에서 집중해서 일을 하거나 공부를 하는 사람이 많다.

● 나와 나타샤와 흰 당나귀
다산북스에서 운영하는 북카페다. 홈페이지에서는 다양한 이벤트를 소개하고, 독자와
소통하기 위한 공간으로 매일 출판사 소식을 알리고 있다. 백석 시의 제목을 카페 이름
으로 했으며 넓은 공간에서 다양한 종류의 책을 볼 수 있다.

● 문학동네 카페 꼼마 cafe.naver.com/mhdn
출판사 문학동네에서 운영하는 북카페다. 카페 꼼마는 1page인 1호점이 있고, 2page
인 2호점도 있다. 그중 홍대 주차장에 있는 1page는 14단 책장이 벽면 전체에 있으며
다양한 책이 마련되어 있다. 또한 문학동네에서 출간한 세계문학전집과 청소년 도서를
입구에 비치하고 있어 연령에 상관없이 와서 책을 둘러볼 수 있다.

(4) 인천

1. 중국인거리를 따라 걷다, 인천 근대 문학 탐방

근대 개항기 자국의 권익 보호와 통상 확대를 위해 청나라는 선린동 일대를 그들의 집단 거주지로 삼았는데 그때 생긴 것이 지금의 차이나타운이다. 오정희의 《중국인 거리》는 바로 이 중국인 거리에서 사춘기를 보내는 한 소녀의 이야기로 작가 오정희의 어린 시절을 담고 있다. 소설 속 배경지를 찾아가며 1950년대 인천의 모습을 되돌아보고, 인천개항장근대건축전시관, 인천한국근대최초사박물관 등 다양한 문화 체험을 해 본다.

(1) 주제 : 길목의 도시 인천, 그 길을 따라 걷다

(2) 주제 도서: 오정희 《중국인 거리》

《중국인 거리》 6.25 피난살이 도중에 인천으로 이주해 와 중국인 거리 속에 살게 된 한 소녀의 눈을 통하여, 전쟁이 가져온 비극상을 그려 보이고 있습니다. 흑인 병사와 국제결혼을 꿈꾸던 양공주의 죽음과, "난 커서 양갈보가 될 테야."라고 서슴없이 이야기하는 어린 소녀들의 슬픈 감수성을 통해 전쟁이 낳은 비극과 그것이 어린 영혼에 준 상처를 날카로움을 동반한 담담한 어조로 표현한 성장소설입니다.

(3) 탐방 코스

인천역 → 중국풍의 2층 상점 → 해안성당 → 한중문화원 → 중국식 목조 건물 → 주인공이 바라본 거리의 집 → 인천개항장근대건축전시관 → 제물포 구락부를 통해 자유공원 → 삼국지 거리 → 최종 집결지: 자장면집

(4) 이렇게 따라가 봐요!

■ 출발지 인천역에서
① 미션 수행 방법과 주의사항 오리엔테이션
② 모둠 선정과 모둠장 등 역할 확인하기
③ 준비물 체크-탐방 지도와 미션 수행지(책 속 구절) 배부, 디지털 카메라

활동 1. 주인공 '나'가 바라본 중국인 거리- 중국풍의 2층 상점에서
① 소설 내용(전개): 중국인 거리의 낯선 풍경에 대한 인상과 생활 소개
② 미션 장소: 중국풍 2층 상점(잡화점)
③ 미션 내용: 중국풍 잡화점의 보물을 찾아라!

> 중국풍의 잡화점에 대한 소설 속 구절을 읽고 구절에 묘사된 보물(물건)을 찾아 사진 찍기
> 보물 1-중국차, 구슬, 폭죽 등 찾아 사진 찍기
> 보물 2-손가락으로 콕 찌르면 푹 꺼지는 중국식 빵······ (   )
> 보물 3-중국 남송 시대부터 전해지는 과자로, 음력 8월 15일에 둥근 달의 모양을 상징해서 만든다. 밤·수박·배·감 등 둥근 과일과 함께 달에게 바쳤으며, 가까운 이웃과 나누어 먹고 행복을 빌어 주는 관습이 있었다.(포춘쿠키)

④ 미션 구절:

> "길을 사이에 두고 각각 여남은 채씩 늘어선 같은 모양의 목조 이층집들은 우리 집을 마지막으로 갑자기 끝났다. 그리고 우리 집에서부터 완만한 경사로 이루어진 언덕이 시작되었는데 그 언덕에는 바랜 잉크 빛깔이나 흰색 페인트로 벽을 칠한 커다란 이층집들이 길을 사이에 두고 나란히 마주 보고 서 있었다. 우리 집 앞을 지나는 길은 언덕으로 이어져 있고 언덕이 시작되는 첫째 집은 거의 우리 집과 이웃해 있었다. 그러나 넓은 벽에 비해 지나치게 작은, 창문이나 출입문이라고 볼 수 있는 문들은 모두 나무 덧문이 완강하게 닫혀져 있어 필시 빈집이거나 창고이리라는 느낌이 짙었다."-20쪽
> "푸줏간에 잇대어 후추나 흑설탕, 근으로 달아 주는 중국차 따위를 파는 잡화점이 있었다. 이 거리에 있는 단 하나의 중국인 가게였다. 우리 동네 사람들은 가끔 돼지고기를 사러 푸줏간에 갈 뿐 잡화점에는 가지 않았다. 우리에게는 옷이나 신발에 다는 장식용 구슬, 염색 물감, 폭죽 놀이에 쓰이는 화약 따위가 필요치 않았기 때문이었다."-25쪽

활동 2. 주인공 '나'가 바라본 중국인 거리 1- 중국식 목조 건물
① 소설 내용(발단): '나'는 아버지의 일자리를 따라 중국인 거리로 이사한다.
② 미션 장소: 중국식 목조 건물 거리
③ 미션 내용:

> 전쟁 직후 1950년대의 어린이가 되어 놀아라!
> 중국식 집들이 늘어선 골목에서 소설의 배경인 1950년대 어린이들의 놀이를 재현해 사진 찍기. (공기놀이, 제기차기 등의 전통 놀이도 가능, TIP 참고할 것!)
>
> 중국식 건축물의 특징을 찾아라!(미션 단서 참고)
> 청일조계지 경계 계단(공자상 올라가는 계단)을 중심으로 중국식(청국)과 일본식 건축물이 늘어서 있다. 건축물을 잘 살펴보고 차이점을 5개 이상 찾고, 두 나라의 문화를 느껴 보자.

④ 미션 TIP: 주인공 '나'가 친구들과 함께했던, 1950년대 어린이들의 놀이 문화

> 우리는 밀껌으로 푸우푸우 풍선을 만들거나 치목 사이에 깔린 잔돌로 비사치기(비석치기)를 하거나 전날 자석을 만들기 위해 선로 위에 얹어 놓았던 못을 찾으면서 화차가 닿기를 기다렸다.-10쪽

활동 3. 중국 문화 체험-한중문화원
① 미션 장소: 한중문화원
② 미션 내용: 소설 속 인물의 성격 이해하기 & 중국 문화 체험하기
③ 미션 TIP: 등장인물의 성격

> 나: 소설의 화자인 열두 살의 소녀. 이주한 중국인 거리를 배경으로 성장의 아픔을 겪음.
> 치옥: 나의 '급우'. 의붓 자식이며 매기 언니의 동생
> 매기 언니: 양공주. 동거하던 흑인 병사에 의해 죽임을 당함
> 어머니: 기계적으로 아이를 여덟이나 낳는 인물. 아이를 낳아 보지 못한 할머니와 상반된 상황에 처하게 되는 인물로, 여자의 삶을 표현한 인물

④ 미션 내용: 소설 속 인물(나, 치옥, 매기 언니, 중국인 남자, 엄마)이 되어라!
- 중국문화원에 비치된 의상을 활용해 인물의 캐릭터를 설정해 사진 찍기
- 내가 가장 공감이 가는 인물이나 마음에 드는 인물을 선택하여 특징과 선택 이유를 정리해 본다.

활동 4. 근대개항장건축물전시관
① 해설사 선생님의 설명을 들으며 전시관을 둘러보고 내용을 정리한다.
1. 소도입부-개항 당시 인천항의 모습 둘러보기
2. 제물포가 열리다-개항 당시 시대 상황
3. 개항기, 중구의 모습을 보다-중구의 근대 건축물 정리하기
   – 현존하는 근대 건축물을 모두 적어라
   – 소실된 근대 건축물 적고, 소실 이유를 찾아 적어라.
② 탁본 떠오기 & 포토존에서 사진 찍고 쉬면서 지도 확인

활동 5. 제물포 구락부를 거쳐 자유공원
① 소설 내용(위기): 치옥의 집에 놀러간 '나'는 건너편 집에서 자신을 쳐다보는 창백한 중국 청년의 얼굴과 마주치고 슬픔을 느낀다.
② 미션 장소: 자유공원 올라가는 길(제물포 구락부), 자유공원
③ 미션 내용:

제물포 구락부를 찾아라! 구락부란 영어를 한자식으로 표기한 것이다. 어떤 영어에서 온 것일까? 이곳이 서양 사람들의 사교(   )이었다는 것을 생각하면서 적당한 영어를 찾아 넣어라.

제물포 구락부의 모습을 그려라!-제물포 구락부를 둘러보고, 구조도 그리기.

제물포 구락부에서 자유공원으로 올라가는 계단 수를 맞혀라!
□□ + □□ + □□ = (   )

자유공원 광장에서 소설 읽으며 인천항을 보기!
광장 전망대에서 바다를 바라보자. 인천이 항구라는 것을 새삼 느낄 수 있다. 인천항을 바라보면 멋진 바다와 정박해 있는 배들 사이로 신문사 건물이 보인다. 무엇인지 맞혀 보고, 인천항을 배경으로 멋지게 단체 사진을 찍어 보자.
– 인천항에서 바로 보이는 신문사 이름은?
– 자유공원에 있는 인천을 상징하는 캐릭터의 이름은? (3개)

④ 미션 구절:

"해가 지고 있었으므로 우리는 공원으로 가기로 했다. 여느 때 같으면 한없이 올라가는 공원의 층계에 엎드려 층계를 올라가는 양갈보들의 치마 밑을 들여다보며, 고래 힘줄로 심을 넣어 바구니처럼 둥글게 부풀린 패티코트 속이 온통 맨다리뿐이라는 데 탄성을 지르거나 혹은 풀섶에 질펀히 앉아서 "도라보는 발거름마다 눈무울 젖은 내애 처엉춘, 한마아는 과거사를 도리켜 보올 때에 아아

산타마리아의 종이이 우울리인다." 따위 늙은 창부 타령을 찢어지게 불러 대었
을 텐데 우리는 묵묵히 하늘 끝까지라도 이어질 것 같은 층계를 하나씩 올라갔
다.-39쪽

활동 6. 삼국지벽화거리
① 삼국지 벽화 중 마음에 와 닿는 사자성어와 고사를 찾아 사진 사진 찍기
② 스피드 퀴즈!(교사 진행)

■ **최종 집결지: 점심 식사 장소**
마지막 지령 예시:
핸드폰에 전송된 사진의 장소를 찾아오시오. 또는 그곳과 관련된 쉬운 문제를 낸다.

■ **정리 미션: "우리가 만드는 중국인 거리"**
소설 속 구절(미션 수행지)를 모둠원끼리 순서를 배열하여 이야기 만들기

2. 배다리 헌책방 골목길 기행, 《괭이부리말 아이들》 문학 탐방

오래된 책방에서 풍겨 오는 묵은 종이 냄새, 오래된 집터에서 전해 오는 흙 냄새, 정겨운 사람 냄새가 가득한 그곳은 소설《괭이부리말 아이들》속의 모습과 닮아 있다. 먼저, 아이들과 함께 소설《괭이부리말 아이들》을 읽고 배다리 일대를 함께 따라 거닐어 본다. 배다리 헌책방 골목에는 헌책방뿐만 아니라 문화 공간, 작은 도서관, 시다락방, 인천작가회의 등 다양한 문화 체험 공간이 있다. 그리고 그 부근에는 1960~70년대 달동네 모습을 그대로 재현해 놓은 수도국산달동네박물관이 있다. 이곳에서 소설《괭이부리말 아이들》속 장면을 재현해 본다.

(1) 주제: 삶을 닮은 길이 있는 곳, 배다리 골목길 기행

(2) 주제 도서: 김중미《괭이부리말 아이들》
《괭이부리말 아이들》 인천 만석동 달동네의 별칭인 괭이부리말을 배경으로 서로 위로하고 의지하며 꿋꿋하게 성장해 나가는 아이들의 모습을 그리고 있다. 6·25 전쟁 직후 가난한 피난민들이 모여 살면서 만들어진 이 동네는 인천에서 가장 오래된 빈민 지역이다. 지은이는 자신의 경험을 생생하게 살려, 초등학교 5학년인 숙희와 숙자 쌍둥이 자매를 중심으로 가난한 달동네의 구석구석을 착실하게 그려 나간다.

(3) 탐방 코스:
국철 1호선 도원역 → 문화 공방 ‘반지하’ → 배다리헌책방골목(스페이스 빔, 시다락방,) → 수도국산달동네박물관 → 화평동 냉면골목

● 퍼포먼스 ‘반지하’
문화 예술 운동의 관점에서 마을 바라보기. 마을 카페 둘러보고 ‘마을 사진 엽서’ 만들기(인천 골목길 사진)

● 배다리헌책방골목
헌책방 둘러보고 오래된 책 찾기, 마음에 드는 책 찾기

● 스페이스 빔
전시 둘러보기

● 시다락방(시가 있는 작은 책 길)
내가 고른 아름다운 시 낭송

● 수도국산달동네박물관
소설《괭이부리말 아이들》재현 사진 찍기

(4) 이렇게 따라가 봐요!

■ **전체 활동 1. 문화 공방 '반지하' 마을 카페 〈기억과 새로움의 풍경〉**
주민들의 생활 지원 정보 제공 및 지역 생활에 필요한 정보 나눔과 생활에 필요한
이야기들을 나누기 위하여 2008년 활동가들이 손수 공사하여 만들었다. 마을 영상
및 마을 이야기들을 기록한 자가 출판 서적들을 비치해 두었다.(사람들이 보다 더불
어 살기 위한 사랑방을 함께 가꾼다고 생각하며 자율적으로 잘 이용해 주세요.)

① 배다리 문화예술마을에 대하여 강연 (20분)
밀어붙이기식 개발에 맞서 문화 예술의 관점에서 마을을 바라보고 그 문화를 지켜
가는 사람들의 이야기를 들으면서 배다리를 바라보는 나의 관점 갖기

② '마을 카페' 둘러보고 '마을 사진 엽서' 만들기(인천 골목길 사진 찍기)
인천 골목길 사진으로 만든 마을 사진 엽서를 보고, 앞으로 탐방 활동 동안 '나만의
골목길 사진 엽서' 만들기 구상을 한다.

■ **전체 활동 2. 배다리 헌책방 골목에서**
스페이스 빔은 지난 1995년 '지역미술연구모임'으로 출발하여 스터디 진행 및 미술
전문지 발간, 전시 기획 등의 활동을 벌여 오던 중 2007년 9월 근대 인천의 역사와
문화가 서려 있는 동구 창영동 배다리 옛 인천 양조장 건물로 이전, 지역의 현안을
공유하고 지역의 문맥을 고려한 다각적 활동을 벌이고 있다.

① 문화 예술 전시 공간 '스페이스 빔'을 둘러보고 인상적인 공간을 적고, 이유를 적
어 보자.

____

____

② 헌책방 아벨서점에서 헌책들을 둘러보고 가장 오래된 책을 찾아라!

③ 헌책방 아벨서점에서 '주제'를 뽑아서 '나만의 헌책 목록'을 작성하라!

■ **모둠별 활동 1. 문화 공간 인터뷰 게임(시다락방)**

시다락방 '시가 있는 작은 책 길'에서
– 시집을 읽어 보고 '내가 고른 아름다운 시 낭송회'를 주제로 시 낭송을 하라!

■ **모둠별 활동 2. 소설 속 장면 재현하기(수도국산달동네박물관)**
소설《괭이부리말 아이들》의 장면을 골라 재현 사진을 찍어라!

(5) 미리 알고 떠나요!

● 인천 도심의 걷기 좋은 골목길
배다리 일대 이외에 《괭이부리말 아이들》의 배경으로 알려진 만석동 일대도 인천의 대
표적인 달동네이다. 좁은 골목을 사이에 두고 어깨를 맞댄 키 낮은 집들이 눈길을 끄는
곳으로 현재 개발로 몸살을 앓고 있다. 이것은 강경애의 《인간 문제》의 무대이기도 하
다. 그런가 하면 인천 중앙동과 관동, 해안동 일대에는 '근대건축물거리'라는 이름이 붙
을 정도로 고딕 르네상스 양식의 건축물이 많은 곳이다.

● 인천광역시 동구 홈페이지 www.icdonggu.go.kr

● 인천광역시 중구 홈페이지 www.icjg.go.kr

● 수도국산달동네박물관 www.icdonggu.go.kr/museum, ☎ 032-770-6131
인천의 대표적인 달동네인 수도국산 일대의 1960~70년대 모습을 그대로 재현해 놓은
곳으로 다양한 구경거리와 활동거리가 있다.
개간 시간: 09:00~18:00
휴관: 월요일, 1월 1일, 설날 및 추석날 당일
관람료: 어른 1,000원, 청소년 700원, 어린이 500원

● 아벨전시관(아벨서점) ☎ 032-766-9523
배다리 헌책방 거리 중앙에 있는 아벨 헌책방 옆에 마련한 문화 공간으로 1층은 인천
골목길 사진과 인천 책 등 전시 공간이며 2층은 시다락방이다. 시다락방에서는 매월
마지막 토요일 오후 2시 시인과 함께하는 시 낭송회를 연다.

● 퍼포먼스 반지하 vanziha.net/zbxe/home
'공존을 위한 공공 문화 표현 집단'인 반지하는 2001년부터 인천을 중심으로 소외되고
가난한 동네를 찾아 교육, 문화 운동을 해 왔다. 사진, 글 등의 다양한 프레임으로 동네
를 기록하는 동시에 주민 교육 프로그램을 마련하고 퍼포먼스를 벌임으로써 동네 문화
를 만드는 데 참여하고 있다.

(6) 주변에 이런 곳도 있어요!

● 화평동 냉면골목
양 많고 값싸기로 유명한 화평동 냉면은 세숫대야만한 큰 그릇에 냉면을 담아 주는 '세
숫대야' 냉면으로 유명한데, 현재 10여 곳의 냉면집이 모여 있다.

● 만석동 쭈꾸미거리

만석 부두와 북성 부두가 가까워 생겨난 주꾸미거리는 중구와 동구를 연결하던 건널목
자리 고가교가 생기며 자연적으로 생겨난 특색 음식 거리이다. 약한 불에 데쳐 회고추
장에 먹는 방법과 전골로 끓이는 조리법이 대표적이다.

● 송현동 순대골목거리

1960년대 수문통 시장이 개장된 이후 항만과 공장에서 일하는 노동자들이 부담 없이
끼니를 챙겨먹을 수 있도록 순대국밥 집이 하나둘씩 늘어나 지금의 순대 골목이 형성되
었다. 진한 국물 맛과 쫄깃쫄깃한 고기 맛이 일품이다.

● 즐길거리-축제

배다리헌책방골목 일대에서 매년 5월 '배다리문화축전'이 열린다. 1960~70년대 시대
상을 엿볼 수 있는 이색적인 문화 축제로 헌책방 축제, 작가 초청 강연, 배다리 영화제,
도서 교환전 등 다양한 행사가 운영된다.
문의 배다리문화축전조직위원회 www.vaedari.net, ☎ 032-764-2669

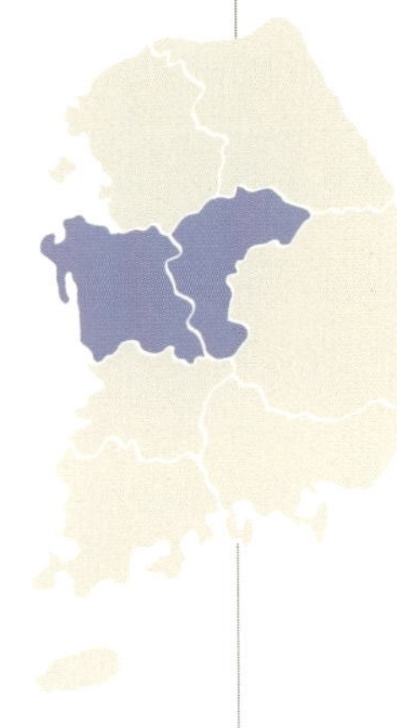

1. 향수로 피어난 옥천, 정지용 문학 탐방

충청북도 옥천군은 정지용의 고향답게 그의 발자취를 기념하는 것은 물론, 그의 시 세계를 이어받아 새로운 문화 공간으로 태어나기 위한 다양한 기회를 제공하고 있다. 정지용 생가는 초가로 곱게 복원되어 21세기를 사는 도시인들에게 잊힌 고향의 정취를 느끼게 해 주고, 정지용문학관에서는 그의 아름다운 작품 세계를 감상하는 시간을 가질 수 있다. 시가 있는 거리를 거닐면 옥천 사람들이 정지용을 얼마나 사랑하는지를 느낄 수 있고, 향수 30리 멋진 신세계에서는 새로운 문화 공간으로 부활한 그의 시 세계를 만끽할 수 있다.

(1) 주제: 정지용의 향수로 다시 피어난 옥천

(2) 주제 도서: 정지용《정지용 시집》

《정지용 시집》 1988년 해금되기 전 40년간이나 만날 수 없었던 정지용의 아름다운 시들이 담겨 있다. 작품을 한 편씩 곰삭혀 읽어 보면, 정지용 시인의 놀라운 언어 구사력에 혀를 내두르게 된다. 적확한 묘사력과 이미지스트로서 언어 감각이 탁월함을 느낄 수 있다. 〈유리창 1〉이나 〈향수〉와 같이 잘 알려진 작품 외에도 우리말 구사에 뛰어났던 그의 감각과 섬세한 작품 세계를 확인할 수 있다.

(3) 탐방 코스:
정지용 생가 → 정지용문학관 → 시가 있는 거리 → 향수 30리-멋진 신세계

● 정지용 생가

● 정지용문학관 관람

문학 전시실 – 지용 연보, 지용의 삶과 문학, 문학 지도, 시·산문집 초간본
문학 체험실 – 손으로 느끼는 시, 영상 시화, 향수 영상, 시 낭송 체험실

● 시가 있는 거리 거닐기

● 향수 30리–멋진 신세계
건축가, 디자이너, 아티스트, 문학인 등의 각종 조형물과 건축 감상하기, 아트북 만들기, 시계 만들기, 천가방 만들기 등의 상상 공방과 화분 만들기, 작은 장승 만들기, 연필 만들기 등의 쭉정 공방에서 체험활동하기

(4) 이렇게 따라가 봐요!

■ **정지용문학관 탐방하기**

① 이제부터 그의 삶을 샅샅이 해부해 보자. 정지용 연보와 삶과 문학을 살펴보고, 정지용 시인의 인생에서 가장 큰 사건 세 가지를 골라 그의 삶을 이해해 보자.
1위 ____
2위 ____
3위 ____

② '손으로 느끼는 시'와 '영상 시화'를 체험하면서 가장 마음에 드는 시를 골라 그 구절을 적어 와라! 그 구절로 예쁜 시화 엽서를 만들어 보자.

★ 내 마음에 꽂힌 시
제목 ____
이유 ____

③ 〈향수〉는 우리말을 아름답게 구사한 시 자체로도 사랑을 받았지만, 성악가와 대중 가수가 불러서 더욱 유명해졌다. '향수 영상'에 흐르는 가곡 〈향수〉를 들으며 시의 빈칸을 채워서 완성해 보자!

　　넓은 벌 동쪽 끝으로
　　○○○○ 지줄대는 실개천이 휘돌아 나가고,
　　얼룩백이 황소가 / 해설피 ○○ 게으른 울음을 우는 곳,
　　--- 그곳이 참하 꿈엔들 잊힐리야.

○○○에 재가 식어지면 / 뷔인 밭에 밤바람 소리 말을 달리고
엷은 졸음에 겨운 늙으신 ○○○가
짚벼개를 돋아 고이시는 곳
--- 그곳이 참하 꿈엔들 잊힐리야.

흙에서 자란 내 마음 / 파아란 ○○○이 그립어
함부로 쏜 ○○을 찾으려
풀섶 이슬에 함추름 휘적시던 곳,
--- 그곳이 참하 꿈엔들 잊힐리야.

전설 바다에 춤추는 밤물결 같은
검은 귀밑머리 날리는 ○○○○와
아무렇지도 않고 예쁠것도 없는
사철 발 벗은 ○○가 / 따가운 햇살을 등에 지고 이삭 줏던 곳,
--- 그곳이 참하 꿈엔들 잊힐리야.

■ **시가 있는 거리 거닐기**

정지용 생가가 있는 구읍 거리를 천천히 거닐다 보면 정지용의 아름다운 시구절과 아기자기한 그림으로 만들어진 가게의 간판들이 펼쳐진다. 도시의 판에 박힌 간판과 달리 시가 함께 있는 간판들을 감상하다 보면, 이곳의 사람들 역시 맑고 순수한 시의 가슴을 가졌으리라는 생각에 잠기게 된다. 천천히 여유 있게 거리를 거닐어 보자.

① 정지용의 시가 적혀 있는 낭만적인 간판들을 살펴보면서 가장 마음에 드는 간판 3개를 골라 사진을 찍고, 그 구절을 적어 오자!

1 ____
2 ____
3 ____

② 낭독의 발견

시가 있는 거리에서 마음에 드는 시구절을 골라 시 낭송을 하고 UCC로 담기

(5) 미리 알고 떠나요!

● 충청북도 옥천군 문화 관광 홈페이지 tour.oc.go.kr/html/tour
정지용 문학 기행에 관한 내용은 물론 옥천군의 문화와 관광에 대한 안내 및 추천 코스
와 지역 축제, 농촌 체험 등에 대한 상세한 정보를 얻을 수 있다.

● 정지용문학관 jiyong.or.kr, ☎ 043-730-3588
한국 현대시의 선구자 정지용 시인의 문학 세계를 이해하고 문학 정신을 전승 보전하기
위해 설립되었다. 문학전시실, 영상실, 문학 교실로 구성되어 있다. 문학관에 들어서면
정지용의 일대기를 영상으로 보여 주어 당시 시대적 상황과 한국 문학사 속에서 펼쳐진
파란만장한 그의 삶을 알게 해 준다.
개관 시간: 09:00~18:00
휴관: 월요일, 1월 1일, 설·추석 당일

● 지용제
매년 5월이면 정지용의 삶의 향기를 더욱 가까이 느끼며 그의 문학을 접하고 이야기할
수 있는 옥천의 문학 축제인 지용제가 열린다.

행사명	세부 행사명
문학 행사	지용제 개막식, 지용 문학상 시상, 지용 신인 문학상 시상, 전국 지용 백일장, 지용 문학 포럼, 가족 시 낭송회, 문학 워크숍, 낭독의 발견
공연 및 이벤트 행사	詩가 있는 향수 음악회, 학생 사생 대회, 터열림 기획 공연, 지용 문화 공연, 생가 방문 행사, 장계리 멋진 신세계 방문 행사, 불꽃놀이, 에코 레일, 금강 MTB 향수 100리 라이딩《자전거 문학 관광 열차》
전시 행사	전국 향수 사진 공모전, 향수 사진 동호회 회원전, 지용회전, 옥천군 공예품 전시회
특별 행사	지용 사이버 퀴즈 행사, 지용 시 외워 보기 이벤트, 가족 건강 체크, 수지침·서금 요법 진료, 전통 다도 시연회, 길거리 연주회
체험 행사	가훈 써 주기, 전통 악기, 도자기 만들기, 종이 접기, 판화 찍기, 동물 농장 체험

● 향수 30리-멋진 신세계 모단 스쿨 카페 cafe.naver.com/modanschool
"멋진 신세계"는 충북 옥천의 구읍에서 장계 관광지를 잇는 아트 벨트 30리 길을 이르
는 말로 정지용의 시정 세계를 공간적으로 해석한 공공 예술 프로젝트이다. 주차장을
개조해 시인의 원고지를 연상케 하는 모단 광장을 조성하고, 오픈 갤러리 및 놀이기구
조형물, 대청호의 자연을 배경으로 주옥 같은 시를 감상할 수 있는 '일곱 걸음 산책로'
등의 작품이 만들어졌다. 또한 장계 유원지 내 버려진 건물을 '카페 프란스', '모단 스쿨'
로 프로그래밍하여 사람들이 즐겨 찾는 공간으로 조성하였다.

2. 서동 설화와 함께 찾아가는 백제 문학 탐방

　충남 부여는 백제 문화의 중심지로서 백제 문화의 정수를 보여 주는 역사 유적지가 있으며, 부여의 특화된 도서관인 부여 도서관을 통해 백제의 역사를 찾아볼 수 있다. 고려 시대 문학의 향기를 맛볼 수 있는 무왕과 선화공주의 사랑 이야기가 새겨진 서동요비가 있고, 근대 대표 시인인 신동엽 시인을 만날 수 있다.

　(1) 주제: 서동 설화와 함께 찾아가는 백제 문학 탐방

　(2) 주제 도서:《서동요》, 신동엽 시집《껍데기는 가라》

《서동요》 책의 1부에서는 '견훤 설화', '지귀 설화'를 비롯하여 '제 복에 사는 막내딸 이야기', '제주도 가믄장 아기 이야기', '못을 메워 절을 지은 이야기' 등 구전으로 전해 오는 설화와 〈서동요〉를 비교하면서 이야기를 들려주듯 상세하게 풀이한다. 2부에는 미륵사, 연동리 석불좌상, 태봉사 삼존석불, 마룡지와 오금산, 왕궁리 석탑, 낙화암, 고란사, 정림사지 오층 석탑, 조룡대, 궁남지, 대조사와 미륵석불, 은산별신제, 곰나루 등의 백제 유적에 얽힌 설화가 소개되어 있다.

　(3) 탐방 코스:
궁남지 → 서동공원(서동요비) → 정림사지 → 신동엽 생가 → 부여도서관

(4) 이렇게 따라가 봐요!

■ **궁남지에서(서동공원)**
부소산 남쪽의 들판을 가로질러 만나는 곳이 궁남지다. 선화 공주와 마동의 이야기
로 잘 알려진 무왕 시절에 만들었는데 현존하는 우리나라 최초의 인공 못이라고 한
다. 궁남지를 둘러싸고 있는 연밭에 연꽃이 피는 7월에는 이곳에서 정원 축제와 서
동 연꽃 축제가 열린다.

■ **서동과 천년 사랑 만나기**
활동 1. 작품 뒤에 어떤 사랑의 이야기가 감추어져 있을지 상상하며 작품(서동요)을
읽고 상상한 이야기를 써 보자.

> 선화 공주님은
> 남 몰래 시집 가 두고
> 맛둥 도련님을
> 밤에 몰래 안으러 간다네

활동 2. 서동의 행동을 차례대로 정리해 보기
배경 설화를 참고하여 '서동요'에 담긴 소문의 내용을 재현 사진 찍기

■ **서동 설화 상상 놀이 체험하기**
서동이 노래를 통해 자기의 사랑을 이루려 한 이유에 대해 생각해 보고 자신이 서
동이 되었다고 생각하고 선화 공주에게 바치는 편지나 노래를 써 보자.

(5) 미리 알고 떠나요!

● 부여 문화관광 홈페이지 www.buyeotour.net

● 백제 문화 단지 www.bhm.or.kr/html/kr
백제 문화 단지는, 충청남도 부여군 규암면 합정리에 위치하고 있으며 공공시설인 사비
성(왕궁, 생활 문화 마을 등), 백제역사문화관, 한국전통문화학교가 있다.
백제 문화 단지는, 국내 최초로 삼국시대 백제 왕궁을 재현한 곳이다. 왕궁/사찰의 하
앙(下昻)식 구조와 청아하고 은은한 단청은 백제 시대의 대표적인 건축 양식인데 사비
성의 모든 건물마다 백제 시대 유적과 유물에 근거해 사실적으로 재현했다.

● 부여문화원 buyeo.cult21.or.kr
백제는 170점의 지정 문화재와 577곳의 문화 유적지가 있고 수많은 문화 예술인을 배
출한 곳이다. 백제 문화와 관련된 다양한 사업을 전개하고 있다.

● 국립부여박물관 buyeo.museum.go.kr
1929년 부여고적보존회(扶餘古蹟保存會)가 발족되어 옛 객사 건물에 백제관(百濟館)
을 개관하면서 박물관으로 발전하였다. 1939년 4월 일제 총독부 박물관 부여분관(扶
餘分館)이 되고, 1945년 8·15 광복과 함께 한국의 국립박물관 부여분관이 되었다.
1975년 국립부여박물관으로 승격하고, 1993년 8월 현재의 건물로 이전하였다. 2002
년 1월 현재 13,000여 점의 유물을 소장하였으며, 그중 1,000여 점의 유물을 전시하
고 있다. 매년 유물 관련 조사 보고서와 학술 자료를 간행·배포하며, 성인 문화 강좌·
청소년 문화 학교·모범 장병 유적 답사·어머니 박물관 교실 등의 사회 교육 프로그램
을 운영하고 있다. 주소는 충청남도 부여군 부여읍 금성로 5이다.
개관 시간: 하절기 09:00~18:00, 동절기 09:00~17:00
휴관: 월요일, 1월 1일

● 부여도서관 www.bylib.go.kr
백제의 정신과 전통 문화 자료를 보유하고 있는 백제 자료 특화 도서관이다. 백제 자료
실은 1999년 문화관광부로부터 지정되어 2000년도 개실하였다. 국내외 백제 관련 자
료 4,500점을 수집하여 보유하고 있으며 열람만 가능하다. 이용 시간은 오전 9시부터
오후 5시까지이다.

3. 어리석은 자의 우직함이 세상을 바꿔 갑니다, 단양 문학 기행

단양은 백두대간의 첩첩 산자락을 품은 강과 호수의 고장이다. 계곡을
끼고 흐르는 길은 어머니 품처럼 아득하기만 하다. 높은 산과 큰 강줄기가
만들어 내는 단양팔경길을 따라가며 온달과 평강 공주의 이야기를 되새겨
보자.

(1) 주제: 어리석은 자의 우직함이 세상을 바꿔 갑니다

(2) 주제 도서: 신영복《나무야 나무야》,《삼국사기》,〈온달과 평강 공주〉
《나무야 나무야》 이 책은 신영복 선생이 단절의 공간으로부터 벗어난 지 8년 만에 선
보이는 사색의 글 모음이다. 역사와 현실이 살아 숨 쉬는 이 땅 곳곳을 직접 발로 밟으
면서 적어 간 25편의 글은, 우리의 삶에 대한 따뜻한 관조, 사회와 역사를 읽는 진지한
성찰로 가득 차 있다.

《삼국사기三國史記》 1145년(고려 인종 23년) 김부식 등이 인종의 명을 받아 편찬한
관찬 사서로 고구려, 백제, 신라 삼국의 역사를 기록하고 있다. 삼국은 모두 역사를 기
록하였고, 고려 시대에 들어와 이를 바탕으로《구삼국사舊三國史》가 편찬되었으나 모
두 없어지고 현재 전하지 않는다.

(3) 탐방 코스:

충주호 → 도담삼봉 → 온달산성 → 온달동굴 관람 → 온달 관광지

● 충주호
충주호는 국내 호수 중 가장 맑고 큰 규모를 자랑한다. 충주 호반길을 따라 굽이굽이
따라가다 보면 청아한 산과 호수의 조화를 맛볼 수 있다.

● 도담삼봉
 단양팔경 중 1경으로 손꼽히는 도담삼봉은 정도전의 유년 시절 벗이자 퇴계 이황의 시
심을 흔들어 놓은 명승지이다. 이곳에 얽힌 설화를 찾아 이야기를 나누거나 이황의 시
를 읊으면서 운치를 느껴 본다.

● 온달산성
온달산성은 영토 확장 경쟁이 치열했던 삼국시대에 한강을 차지하기 위하여 고구려와

신라가 치열한 전투를 했던 곳으로 고구려 평원왕의 사위 온달 장군의 무용담과 함께
평강 공주와의 사랑 이야기를 전하고 있다.

● 온달 관광지

온달산성의 아래에는 온달 동굴과 더불어 온달 관광지가 조성되어 있다. 온달 관광지는
온달과 평강을 주제로 한 테마 공원과 잔디 광장, 야외 무대와 온달과 평강의 사랑 이야
기를 엿볼 수 있는 온달관, 향토음식점, 토산품 판매점 등 다양한 테마의 관광시설이 조
성되어 있다. 관광지 내에 조성된 단양 오픈 세트장(드라마 촬영 세트장)은 〈태왕사신
기〉와 〈연개소문〉 촬영지로 유명한 곳으로 세트장 내에는 〈태왕사신기〉와 〈연개소문〉
에 사용되었던 소품들이 함께 전시되어 있으며, 모형으로 제작된 드라마 속 등장인물과
의 사진 촬영도 가능하다.

(4) 미리 알고 떠나요!

● 단양군 문화관광 홈페이지(온달 관광지 소개) tour.dy21.net

단양에서 영춘면으로 가는 길은 내내 남한강을 끼고 달리며, 때로는 강가에 기암절벽이
시선을 압도하기도 하는 대단히 수려한 드라이브 코스이다. 영춘면으로 들어서는 길목
에서 방향을 틀어 구인사로 향하다 보면 거대한 기와의 물결이 화려한 온달 관광지 입
구에 오른다. 이곳은 고구려의 명장 온달 장군과 평강 공주의 전설을 테마로 한 온달 전
시관을 비롯하여 온달산성, 온달동굴 등 명승지를 모아 놓은 곳이다. 입구에 들어서면
가장 먼저 떡 벌어진 풍채를 자랑하는 드라마 세트장이 눈길을 끈다.
이곳에서는 SBS 드라마 〈연개소문〉과 MBC 드라마 〈태왕사신기〉, KBS의 〈바람의 나
라〉와 〈천추태후〉까지 드라마 대작들이 연이어 탄생하기도 했다. 가이드라인을 따라 안
으로 들어서면 여기저기 드라마 속 인물들의 사진이 생동감 있게 배치되어 있고, 특히,
드라마 촬영 당시 사용된 의상이라던가 소품들을 감상하는 재미도 쏠쏠하다.
중국풍의 이국적인 정원도 다른 곳에서 보기 어려운 볼거리를 제공한다. 고풍스러운 홍
등이 소담스럽게 매달린 복도를 지나 아담한 연못 풍경을 만나고, 무지개처럼 휘어진
다리를 건너 여인네의 치마폭처럼 활짝 기와를 펼친 정원까지 거닐어 보면 현실은 사라
지고 꿈 같은 시간만이 남아 영원히 헤어나오질 못할 황홀감이 느껴진다.
세트장에서 850km를 걸어 오르면 온달산성에 이르게 된다. 972m의 온달산성은 한강
을 차지하기 위한 고구려와 신라의 전투가 치열했던 전적지이기도 하지만 바보 온달과
평강 공주의 전설이 시작된 곳이기도 하다.
온달산성이 있는 성산 기슭 지하에서 약 4억 5천만 년 전부터 생성되어 온 것으로 추
정되는 온달동굴은 주굴과 지굴의 길이가 760m인 석회암 천연 동굴이다. 동굴 안으로
들어서면 오랫동안 동굴 안을 오가던 원시의 바람이 상쾌하게 몸 안으로 밀려들고 신비
로운 자태의 종유석들은 동굴 밖에서는 볼 수 없는 별천지를 이루고 있다.

● 온달문화축제 ondalfestival.or.kr

청명한 가을, 단양에서는 설화 속의 '바보 온달과 평강 공주'가 아닌 역사 속의 온달 장군과 평강 공주를 만날 수 있다. 바보 온달과 평강 공주의 사랑 이야기를 다시 꽃피우기 위해 매년 가을이면 단풍처럼 고운 전설의 축제가 열린다. 온달 장군 진혼제, 온달 장군 선발 대회, 온달 장군 승전 행렬, 온달산성 밟기, 고구려 전통 음식 시연 및 시식 체험, 저자 거리 난장 공연 등 아득한 옛 정취에 흠뻑 젖어 볼 수 있다.

4. 상록수처럼 늘 푸른 삶, 심훈 문학 기행

충남 당진에 있는 '필경사(筆耕舍)'는 붓으로 밭을 일군다는 뜻이다. 일제 강점기 항일 독립 시와 소설의 최고봉을 이룬 심훈 선생이 집필 활동을 한 곳이다. 심훈은 1934년 조선중앙일보에 연재한 장편소설《직녀성》의 원고료를 받아 이 집을 직접 설계했으며, 이곳에서 1935년 장편소설《상록수》를 52일 만에 탈고했다. 이곳을 찾으면 심훈의《그날이 오면》이라는 시가 떠올라 흐트러진 마음을 추스를 수 있게 된다고 한다. 필경사와 붙어 있는 상록수문화관에 전시 중인 심훈의 조그만 책상을 보면 글을 쓰고 싶은 충동이 생길 것 같다.

(1) 주제: 상록수처럼 늘 푸른 삶, 심훈 문학 기행

(2) 주제 도서: 심훈《상록수》,《그날이 오면》

《상록수》심훈의 대표작. 흔히 이광수의 장편《흙》과 더불어 한국 농촌 계몽 소설의 쌍벽을 이루며, 심훈의 작가로서의 문명(文名)을 크게 떨치게 한 대표작이다. 1930년대 당시 지식인의 관념적 농촌 운동과 일제의 경제 침탈사를 고발·비판함으로써, 문학이 취할 수 있는 현실 정세에 대한 직접적인 대응 그리고 극복의 상상력이란 두 가지 요소를 나름의 한계 속에서 실천해 냈고, 대중적으로도 큰 호응을 불러일으킨 작품이다.

(3) 탐방 코스:
필경사 → 상록수문화관 → 소나무숲길 → 상록초등학교 → 한진포구 → 상록탑

● 필경사
《상록수》의 집필 장소로 심훈이 직접 설계하였다. 고택 앞에는 상록수인 측백나무와 향나무가 심겨 있는데 심훈이 집을 지으며 직접 심은 것이다.
심훈은 1932년 서울 생활을 청산하고 그의 아버지가 살고 있는 당진으로 내려왔으며, 독립하여 살고자 이 집을 직접 설계하여 필경사라 이름하였다. 필경사라는 옥호는 시의 제목에서 따온 것이라고《필경사 잡기》라는 글에서 밝히고 있다.
한때 교회로 사용되기도 하였는데, 그의 장조카인 심재영이 다시 사들여 관리하다가 당진시(당시 당진군)에 희사하였다. 한국 농촌 소설의 대표작 중 하나인《상록수》,《영

원의 미소》,《직녀성》 등이 여기에서 집필되었다.

● 상록수문화관
필경사 앞에는 상록수문화관이 있다. 기와집으로 지어져 있으며 심훈의 일대기를 다룬 영상물을 상영하고 심훈 관련 자료들이 잘 정리되어 있어 심훈의 작품 세계를 이해하는 데 도움을 준다. 상록수문화관 앞에는 〈그날이 오면〉 시비가 세워져 있는데 1996년 문인들의 힘으로 건립된 것이다.

● 한진포구
소설 《상록수》에서 채영신이 박동혁을 찾아오던 곳으로 생전에 심훈이 산책 장소로 즐겨 찾았다. 포구 근처에 있는 갯바위들은 박동혁과 채영신이 사랑을 약속했던 장소이기도 하다.

● 상록탑
1976년에 상록수의 늘푸른 정신을 본받자는 의미로 건립되었다. 1930년대 농촌 계몽 운동을 뿌리로 하여 시작된 새마을운동을 활성화시키려는 노력의 결과물이다.

(4) 미리 알고 떠나요!

● 심훈 상록수 기념 사업회 www.ssks.kr

● 심훈상록문화제 www.djsangnok.org
매년 9월말에서 10월 중순 사이에 열리는 당진의 대표적인 문화 예술 축제로 일제강점기에 독립운동에 앞장서며 농촌 계몽 소설인 《상록수》를 지은 심훈을 추모하기 위해 개최하는 축제이다.
농촌 계몽 소설 《상록수》와 애국·애족시 〈그날이 오면〉의 작가 심훈 선생의 정신을 기리고 지역 문화 예술 발전을 꾀하기 위해 열리는 행사는 40개 단위 행사와 21개 체험 등 다양한 즐길 거리를 마련해, 시민 참여형 축제와 문학 행사의 정체성 확립에 중점을 두고 기획됐다. 주요 행사는 심훈 청소년 국악제와 심훈 문학 세계 강연회, 북 콘서트, 금요 음악회, 심훈 전국 시 낭송 대회와 심훈 상록 음악 콩쿠르, 심훈문학상 시상 등 공연이 있는 시와 음악의 밤이 이어진다.

(5) 주변에 이런 곳도 있어요.

● 해가 뜨고 지는 곳, 왜목마을 www.waemok.org

충남 당진군 석문면 교로리에 위치한 왜목마을은 조용하고 한적한 어촌이었는데, 서해안에서 바다 일출을 볼 수 있는 곳으로 알려지면서 갑자기 유명해진 곳이다. 이곳에서 바다 일출을 볼 수 있는 것은 지리적 특성 때문이다.

지도를 보면 당진군이 서해에서 반도처럼 북쪽으로 불쑥 솟아 나와 있는데, 왜목마을이 이 솟아나온 부분의 해안이 동쪽으로 향해 툭 튀어 나와 있어 동해안과 같은 방향으로 되어 있기 때문에 동해안에서와 같은 일출을 볼 수 있다.

특히 일출과 함께 일몰을 함께 볼 수 있다는 것이 매력적이다. 왜목마을 석문산 79m 정상에 올라 바라보는 일출의 모습은 또다른 느낌을 준다.

충남의 장고항 용무치와 경기도 화성군 국화도를 사이에 두고 시기별로 위치가 바뀌면서 일출과 월출이 이루어지고 있다. 일몰은 충남 당진군 석문면 대난지도와 소난지도 사이의 비경도를 중심으로 이루어지고 있다. 왜목마을의 일출은 동해의 일출과는 차이를 보이는데 동해안은 장엄하고 화려한 반면 서해의 일출은 소박하면서 서정적인 것이 특징이라고 할 수 있다.

1. 바람 소리와 함께 머물고 싶은 곳, 토지 문학 탐방

'지리산과 악양이 맞물린 형상이 무엇을 이야기하고 있는가', '고난의 역경을 밟고 가는 수없는 무리, 이것이 우리의 삶의 모습이라면 이상향을 꿈꾸고 지향하며 가는 것 또한 우리네 삶의 갈망이며 진실이다.' 75세가 되어서야 토지를 쓴 연유를 비로소 알았다는 박경리 작가는 이렇게 말한다. 지리산이 둘러싸고 악양 들판이 펼쳐 보이는 최참판 댁에 들러 우리 민족의 삶의 모습을 파노라마처럼 느껴 보자.

(1) 주제: 바람 소리와 함께 머물고 싶은 곳, 토지 문학 기행

(2) 주제 도서: 박경리《토지》

《토지》 박경리가 1969년 9월 〈현대문학〉에 연재를 시작해 26년간 전 생애를 걸고 쓴 대하소설이다. 경남 하동 평사리를 1부의 첫 무대로 삼아 만주, 연해주, 서울, 부산, 진주, 동경 등으로 확대되며 마치 500리 섬진강 물줄기처럼, 지리산의 웅장하고 섬세한 산세처럼, 장대하고 변화무쌍하게 우리 민족의 삶과 운명과 한을 풀어헤친다.
평사리 최참판 댁 가문의 5대에 걸친 흥망성쇠를 중심으로 동학혁명의 좌절 이후 해방에 이르기까지 우리 민족의 한 많고 파란만장한 근현대사가 되살아나는 걸작이라 할 수 있는 책이다.

(3) 탐방 코스
평사리문학관 → 최참판 댁(토지 촬영장) → 토지문학길 (화개장터)

● 평사리문학관 둘러보기
박경리 문학에 대해 강연 듣기

● 최참판 댁 둘러보기
- 지정한 등장인물 집에서 재현한 사진 찍기
- 토지길 걸으며 낭독의 발견 UCC나 사진 찍기(소설 구절 낭독하기)
- 화개장터 둘러보기(미션 수행)

- 전라도, 경상도 사투리 사용하시는 분 인터뷰하기
- 〈화개장터〉 노래 가사처럼 교통편 알아보기
- 있을 건 다 있다는 화개장터에 없는 물건은 무엇인지 조사하기
- 화개장터를 둘러보고 김동리 소설《역마》에서 왜 화개장터를 무대로 삼았는지 생각
  해 보기

● 이야기가 있는 문학길을 따라 걷다-박경리 토지길

[1코스] 소설 '토지'의 무대 따라 걷는 길 [18km]
섬진강 평사리 공원(하동) → 평사리 들판 → 동정호 → 고소성 → 최참판 댁 → 조씨
고택 → 취간림 → 악양루 → 섬진강변 → 화개장터 동정호 → 고소성 → 최참판 댁 →
조씨 고택 → 취간림 → 악양루 → 섬진강변 → 화개장터

[2코스] 산과 강, 인간이 만든 '눈 속에 꽃이 핀 고장' 화개길 [13km]
화개장터 → 십리 벚꽃길(혼례길) → 차 시배지(녹차 체험) → 쌍계석문바위 → 쌍계사
→ 불일폭포 → 국사암

(4) 이렇게 따라가 봐요!

■ **이야기가 있는 생태 탐방로 '박경리 토지길'**
드라마로도 만들어졌던 박경리의《토지》는 한국인이라면 꼭 읽어야 하는 소설 중
의 하나다. 만석꾼 최씨 집안의 주인인 최치수가 마을 건달들에게 교살되면서 최씨
집안이 몰락의 길을 걷게 되고, 마침내는 일제의 눈을 피해 용정으로 야간도주하게
되며, 그곳에서 재기, 다시 옛 땅과 집을 사들여 귀향한다는 줄거리다.

■ **모둠별로 여행 상품 만들기(여행 코스 짜기)**
텔레비전 프로그램〈1박 2일〉멤버들이 여행 상품을 발표한 곳은 바로 소설《토지》
의 배경이 된 경남 하동 최참판 댁이다. 이 여행 상품 개발 대회에서 주목할 만한 점
은 바로 1위를 한 은지원-김종민 팀의 루트가 최참판 댁-화개장터 등을 지나는 '이
야기가 있는 생태 탐방로-박경리 토지길'과 비슷하다는 것이다. 그 길을 따라 걸으
면서 나만의 토지 여행길 루트를 만들어 보자.

■ **섬진강변을 따라 걸으면서 지리산과 섬진강에 대한 시 낭송하기**
김이듬〈벚꽃 십리〉, 김남호〈섬진강〉, 장석남〈배를 매며〉, 문인수〈채와 북 사이, 동
백 진다〉, 복효근〈매화찬〉

■ 토지길, 낭독과 함께 걷다
소설 토지의 무대 위에서 입체 낭독하며 걷기

1. 평사리 공원–개치나룻터
월선이가 마지막 배를 타고 오는 용이를 기다리는 장면

> 날은 어두워져서 뱃바닥에 쭈그리고 앉은 월선이는 강바람을 막기 위해 모시
> 치마를 걷어 머리에 싼다. 달이 없는 그믐밤이지만 수없이 나돋은 별빛에 사방
> 은 희부염했다. 초여름이라고는 하나 밤의 냉기를 흠신 머금은 강바람은 오삭
> 오삭 살에 스며든다.

2. 평사리 들판– 무덤이 들판
월선이가 야밤에 용이를 보러 가던 길이나, 이 소문을 들은 강천댁이 울분에 못이겨
월선이를 잡으러 가는 길, 엇갈린 사랑을 떠오르게 하는 길

> 낫을 팽개치고 삼베 치마를 추켜서 치마끈을 반허리쯤 동여맨 그는 날듯 밖으
> 로 쫓아나간다. 읍내까지 삼십 리 끝없이 굽어진 강물과 들판과 숲을 따라 강
> 물에 잠긴 때론 도랑물에 잠긴 달이 아까보다 빠르게 강천댁을 뒤쫓아 가고 있
> 었으며 개구리들은 아우성치듯 울어댔다.

3. 평사리 물레방앗간
소설 《토지》의 첫 장면이 펼쳐지는 장소, 1897년 평사리 주민들이 한가위 흥에 겨
워 들떠서 평사리 들판으로 내려가는 길이다.

4. 강천댁, 임이네 집
소설 속에서 임이네가 용이를 흘깃흘깃 훔쳐보는 장소

(5) 미리 알고 떠나요!

● 하동 군청 '하동문화관광지도' tour.hadong.go.kr
권역별 관광 가이드, 다양한 테마 여행, 체험활동, 축제 등의 관광 정보가 자세하게 안
내되어 있다.

● 평사리 공원
《토지》의 작가 박경리 작가의 토지길 제1코스이다. 화개장터까지 이어진다.

● 최참판 댁
《토지》 촬영장으로 마을을 들어서면 초가 지붕과 돌담길이 실타래처럼 엉겨 붙어 있으
며 모든 길은 최참판 댁으로 연결되어 있다.
입장료: 어른 1,000원, 청소년·군인 800원, 어린이 600원

● 화개장터
"전라도와 경상도를 가로지르는 섬진강 줄기 따라 화개장터엔~"으로 시작하는 노래로
인해 더욱 유명해진 화개장터는 오래전부터 유명한 곳이다. 벚꽃이 한창인 4월초에는
'화개장터 벚꽃 축제'를 매회 실시하여 아름다운 자태를 뽐낸다고 한다.

● 박경리 토지길
경남 하동 지역의 섬진강을 따라가는 '박경리의 토지길'은 화개길과 연계해 총 31km
에 이른다. 이 구간은 예술 문화형 탐방로로 소설 《토지》의 배경이 된 최참판 댁과 섬진
강변, 화개장터 등 도보로 5시간이 소요되는 코스로 조성. 아울러 하동 지역의 축제인
'야생차 문화 축제', '벚꽃 축제', '메밀꽃 축제' 등과 연계, 다채로운 이벤트를 병행.

● 평사리문학관 cafe.daum.net/noveltoji
매년 7월 전국 청소년을 대상으로 한옥 체험 및 문학 교실(옛 생활에 스며 있는 문학 엿
보기)을 운영하고 있다.
1강-소설 《토지》와 박경리
2강-한국 문학의 보물: 지리산, 섬진강
3강-평사리 단상 쓰기
4강-시 창작 교실
5강-전통 문화 체험활동: 새끼 꼬기, 다도, 한지 공예
6강-박경리 토지길 걷기

● 참고 영상 자료
2010년 5월 KBS 〈1박 2일〉, 2010년 8월 KBS 〈낭독의 발견-섬진강 들꽃에는 지리산
이 보인다〉, SBS 대하 드라마 〈토지〉

2. 퇴계 이황과 이육사의 문학을 찾아서, 이육사 문학 탐방

안동을 여행해 본 사람이라면 '역사의 향기와 전통의 숨결이 살아 있는 정신 문화의 고향 안동'이라는 말이 전혀 낯설지 않게 느껴질 것이다. 유교적 사상에 기반을 둔 선비의 고장답게 종택과 같은 가옥이 많고 강직한 절개와 지조를 중시하는 선비의 삶이 문화유산 속에 그대로 묻어난다. 그리고 그 중심엔 민족 시인 이육사가 있다. 청포도가 익어 가는 시절, 이육사의 문학의 고향을 찾아 길을 떠나 보자.

(1) 주제: 이육사의 지조와 절개가 살아 있는 고장, 안동 문학을 찾아서

(2) 주제 도서: 이육사《중학생이 보는 청포도》,《이육사 평전》
《식객 10》 꼬랑지도 빨아먹고 싶은 안동 간고등어의 맛, 만화가 허영만이 2년간의 취재를 통해 맛과 삶의 희비애환을 맛깔스럽게 버무린《식객》제10권 〈자반고등어 만들기〉. '식객'은 '맛의 협객'이란 뜻으로, 천하제일의 맛을 찾기 위해 팔도강산을 누비면서, 우리 밥상의 맛을 지키고 있는 작품이다.

(3) 탐방 코스
하회마을 → 이육사 시비 → 이육사문학관 → 안동 음식 문화 탐방

● 이육사문학관
이육사 탄생 100주년인 2004년에 개관. 시인의 생애와 독립운동의 흔적을 알아볼 수 있는 전시관, 여러 곳에서 출판된 시인의 시집, 서예와 시화로 된 작품들을 만날 수 있다.

● 하회마을
전통 문화유산이 잘 보존된 하회마을은 마을 전체가 민속자료 22호로 지정된 양반 마을. 조선 유교 문화의 전통 생활 방식이 그대로 살아 있는 이곳에는 낙동강변의 기암 절벽과 양진당, 충효당, 옥연정사 등 사대부 전통 가옥과 사원까지 130여 호의 집이 모여 있다.

(4) 이렇게 따라가 봐요!

■ 안동 하회마을에서

안동의 역사 문화 명소인 하회마을을 방문하여 스탬프를 날인하고 기념하며 탐방 활동을 진행한다. 스탬프는 하회마을의 고택과 부용대 등 명소에 비치되어 있다. 스탬프를 찍으며 탐방 활동을 해 보자.

활동 1. 다음 장소를 찾아가 둘러보고 확인 스탬프를 찍어라.

① 부용대
'부용芙蓉'은'연꽃'을 달리 부르는 이름이다. 부용대는 낙동강변에 자연적으로 이루어진 절벽으로 하회마을이 한눈에 내려다보인다. 부용대에 오르면 왜 하회마을이라고 하는지 알 수 있다.

② 안동민속박물관
안동 문화의 특징은 민속 문화, 불교 문화, 유교 문화가 공존하면서 서로 유기적으로 작용함으로써 전통성과 다양성을 잘 보여 주고 있다. 안동 관광을 하기 전에 안동의 전통을 한눈에 볼 수 있는 안동민속박물관에서 안동 지방의 민속 문화와 세시 풍속을 먼저 알아보기 바란다. 우리나라 최대 목조 다리인 월령교를 거닐며 사랑을 키워 보자.

③ 병산서원
하회의 답사적 가치는 어떤 면에서는 하회마을보다도 꽃뫼 뒤편 병산서원이 더 크다고 할 수 있다. 병산서원은 1868년 대원군의 서원 철폐 때도 건재한 조선 시대 5대 서원의 하나이다. 병산서원은 그런 인문적 역사적 의의 말고 미술사적으로 말한다 해도 우리나라에서 가장 아름다운 서원 건축으로 한국 건축사의 백미이다.

④ 하회마을
하회마을은 마을 전체가 중요 민속 자료 122호로 지정되어 있다. 국보, 보물, 중요 민속 자료 등으로 지정된 여러 유형·무형 문화유산들이 잘 보존되어 있다. 영국의 엘리자베스 여왕이 가장 한국적인 곳으로 방문한 곳이기도 하다. 여왕은 전통 그대로 고스란히 맥이 이어지고 있는 하회마을의 양반 문화에 대해 찬사를 아끼지 않았다고 한다.

⑤ 안동한지공장
안동에서 하회마을로 가는 길에 풍산 한지에서 이름을 바꾼 한국 최고의 안동 한지 공장이 있다.

■ 이육사문학관에서

1. 이육사문학관에서 설명을 들으면 이육사 문학에 대해 알게 된 점을 정리해 보자.

2. 위에서 정리한 내용을 바탕으로 다른 친구들에게 이육사 문학을 소개하는 이육사의 시문학 가이드북을 만들어 보자.

■ 안동의 명물 간고등어 맛집 탐험

산간 내륙 지방인 안동은 간고등어가 유명하다. 영덕 앞바다에서 잡힌 싱싱한 고등어를 장사꾼 지게로 안동으로 옮겨 더 이상 부패를 막기 위해 굵은 소금으로 간을 하게 된 것에서 유래했다.

■ 안동 간고등어 만들기

만화《식객 10》안동 간잽이 이동삼 씨의 이야기-안동식 간고등어 처리 공정 [식객 10권, 101쪽에서 발췌]

① 세척: 원재료인 고등어를 세척한다.
② 할복: 신선한 상태의 고등어를 바로 할복한다.
③ 내장 제거: 아가미와 내장을 제거한다.
④ 세척: 할복 후 내장을 제거한 고등어를 흐르는 물에 세척한다.
⑤ 습염과 핏물 제거: 염도 5% 소금물이 담긴 염장 통에 세척한 고등어를 1시간 30분가량 담가 둔다. 핏물도 함께 제거한다.
⑥ 수분 제거: 머리를 위로 꼬리를 아래로 한 후 탈수시킨다.
⑦ 건식 염장: 일정한 양의 소금을 뿌려 준다.
⑧ 숙성: 남은 수분 제거를 위해 고등어를 20도 각도로 꼬리가 위로 가게 기울여 숙성대에 진열하고 일정한 온도를 유지해서 숙성한다.

(5) 미리 알고 떠나요!

● 경상북도청 www.gb.go.kr
경상북도청 홈페이지에 들어가면 체험 마을, 전통 문화, 템플 스테이 등 다양한 테마 관광 정보가 관광 지도와 함께 안내되어 있다.

● 안동 시티 투어 www.andongtour.kr, ☎ 054-855-7179
안동 시내 체험 맞춤 투어 코스가 자세하게 안내되어 있다.

● 하회마을 www.hahoe.or.kr, ☎ 054-854-3669
전통 문화유산이 잘 보존된 하회마을은 마을 전체가 민속자료 22호로 지정된 양반 마을. 조선 유교 문화의 전통 생활 방식이 그대로 살아 있는 이곳에는 낙동강변의 기암절벽과 양진당, 충효당, 옥연정사 등 사대부 전통 가옥과 사원까지 130여 호의 집이 모여 있다.
개관 시간: 09:00~19:00
입장료: 어른 2,000원, 학생 1,000원

● 이육사문학관 www.264.or.kr, ☎ 054-852-7337
민족 시인 이육사를 기리기 위해 경상북도 안동시에서 2004년 설립한 문학관.
개관 시간: 09:00~18:00(3월~10월), 09:00~17:00(11월~2월)
휴관: 월요일, 설날, 추석
입장료: 어른 2,000원, 학생 1,500원

● 조지훈문학관 jihun.yyg.go.kr, ☎ 054-682-7763
한국 현대시의 주류를 완성한 청록파 시인이자 수필가이며 지조론 선비인 조지훈 선생의 사상과 정신을 계승 발전시키고자 만든 문학관. 매년 5월 지훈예술제가 열린다.
개관 시간: 09:00~18:00(3월~10월), 09:00~17:00(11월~2월)
휴관: 월요일, 설날, 추석, 1월 1일

● 전통문화콘텐츠박물관 www.tcc-museum.go.kr, ☎ 054-843-7900
유물 없이 디지털 콘텐츠로만 채워진 국내 최초의 쌍방향 체험 박물관이다. 전통 민요, 안동 사투리를 들을 수 있는 클릭 옛소리, 도산서원, 하회마을 유물들을 가상으로 체험할 수 있는 가상 유물 체험전, 안동 지역의 신화, 전설, 민담을 들려주는 주니어 옛이야기 톡톡, 장원 급제 놀이, 하회 탈춤을 배우고 직접 탈춤을 체험하는 하회 탈춤 UCC 코너, 4D 디지털 영상 등 다양한 쌍방향 체험을 통해 역사와 문화를 배울 수 있다.

3. 빼앗긴 봄을 찾기 위하여, 이상화 문학 탐방

대구광역시 중구의 골목에는 근대화의 태동을 엿볼 수 있는 건축물과 일제에 저항한 민족 운동가들의 삶의 흔적을 만날 수 있는 생생한 역사의 현장들이 숨어 있다. 3·1운동길(90계단)을 걸어 오르며 민족의 독립을 위해 자신을 희생한 당시 학생들의 정신을 느낄 수 있고, 〈빼앗긴 들에도 봄은 오는가〉의 이상화와 국채보상운동의 선구자인 서상돈 고택을 방문하면 민족을 위해 고뇌한 선조들의 모습을 발견할 수 있다. 영남 지역 최초의 고딕식 성당인 계산성당과 담쟁이덩굴이 멋진 제일교회는 옛 정취를 맛보게 하고, 약령시한의약박물관에서 겪어 보는 다양한 한방 체험 역시 전통 의학의 신비함을 깨닫는 소중한 시간을 제공할 것이다.

(1) 주제: 빼앗긴 봄을 찾기 위하여

(2) 주제 도서: 이상화《빼앗긴 들에도 봄은 오는가》

《빼앗긴 들에도 봄은 오는가》 작자의 반일(反日) 민족의식을 표현한 작품으로 비탄과 허무, 저항과 애탄이 깔려 있다. 비록 나라는 빼앗겨 얼어붙어 있어도, 봄이 되면 민족혼이 담긴 국토, 즉 조국의 대자연은 우리를 일깨워 준다는 것이다. 국토는 일시적으로 빼앗겼다 하더라도 우리에게 민족혼을 불러일으킬 봄은 빼앗길 수 없다는 몸부림, 즉 피압박 민족의 비애와 일제에 대한 강력한 저항 의식을 담고 있다.

(3) 탐방 코스

3·1만세운동길 → 계산성당 → 이상화 고택, 서상돈 고택 → 제일교회(구관) → 약령시한의약박물관(마당 깊은 집 골목)

● 3·1만세운동길(90계단) 오르기(활동지 수행)

● 계산성당

영남 지방 최초의 고딕식 건물로서의 가치와 단아한 아름다움 감상하기, 내부의 스테인드글라스와 구조가 만드는 엄숙한 분위기를 느껴 본다.

● 이상화 고택 방문하기(활동지 수행), 서상돈 고택 방문하기

● 제일교회(구관)
박목월 시인의 첫사랑이 이 교회의 성가대원이라서 떨리는 마음으로 찾았다고 한다. 그
때의 마음을 상상하며 연애편지를 써 보자.
※ 3·1만세운동길 옆에 있는 큰 규모의 제일교회는 현대식으로 지은 신관이다. 우리가
살펴볼 제일교회는 구관으로 이상화 고택을 나오면서 찾을 수 있다.

● 약령시한의약박물관 탐방하기
3층 한방 역사실에 재현된 100년 전 약전 골목과 한약방의 전경 살펴보기, 실제 전시
된 약재의 향기와 느낌을 활동지에 적고, 약초에 얽힌 재미있는 설화를 애니메이션으로
관람하기, 2층 한방 체험실에서 오장육부 인체 모형을 보며 한방에서 말하는 웰빙의 방
법 조사하기, 나의 체질에 맞는 사상 체질 알아보고 좋은 음식과 맞지 않는 음식을 알
아본다.

(4) 이렇게 따라가 봐요!

■ **3·1만세운동길 오르기**
3·1운동 당시 순사들의 눈을 피하기 위해 이 계단을 통해 학생들이 시내로 진출했다
고 한다.

– 당시 상황을 상상해 보고 재현 사진 찍기
– 계단의 좌우에는 3·1운동에 대한 당시 자료들이 전시되어 있다. 천천히 올라가면
  서 살펴보고, 몰랐던 내용을 학습지에 기록한다.

____

____

____

– 끝까지 올라가서 "대한 독립 만세!"를 외치고, 인증 사진을 찍어 보자.
  (올라가는 과정을 파노라마로 찍고 영상으로 만든다)

– 3·1만세운동길에서 계산성당으로 가는 길의 보도블럭에서 이상화의 〈빼앗긴 들
  에도 봄은 오는가〉의 구절을 찾아 인증 사진을 찍어 오자! 시구절을 먼저 외우는
  학생에게 상품 증정.

■ 이상화 고택 방문하기

① 일제강점기에 민족의 광복을 위해 일제 저항 정신의 횃불을 밝힌 이상화 시인의
〈빼앗긴 들에도 봄은 오는가〉 전문을 낭송해 보자.

② 시의 빈칸을 채우고, 〈빼앗긴 들에도 봄은 오는가〉의 의미와 시 속의 장면을 상
상해서 시화를 그려 보자!

　　빼앗긴 들에도 봄은 오는가

　　지금은 남의 땅
　　빼앗긴 들에도 봄은 오는가?

　　나는 온몸에 ○○을 받고
　　푸른 하늘 푸른 들이 맞붙은 곳으로
　　가르마 같은 논길을 따라 꿈속을 가듯 걸어만 간다.

　　입술을 다문 ○○아, ○아
　　내 맘에는 내 혼자 온 것 같지를 않구나!
　　네가 끌었느냐, 누가 부르더냐. 답답워라. 말을 해 다오.

　　○○은 내 귀에 속삭이며
　　한 자국도 섰지 마라 옷자락을 흔들고,
　　○○○는 울타리 너머 아씨 같이 구름 뒤에서 반갑다 웃네.

　　고맙게 잘 자란 ○○○아,
　　간밤 자정이 넘어 내리던 고운 비로
　　너는 ○○ 같은 머리를 감았구나, 내 머리조차 가뿐하다.

　　혼자라도 가쁘게 나가자.
　　마른 논을 안고 도는 착한 ○○이
　　젖먹이 달래는 노래를 하고, 제 혼자 ○○○만 추고 가네.

　　○○ ○○야 깝치지 마라.
　　맨드라미 들마꽃도 인사를 해야지.
　　아주까리기름을 바른 이가 지심 매던 그 들이라 다 보고 싶다.

내 손에 ○○를 쥐어 다오.
살진 젖가슴과 같은 부드러운 이 흙을
발목이 시도록 밟아도 보고, 좋은 ○조차 흘리고 싶다.

강가에 나온 ○○와 같이
짬도 모르고 끝도 없이 닫는 내 혼아
무엇을 찾느냐 어디로 가느냐 웃어웁다 답을 하려무나.

나는 온몸에 ○○를 띠고,
푸른 웃음 푸른 설움이 어우러진 사이로
다리를 절며 하루를 걷는다. 아마도 ○ ○○이 지폈나 보다.

그러나 지금은
들을 빼앗겨 봄조차 빼앗기겠네.

③ 시를 지을 때 이상화 시인의 마음을 상상해서, 시인과의 인터뷰를 만들어 보자.

____
____
____
____
____

④ 국채보상운동의 주창자인 서상돈 고택을 살펴보며 '나라를 위한다는 게 무엇인지' 생각해 보고 글로 써 보자.

____
____
____
____
____

(5) 미리 알고 떠나요!

● 대구광역시 중구청 문화관광 홈페이지 gu.jung.daegu.kr/culture2
대구의 골목 탐방에 대한 코스 및 정보는 물론 다른 문화재와 맛집, 숙박, 인근 명소 등
에 대한 관광 정보를 얻을 수 있다.

● 계산성당
1918년 건립. 한국에 건립된 고딕 양식의 성당으로는 서울, 평양에 이어 세 번째이고,
영남 지방에서는 최초의 것으로 로버트 신부가 설계하여 1902년에 완공한 고딕식 벽
돌 건물이다. 1911년 천주교 대구교구의 설정과 함께 주교좌 성당이 되면서 종각을 두
배로 높이고, 성당 뒤쪽을 확장하는 등의 증축을 거쳐 1918년에 현재의 성당 모습을
갖추게 되었다.

● 제일교회(구관)
1933년 건립. 이 건물은 고딕식 벽돌 2층 교회당으로 건물의 비례와 벽돌 쌓기 수법 등
이 정교하여 대구 지역 근대 건축사 연구에 귀중한 자료가 되며, 교회가 자리한 곳은 대
구와 경북 최초의 기독교회인 남성정 교회가 창설되어 선교사들이 근대적 의료, 교육활
동을 전개하였던 장소로 한층 더 역사적 의미가 있다고 할 수 있다.

● 이상화 고택
일제강점기에 민족의 광복을 위한 저항시 〈빼앗긴 들에도 봄은 오는가〉를 쓴 이상화 시
인이 1939년부터 임종 때까지 거주하면서 시작(詩作)에 몰두한 곳이다.
개관 시간: 10:00~17:30
휴관: 월요일, 설 연휴, 추석 연휴

● 약령시한의약박물관   dgom.daegu.go.kr
약전 골목의 삶과 체취를 직접 보고 느끼며 체험할 수 있는 전시 문화 공간으로 400년
약령시의 역사와 약전 골목의 유래를 한눈에 살펴볼 수 있다. 3층은 약령시 역사, 문화
존과 한의약 전시 존이고, 2층은 한방 체험 존과 한방 웰빙 존으로 구성되어 있다.

● 대구 약령시 한방 문화 축제
대구 약령시 한방 문화 축제는 1978년부터 조선 시대 약령시 개장 행사를 현대적으로
승화시킨 전통 한의약 축제로 매년 5월초 약전 골목에서 개최된다.
개막 행사: 고유제, 길놀이, 약령시 개장식

4. 영화 속 부산을 찾아가다

부산국제영화제 개최지 부산은 어느새 국내 영화 촬영지의 메카로 자리매김하였다. 영화 장면 속에서 보았던 부산 곳곳을 찾아, 스크린의 멋진 광경을 직접 내 눈에 담아 보자! 영화 속 부산의 모습을 찾아가며 이야기가 있는 달맞이길, 해운대를 함께 거닐어 보자.

(1) 주제: 영화 속 부산을 찾아가다, 부산 문화 탐방

(2) 탐방 코스:

해운대 → 달맞이고개 → 추리문학관 → 청사포

● 해운대

부산을 대표하는 관광 명소로 영화 촬영지로 유명하다.

● 달맞이고개

송정 해수욕장과 해운대 해수욕장 사이에 바다 쪽으로 반달처럼 튀어 나와 있는 와우산(臥牛山). 그 산 중턱이 바로 소문난 달맞이 언덕이다.

● 추리문학관

추리소설을 주로 썼으며 《여명의 눈동자》 작가이기도 한 김성종 씨가 1992년 문을 연 '전문 도서관'이다. 커피, 홍차 등을 무료로 주며 책을 마음껏 읽을 수 있다. 대형 통유리를 써 내부에서도 바다를 볼 수 있는 게 특징
입장료: 4,000원

● 청사포

달맞이 언덕 동쪽 해변 끝자락에 있는 아담한 포구다. 청사포(靑沙浦). 원래는 푸른 뱀 관련 설화가 있어 이름에 뱀 사(蛇)자를 쓰다가 모래 사(沙)자로 바꿨다. 여기서 퀴즈 하나. 청사포 앞바다는 동해일까, 남해일까. 다 맞다(지도를 보면 이해가 된다). 그래서 우스갯소리로 '청사포 앞바다는 동해의 최남단이요, 남해의 최동단'이라 한다.

(3) 이렇게 따라가 봐요!

■ 추리문학관에서

1. 초대의 글
당신은 우리나라 유일무이한 추리 문학 전문 도서관에 들어선 전문 탐정입니다. 당신은 요즘 벌어지고 있는 도난, 실종 사건을 의뢰받았습니다. 도서관이 소장한 다양한 추리소설과 세계문학사에 빛나는 위대한 작가들의 대형 사진들을 단서로 다음 사건을 해결하세요!

tip. 추리 방법
– 주위를 잘 살핀다: 언제나 단서는 가까이에 있다.
– 증거물을 모은다: 방의 특성을 살핀 후에, 그곳에서 사건이 일어날 경우에 썼던 흉기 등을 잘 생각해 보고, 증거물로 분류한다.
– 알리바이를 수색한다: 김전일, 코난과 같은 만화에서는 알리바이가 잘 깨진다.
– 최대한 연상력을 발휘한다: 그 상황에서 인간이 할 수 있는 최대의 경우의 수를 다 따져 본다.
– 고정관념을 깬다: 고정관념(편파적 사고)이 있다면, 증거를 놓친다.

2. 다음 사건을 해결하라

사건 1. 2층 열람실에서 도둑맞은 책 제목 찾기
다음 단서를 바탕으로 도둑맞은 책 제목을 찾아라!

– 도난 책 1
수려한 용모와 신기에 가까운 변장술, 명석한 두뇌를 지닌 대도 아르센 뤼팽. 도둑인 뤼팽이 벌이는 기상천외하고 다양한 범죄와 뛰어난 변장 능력을 통해 박진감 넘치고 흥미진진한 이야기를 풀어 나가는 어린이 추리소설이다.

– 도난 책 2
'열 개의 인디언 인형'이란 제목으로도 유명하다. 이미 잘 알려져 있는 대로 떳떳하지 못한 과거를 지닌 열 명의 인물들이, 의문의 초대장을 받고 한 섬에 모여들면서 이야기가 시작된다.

– 도난 책 3
애거서 크리스티의 51번째 추리소설이자 12번째 단편집. 1947년 당시 영국 메리 여왕이 80회 생일을 맞자 BBC 방송 국장이 생일 축하 방송으로 무엇을 듣고 싶냐고 물어보았다. 메리 여왕의 대답은 애거서 크리스티의 극을 듣고 싶다는 것이었다.

사건 2. 스무고개 단서로 작가를 찾아라!
추리문학관 내부에는 유명 작가들의 대형 사진이 100여 개 걸려 있다. 다음 추리 단서를 바탕으로 작가를 찾아라!

– 스무고개 힌트1
첫 번째 고개 – '메리 웨스트매컷(Mary Westmacott)'이란 필명을 가짐
두 번째 고개 – 제1차 세계대전 동안 병원의 약국에서 일했던 경험이 있음
세 번째 고개 – 1967년 영국 추리협회 회장
네 번째 고개 – 작품 《쥐덫》은 1955년부터 현재까지 공연 중
다섯 번째 고개 – 16세에 파리로 건너가 성악과 피아노를 공부
여섯 번째 고개 – 추리소설의 여왕
일곱 번째 힌트 – 사진

(4) 이런 곳도 있어요!

시네마 시티 부산, 영화 속 부산을 찾아가다!

부산국제영화제 개최지 부산은 어느새 국내 영화 촬영지의 메카로 자리매김하였다. 영화에 나왔던 부산의 곳곳을 찾아, 스크린의 멋진 광경을 직접 내 눈에 담아 보자!

→ 영화 속 장면을 따라가며 재현 사진을 찍어 〈우리들의 부산 이야기〉(가제) 동영상을 만들어 보자.

● 영화 속 부산으로 가는 첫 번째 길목, 부산대교
부산을 연결하는 동맥이자, 부산의 산업을 촉진시키는 교통로 부산대교! 이 다리는 순수 우리의 기술과 자재를 가지고 완공한 국내 최초의 3경간 연속 아치교로 유명하다.
영화 〈사생결단〉

● 영화 속 부산으로 가는 두 번째 길목, 해운대
드넓은 바다를 배경 삼아 그림처럼 펼쳐진 해운대 해안 산책로는 곳곳마다 색다른 아름다운 경치가 펼쳐진다. 밑으로 내려가면 자갈에 부딪히는 파도 소리가 참 듣기 좋고 산책로를 따라 무지개 분수대, 파도 광장, 출렁다리 등 아기자기한 볼거리도 곳곳에 마

련되어 있다.
영화 〈첫사랑 사수 궐기대회〉, 〈사생결단〉, 〈태풍〉

● 영화 속 부산으로 가는 세번째 길목, 해운대 청사포길
해운대 달맞이고개 아래에 있는 작은 포구. 푸른 모래라는 뜻을 가진 청사포는 난류와
한류가 섞이는 동해의 남쪽 끝, 남해의 동쪽 끝에 있어 옛날부터 물고기가 풍부하고 질
좋은 횟감이 많이 잡혔다. 포구의 방파제는 늘 낚시꾼들로 붐비고 주변엔 횟집이 즐비
하다.
영화 〈태풍〉, 〈파랑주의보〉

● 청사포 철길
해안을 끼고 동해남부선이 길게 뻗어 있는 청사포 철길은 가끔씩 경적을 울리며 달리는
기차가 한적하고 조용한 시골 마을의 풍경을 더욱 돋보이게 한다. 이 철로는 전국에서
단 두 곳뿐인 해변 철길이며, 영화 〈파랑주의보〉의 촬영지로 많이 알려져 더욱더 사랑
받고 있는 장소이다.

● 달맞이길
백사장, 동백 숲, 소나무 숲이 어우러진 절경으로 이 지역을 대표하는 명소이며 부산 팔
경의 하나이기도 하다. 해운대 달맞이고개와 청사포에서 바라보는 저녁 달은 운치가 있
다고 하여 대한 팔경에도 포함되어 있다.

영원한 사랑을 약속하는 곳, 달맞이고개 전설
와우산에는 사냥꾼 총각과 나물 캐는 처녀가 사랑을 불태우다가 정월달에 기원하여 부
부가 되었다는 전설이 있어 예로부터 선남선녀들이 정월 대보름달만 되면 여기에 와서
보름달을 쳐다보며 그들의 소망을 빌었다고 한다. 그래서 언덕 넘어 위치한 팔각정은 연
인들의 만남의 장소로, 영원한 사랑의 약속을 하는 곳으로도 유명하다. 지금 사랑하는
사람이 있다면 달맞이고개에서 사랑을 고백하고 영원히 사랑하자는 약속을 해 보라.
어쩜 사냥꾼 총각과 나물 캐는 처녀처럼 오래토록 사랑을 할 수 있을지도 모르니.

● 영화 속 부산으로 가는 네 번째 길목, 금정산성 동문
금정산 주능선의 해발 400m 잘록한 고개에 위치해 있는 동문은 국내 최대 규모 산성
인 금정산성을 굳게 지키는 역할 못지않게 전망이 뛰어나 망루로도 손색이 없는 곳이
다. 과거 동래 읍성에서 가장 접근하기 쉬워 금정산성의 으뜸 관문으로 자리했다.
영화 〈엽기적인 그녀〉

● 영화 속 부산으로 가는 마지막 길목, 천년 고찰 범어사
범어사에서 마련한 '프로덕션&로케이션 디렉토리' 속의 사진 자료를 보면 금정산 범어
사 사천왕문의 모습도 들어 있다.

다문천왕, 지국천왕, 증장천왕, 광목천왕이 앉아 있는 사이로 나 있는 길의 저 안쪽은 고즈넉하고 적요하다. 또한 부산을 방문하는 외국인들에게 아름다운 전통 문화 체험장으로 각광 받고 있는 곳으로 사찰을 구경하는 외국인들을 많이 볼 수 있다.
인근에 위치한 범어사 사찰에 들러 발우공양(절밥 체험), 다도, 선무도 등의 체험도 해 보자!

5. 부산의 근대 역사를 찾아서: 중구 일대 독서 문화 체험

부산 중구는 부산의 역사, 문화뿐만 아니라, 경제 활동의 중심지로서 역할을 하고 있다. 부산의 대표적인 공원인 용두산공원에는 부산의 상징 탑인 부산타워가 있는데, 그곳에서 부산 전경을 살펴볼 수 있고, 부산근대역사관에서 부산의 근대 역사를 살펴볼 수 있다. 근처 광복동, 남포동, 보수동은 문화의 거리로서 볼거리가 풍부하고, 중앙동은 부산 세관을 앞에 두고 무역 관련 사무실이 많다. 한편 부산 민주화운동의 산실인 민주공원도 있고, 근처 중앙도서관에서는 부산 향토 자료실이 있어서, 부산의 역사, 기후, 위치 등과 부산을 빛낸 인물, 토산물, 명물 등 부산 향토에 관한 모든 자료를 살펴볼 수 있다.

(1) 주제: 부산의 근대 역사를 찾아서

(2) 주제 도서: 강영조《부산은 항구다》

《부산은 항구다》부산 토박이인 저자가 경관 공학적 측면에서 부산의 풍경을 들여다본 책. 이희섭 작가의 사진과 함께 부산의 새로운 모습을 담고 있다. 저자에 의하면 고가도로는 부산의 풍경을 편집하는 길이 될 수 있고, 터널은 도시의 변환 장치가 될 수 있으며, 광안대교는 그 자체로 아름다운 모습을 연출한다. 이 밖에 저자는 항구를 가득 메운 갠트리 크레인과 컨테이너, 산복도로, 영도 다리는 물론 부산의 일출까지 예찬하고 있다.

(3) 탐방 코스

부산역 → 용두산공원 시의 거리 → 부산근대역사관 → 40계단 문화 관광 테마 거리 → 40계단 문화관 → 보수동 책방 골목

● 용두산공원 시의 거리
용두산공원에 있는 시의 거리를 살펴보고 마음에 드는 시 전문 적기.

● 부산근대역사관
부산의 근대 개항, 일제의 부산 수탈, 동양척식주식회사에 대하여 알아보기.

● 40계단 문화 관광 테마 거리
40계단을 가위바위보를 하면서 올라가기, 40계단 조형물 제목 맞히기.

● 40계단 문화관
40계단의 유래 알아보기, 전쟁 피난살이 전시관을 보고 느낀 점 말해 보기.

● 보수동 책방 골목
보수동 책방 골목 입구에 세워진 보수동 유래비에 대하여 알아보기, 책방 골목에서 가장 오래된 소설과 가장 최근 소설 한 권 사 오기.

(4) 이렇게 따라가 봐요!

■ 용두산공원 시의 거리
시의 거리는 부산 문인 협회가 주체가 되어 1994년부터 조성한 것으로 9개의 시비가 있다. 유치환 〈그리움〉, 최계락 〈외갓길〉, 장하보 〈원〉, 홍두표 〈나는 곰이로소이다〉, 조향 〈에피소드〉, 손중행 〈세월〉, 박태문 〈봄이 오면〉, 원광 〈촛불〉 등이다.

활동 1. 문학비를 둘러보고 마음에 든 시를 적어 보자.

____
____
____
____
____
____
____
____
____

활동 2. 바다가 보이는 시비 앞에서 열리는 즉석 시 낭송회
 - 시를 찬찬히 음미하며 읽어 보고 낭송 준비를 한다.
 - 시의 내용과 느낌을 살려 낭송한다.

■ 40계단 문화관광 테마 거리
1950년 전쟁 당시 역사와 삶의 애환이 담겨 있는 40계단을 테마로 지역 문화의 전통과 정체성을 살리는 기념비적 역사 문화 공간이다.

활동 1. 40계단을 오르며 6·25 당시의 모습을 상상하며 재현 사진 찍기.

활동 2. 보물찾기
40계단에 6·25 당시와 관련된 퀴즈를 적은 보물 쪽지를 찾아 문제를 풀면 상품을 받는다.

■ 보수동헌책방골목
보수동 책방 골목으로 가는 길에 벽화 계단이 있다. 8개의 그림 이야기로 되어 있는 이 길을 따라 올라가며 이야기를 감상해 보자.

활동 1. 보수동헌책방골목 축제 즐기기

– 500원으로도 책을 살 수 있는 '500원 Day'와 책방 주인장 경험하기
  책 골목을 둘러보고 마음에 드는 책을 골라서 사 보고, 직접 책을 소개하고 판매하는 경험을 해 본다.

– 책벌레 찾기, 보수동헌책방골목 7행시 짓기

보 ____
수 ____
동 ____
헌 ____
책 ____
방 ____
골 ____
목 ____

– 가장 오래된 책을 찾아라!

– 최신간을 찾아라!

(5) 미리 알고 떠나요!

● 부산광역시 중구 홈페이지 www.bsjunggu.go.kr
부산광역시 중구의 역사, 관광 명소, 축제 등에 대하여 정보를 얻을 수 있다.

● 자갈치 시장 www.jagalchimarket.or.kr
자갈치 시장의 시설 안내, 전시실 등에 대하여 소개하고 있다.

● 용두산공원 ☎ 051-860-7820
부산의 상징 탑인 부산 타워, 용두산 조형물, 미술 문화관 등에 대하여 소개한다.

● 부산근대역사관
museum.busan.go.kr/modern/main.bsbusan.go.kr, ☎ 051-253-3845~6
부산의 근대 역사 즉, 부산의 근대 개항, 일제의 부산 수탈, 부산의 근대 거리(대청동
등)에 대한 역사 이야기에 대한 전시물이 소개되어 있다.

● 40계단 문화관 40stair.bsjunggu.go.kr, ☎ 051-600-4041~4
1950년 한국전쟁 당시의 역사와 삶의 애환이 서려 있는 40계단을 테마로 피난살이부
터 1876년 개항 이전부터 개항기를 거쳐 일제강점기, 광복, 6·25 등 부산 중구의 형성
과정과 역사 이야기가 담겨져 있다.
개관 시간: 화-금 10:00~18:00, 토요일 10:00~17:00
휴관: 월요일, 국경일, 명절

● 중앙도서관 www.joonganglib.busan.kr, ☎ 051-250-0300
1990년 개관하여 정보, 평생교육, 문화 전달자의 역할을 충실히 하고, 역사와 향취가
묻어 있는 향토 자료를 비롯하여, 디지털 자료, 학술, 교양 도서 등 28만 권에 이르는
장서를 소장하고 있다.
개관 시간: 평일 09:00~18:00, 일요일 09:00~17:00

● 보수동헌책방골목 www.bosubook.com
6.25 전쟁 이후 부산으로 피난 온 많은 난민은 주로 중구, 동구, 서구, 영도구 국제시장
일원 등에서 정착하여 어려운 삶을 이어갔다. 또한 부산 소재 학교는 물론이고 피난 온
학교까지 구덕산 자락 보수동 뒷산 등에서 노천 교실, 천막 교실을 열어 수업을 하였던
관계로 보수동 골목길은 수많은 학생의 통학로로 붐비게 되었다. 이러한 상황에서 노
점 헌책방이 성황을 이뤘고 차츰 다른 피난민들-한동점 씨(대륙서점). 박이준 씨, 김외
갑 씨 등-이 가세하여 점차적으로 하나둘 노점과 가건물이 늘어나 책방 골목을 형성하
게 되었다. 1960~70년대에는 70여 점포가 들어서 문화의 골목 부산의 명소로 자리 잡

게 되었다. 당시 생활이 어려운 피난민과 가정 형편이 어려운 수많은 학생과 지식인들
은 자신이 가져온 귀중한 책을 내다 팔기도 하고 저당 잡히기도 하였으며 다시 자기가
필요한 헌책을 싼값에 되사 가서 학업에 충실할 수 있었다.
오늘날에 와서는 보수동 책방 골목 축제를 열어 도서 무료 교환, 고서 전시회, 불우 이
웃 돕기 등 행사를 가져 시민들의 많은 호응을 얻고 있는 가운데, 2005년부터는 보수
동 문화 축제를 열고 있다.

● 보수동 책방 골목 축제
2005년도 50여 개의 서점 업주들로 구성된 책방골목번영회의 주최로 개최되는 순수
민간 단체 축제로서 매년 독서의 계절과 가을 학기가 시작되는 9월 말경에 '책은 살아
야 한다'라는 주제로 지역 문화 사업 발전과 독서 보급을 위하여 보수동 책방 골목 일원
에서 3일간 열린다. 500원으로도 책을 살 수 있는 '500원 Day'와 책방 주인장 경험하
기, 책벌레 찾기, 7행시 짓기, 글짓기, 사생대회 등의 행사가 개최되어 어린이와 방문객
들에게 큰 인기를 얻고 있다.

● 주변 관광지
국제시장 테마가 있는 골목길, 부산대교, 수미르공원, 민주공원, 대청공원

● 관련 축제 안내
부산 자갈치 축제, 중구민 축제, 부산국제영화제, 광복동 문화 축제

6. 외씨버선길에서 느끼는 시의 향기, 영양 문학 탐방

굽이굽이 험난한 길 안쪽에 고즈넉하게 자리잡은 마을 영양. 큰 소문 없이도 현대문학 거장의 숨결이 살아 숨쉬는 곳이다. 주실마을·감천마을에는 각각 조지훈·오일도 생가가 자리하고 있고, 두들마을에는 이문열 생가가 있다. 전통적인 모습을 고스란히 간직한 마을에서 외씨버선길을 걸으며 현대 문학의 향기를 느껴보자.

(1) 외씨버선길에서 느끼는 시의 향기, 영양 문학 탐방

(2) 주제 도서: 조지훈《승무》, 안동 장씨 부인《다시 보고 배우는 음식디미방》

《승무》 청록파 시인이자 승무로 유명한 조지훈 시인의 대표시 50편을 모아 엮은 책이다. 시선집에는 〈고풍의상〉, 〈승무〉 등 민족 정서에 대한 추구를 담은 시들부터 자연과 인생, 사랑과 미움에 대한 서정을 담은 시들까지 망라되어 있다. 과작이었던 조지훈 시인의 시 세계를 제대로 개괄할 수 있는 선집이다.

《다시 보고 배우는 음식디미방》 1670년경 안동 장씨 부인이 쓴 요리책으로 우리나라에서 가장 오래된 요리책이다. 46품의 음식의 상세한 재료 설명과 조리법이 서술되어 있다. 후손에 의해 복원되어 지금은 영양의 두들마을에서 맛볼 수 있다.

(3) 탐방 코스
조지훈 시비 → 조지훈 생가 → 영양향교 → 서석지 → 광산문학연구소 → 음식디미방

● 조지훈 생가
한양 조씨 집성촌인 주실마을 한가운데 자리하고 있는 호은 종택. 경상도 북부 지방의 전형적인 양반 저택인 'ㅁ'자형 집으로, 마을에 유일한 우물이 있다. 대부분의 유년기를 보낸 방우산장이 자리하고 있으며 그 뒤로 '지훈길'이 조성되어 있다. 산책로 곳곳에는 조지훈이 썼던 시를 새겨 놓은 시비들이 줄지어 서 있다. 산책길의 끝에는 지훈문학관이 자리하고 있다. 현판은 부인 김난희 여사가 직접 썼으며, 문학관에는 생전 시인이 직

접 사용했던 물건들이 전시되어 있다.

● 영양향교
조선 시대 지방민의 교육과 교화를 위해 설립된 향교. 현재는 우리나라 18현의 위패가 보관되어 있고, 많은 보수 작업을 거쳐 그 모습을 유지하고 있다. 경상북도 문화재 자료 75호로 지정되어 있고, 운영은 전교 한 명과 장의 여러 명이 담당하고 있다.

● 서석지
조선 시대 3대 민간 정원 가운데 하나이다. 담양의 소쇄원, 완도의 세연정과 함께 아름다운 정원으로 꼽힌다. 돌과 연꽃이 연못에 조화롭게 자리하고 있고, 그 둘레에는 은행나무가 있어 운치를 더한다. 외씨버선길의 가운데 위치하고 있으며 정자에 앉아 정원을 바라보고 있으면 더할 수 없는 안정감을 느낄 수 있다.

● 광산문학연구소
언덕 위의 마을이라는 의미를 가진 두들마을 한가운데 자리한 광산문학연구소는 한국 문학 연구와 문학도 양성을 위해 만들어진 곳이다. 그 옆 북카페에서는 차를 마시며 책을 읽거나 살 수도 있다. 연구소 처마에는 특이한 쇠고리가 달려 있어 여름에는 미닫이 문을 들어 걸어 놓을 수 있게 되어 있다.

● 음식디미방
두들마을 안의 전통 가옥 30여 채 중, 음식디미방 체험관은 340여 년 전 장계향 선생이 쓴 한글 조리책에 따라 요리 체험을 할 수 있는 곳이다. 10명 이상이 단체로 예약을 하면 체험관에서 전통 음식을 맛볼 수도 있고, 체험할 수도 있다.

(4) 미리 알고 떠나요

● 영양 문화 관광 tour.yyg.go.kr
'문향의 고장' 영양에서 문인들의 생가가 있는 마을에 대한 자세한 정보를 제공한다. 주실마을, 감천마을, 두들마을 등의 안내를 통해 방문객의 편의를 돕고 있으며, 각종 행사와 부대 시설도 안내하고 있다.

● 영양문화원 www.yycc.or.kr
영양 문화의 과거와 현재를 고스란히 담아 놓은 홈페이지. 지역의 역사, 문화재, 문화관광, 문화 행사 등의 다양한 정보를 수록하고 있다. 영양을 방문하기 전에 반드시 확인해야 할 내용들이 있다.

7. 통영, 유명 예술인 생가 투어

삶의 패턴이 바뀌듯이, 여행의 패턴도 많은 변화를 가져왔다. 예술인, 장인이 배출된 곳이다. 음악가 윤이상, 시인 유치환, 김상옥, 김춘수, 극작가 유치진, 소설가 박경리, 화가 전혁림 등 이루 열거하기도 숨이 막힐 정도로 많다. 통영을 가득 채운 한 예술가들의 향내를 따라 길을 떠나 보자.

(1) 탐방 코스

▶ 전체 코스

통영옻칠미술관 → 청마문학관 → 김춘수 생가 → 남망산국제조각공원 → 청마 생가 터 → 청마거리 → 통영우체국 → 충무교회(문화유치원) → 박경리 생가 → 김상옥 생가 → 이중섭이 기거했던 집 → 윤이상거리 → 도천테마파크(윤이상기념관) → 윤이상 생가 → 전혁림미술관

▶ 당일 추천 코스

청마문학관 → 김춘수 생가 → 남망산국제조각공원 → 이중섭이 기거했던 곳 → 김상옥 생가 → 청마거리 → 박경리 생가 → 윤이상거리

● 통영 관광 포털 tour.tongyeong.go.kr

먼저 시인 유치환 선생의 흔적을 찾아 여행을 떠나 보자. 생가를 원래 터에 복원을 해야 하지만 사정이 여의치 못해 정량동에 청마문학관을 지으면서 전시관과 생가를 복원하였다. 먼저 청마문학관에 가면 안내를 해 주시는 분을 만날 수 있는데 일목요연한 설명과 함께 청마문학관을 관람할 수가 있을 것이다.

관람을 마쳤다면 김춘수 생가를 가 보자. 김춘수 생가는 남망산국제조각공원 입구에 위치한 동산약국 옆에 옛날 김춘수 선생이 살았던 자리에 표석이 설치되어 있다. 이제는 남망산국제조각공원으로 발을 옮겨 보자. 그 공원을 통영 사람들은 '남망산공원' 또는 '남방산공원'이라고도 한다. 해발 72m의 나지막한 공원에는 세계 조각가 15명의 조각품이 전시되어 있고, 각종 공연 문화 행사가 열리는 시민문화회관, 박경리 선생의《김약국의 딸들》영화 촬영 기념비가 있고, 청마 유치환 선생의 깃발 시비가 있다. 내려와 청마 선생의 생가터와 청마거리로 발걸음을 옮겨 보자. 청마거리에서는 그의 작품들에 등장하는 장소들과 건물들의 자취를 느낄 수 있을 것이다.

청마거리를 나와 조금만 더 걸어오다 보면 소설《토지》로 유명한 박경리 선생의 생가를 만날 수 있으며, 조금 더 아래에 대표작으로 〈봉선화〉, 〈백자부〉, 〈사향〉이 있는 시조 시인 김상옥 시인의 생가를 둘러볼 수 있다. 한국 서구 근대화의 화풍을 도입하는 데 공헌한 이중섭 화가가 통영에 있을 때 기거했던 집을 찾아 볼 수 있는데, 그는 이 시기에 통영 일대를 다니면서 푸른 언덕, 충렬사 풍경, 남망산 오르는 길이 보이는 풍경, 복사꽃이 핀 마을 등을 그렸다.

현대 음악 작곡가 윤이상 선생이 통영 출신이라는 걸 모르는 사람은 거의 없다. 매년 3월이면 통영국제음악제가 열리고 윤이상 선생의 친구 또는 제자들이 통영에서 윤이상 선생의 곡을 연주한다. 이 기간에 통영에 온다면 현대음악을 마음껏 누릴 수 있을 것이다. 선생의 생가 앞 도로를 윤이상거리로 지정하고 입구에는 흉상이 거리 중간에는 (재)통영국제음악제 사무국인 페스티벌 하우스가 있다. 축제 기간 중엔 페스티벌 하우스도 테마에 맞게 장식을 하고 윤이상 선생과 관련된 기념품 판매를 한다. 또한 페스티벌 하우스 내 프린지 홀에서는 수시로 작은 음악회가 열리기도 한다. 통영에서 활동하고 있는 우리나라 10대 거장에 속하는 전혁림 화백의 미술관도 방문해 보자. 이곳에서 전 화백의 작품 세계를 엿볼 수 있을 것이다. 바다에 박힌 보석인 섬들처럼 통영을 빛내고 있는 보석, 문화 예술인들의 생가를 중심으로 통영의 문화를 감상해 보았다면 가장 널리 알려진 청마 유치환의 시 한두 편도 한번 감상해 보시기 바란다.

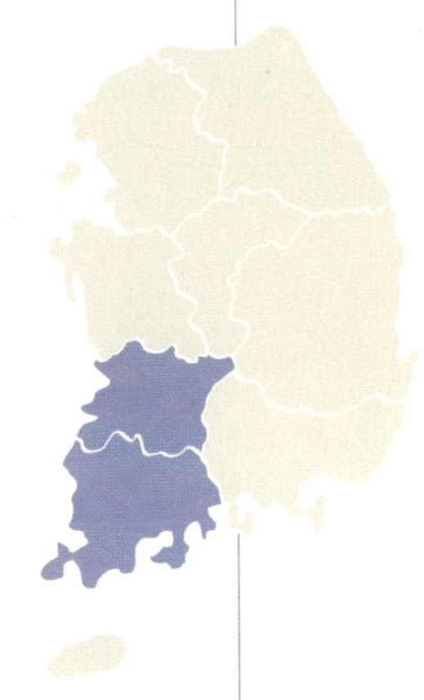

(7) 호남권

1. 문학의 숨결을 따라서, 태백산맥 문학 탐방

　조정래의 태백산맥문학관과 배경지를 방문하여 우리나라 근현대사의 격동적인 현장을 소설로 담아 낸 작품 세계를 확인할 수 있다. 남도의 푸른 향기를 더해 줄 녹차 밭을 방문하여 지친 몸과 마음을 자연 속에서 쉬게 할 수 있다. 남도까지 내려왔으니 하루 묵으면서 가까이에 있는 순천을 찾아보자. 김승옥의 《무진기행》의 배경이 되는 순천만을 찾아 작품의 독특한 분위기를 느껴 보고, 세계적인 자연 보고인 순천만의 아름다움과 소중함을 생각해 보는 시간을 가질 수 있다.

　(1) 주제: 문학의 숨결을 따라서, 태백산맥 문학 탐방

　(2) 주제 도서: 조정래 《태백산맥》, 이청준 《눈길》, 김승옥 《무진기행》

《태백산맥》 1945년 이후 분단 시대사에 결정적인 의미를 갖는 여순 반란 사건에서부터 시작되는 《태백산맥》은 이 땅의 현대사에 대한 한 작가의 문학적 해석일 뿐 아니라 민족 분단의 원인을 규명하고 분단된 민족을 하나로 잇는 작업의 일환으로 평가할 수 있다. 대중적으로 사랑받았을 뿐 아니라, 평론가들도 '해방 이후 최고의 걸작' 중 한 편으로 이 책을 꼽는 데 주저하지 않는다. 분단 문제에 정면으로 도전한 치열한 역사의식, 탁월한 인물 전형화, 감칠맛 나는 전라도 사투리 등이 이 소설의 매력이다.

　(3) 탐방 코스
보성 → 태백산맥문학관 → 태백산맥 배경지 → 보성 녹차밭 → 순천만과 자연생태공원 → 낙안읍성 민속 마을 체험

● 보성
- 태백산맥문학관과 배경지 탐방하기(활동지 수행)
- 보성 녹차밭(대한다원) 방문, 삼나무길을 거닐며 분위기에 어울리는 '삼나무길' 사행 시 짓기
- 녹차밭의 푸른 정경을 감상하며 간단한 CF를 만들고 중요 장면 사진 찍기

● 순천

순천에서 자란 소설가 김승옥은 소설 《무진기행》의 '무진'을 전남 순천과 순천만에 연한 대대포 앞바다와 그 갯벌이라고 밝힌다. 아침이면 자욱한 안개로 덮이는 무진이란 공간을 배경으로 한 《무진기행》은 한국 현대 문학사상 가장 탁월한 단편소설로 꼽히고 있다. 늘 안개가 자욱한 마을 무진. 짙은 안개 속에 가려져 있는 허무한 사랑, 허무한 삶, 그리고 허무한 진실을 그리고 있다.

– 순천만의 갈대와 갯벌 돌아보고 생태 체험하기
– 장산 갯벌 관찰장에서 만난 동물들(짱뚱어, 게 등) 기록하고 사진 찍기
– 갯벌이 없어지면 이 동물들이 어떻게 될지 상상해 보고 갯벌을 지킬 수 있는 캠페인 문구 만들기
– 갈대숲 거닐며 갈대밭이 만드는 아름다움 감상하기
– 탐조 체험을 통해 희귀 조류들과 우리나라에 사는 새들에 대해 기록하기

● 《무진기행》 속 순천만!

바람은 무수히 작은 입자(粒子)로 되어 있고 그 입자들은 할 수 있는 한, 욕심껏 수면제를 품고 있는 것처럼 내게는 생각되었다. 그 바람 속에는, 신선한 햇볕과 아직 사람들의 땀에 밴 살갗을 스쳐 보지 않았다는 천진스러운 저온(低溫), 그리고 지금 버스가 달리고 있는 길을 에워싸며 버스를 향하여 달려오고 있는 산줄기의 저편에 바다가 있다는 것을 알리는 소금기, 그런 것들이 이상스레 한데 어울리면서 녹아 있었다. ……
무진에 명산물이 없는 게 아니다. 나는 그것이 무엇인지 알고 있다. 그것은 안개다. 아침에 잠자리에서 일어나서 밖으로 나오면, 밤 사이에 진주해 온 적군들처럼 안개가 무진을 뻥 둘러싸고 있는 것이었다. 무진을 둘러싸고 있던 산들도 안개에 의하여 보이지 않는 먼 곳으로 유배당해 버리고 없었다. 안개는 마치 이승에 한(恨)이 있어서 매일 밤 찾아오는 여귀(女鬼)가 뿜어내 놓은 입김과 같았다. 해가 떠오르고, 바람이 바다 쪽에서 방향을 바꾸어 불어오기 전에는 사람들의 힘으로써는 그것을 헤쳐 버릴 수가 없었다.

● 《곽재구의 포구 기행》 속 순천만!

저문 시간이면 순천만에 나간다. 눈앞에 펼쳐지는 너른 개펄이 좋고 개펄 냄새를 이리저리 싣고 다니는 바람의 흔적이 좋다.
키 넘게 훌쩍 자란 갈대숲. 갈대들의 목은 꺾여져 있다. 모두 같은 방향이다. 바람은 가끔씩 갈대숲 사이로 들어온다. 그럴 때 갈대들은 자신의 내면 안에 숨긴 낡고 오래된 악기의 소리를 낸다. 어디로 갈까…… 고개 숙이고 끝없이 걸어가는 갈대들의 행렬은 순례자의 그것을 닮아 있다. (중략)
나는 갈대밭과 개펄이 만나는 맨 끝 지점까지 걸어 들어간다. 해는 다 졌지만 해의 숨결은 여전히 짙다. 하늘에는 노을이 장관이다. 모르는 사람은 서편 하늘에만 노을이 빛어질 거라 생각할 것이다. 그렇지 않다. 동쪽과 남쪽, 북쪽 하늘 모두 노을이 진다. 형형색색의 노을을 보고 있노라면 그 섭리의 이면이 문득 궁금해진다. 처음 그 노을을 보았을 때 나는 개펄 위에 무릎을 꿇었다. 그리고는 두 손 가득 웅덩이의 물을 담았다. 함께

(4) 이렇게 따라가 봐요!

■ **태백산맥문학관 탐방하기**

1. 전시관을 둘러보며 조정래의 문학 세계와 정신 살펴보기
   –조정래의 문학 정신이 담겨 있는 현판의 문구를 채워 보자.

> 문학은 인간의 ○○○○○을 위하여 인간에게 ○○해야 한다.

2. 《태백산맥》은 어떻게 탄생했을까? 전시관을 돌며 작가의 준비와 집필 과정에 담겨 있는 열정 느껴 보자.

① 《태백산맥》이모저모!! ○ 속의 숫자를 찾아 계산식을 완성하고, 답을 맞혀 보자.
   [○년간의 자료 조사 기간] + [○년간의 집필] × [입장료 ○원] + [영화 〈태백산맥〉 ○년도 제작] + [전시관 총 ○마당] = [   ]

② 거대한 대하 소설인 《태백산맥》의 첫걸음인 육필 원고 첫 장의 사진을 찍고, 컴퓨터를 이용한 글쓰기가 아닌 육필 원고만의 느낌과 멋을 느껴 보자.

③ 작가 조정래의 캐리커쳐에 기록된 멋진 문구를 찾아서 옮겨 적어 보자.

★ 간식 타기 《태백산맥》 O, X 퀴즈!
① 소설 《태백산맥》은 총 12권으로 이루어진 대하 장편소설이다. (O, X)
② 《태백산맥》이 처음 연재된 것은 〈현대문학〉 1983년 9월호이다. (O, X)
③ 작가 조정래의 다른 작품에는 《혼불》이 있다. (O, X)
④ 《태백산맥》에 찍은 작가의 도장은 36개가 전시되어 있다. (O, X)
⑤ 작가의 유서 두 편이 전시되어 작품을 임하는 비장함을 엿볼 수 있다. (O, X)
⑥ 《태백산맥》 제 1부의 제목은 '타는 모닥불'이다. (O, X)

⑦ 작가 조정래는 4남 4녀 중 장남으로 태어났다. (O, X)
⑧ 《태백산맥》의 육필 원고는 총 16,500매에 달한다. (O, X)
⑨ 배경이 되는 벌교의 유명한 음식은 벌교 새조개이다. (O, X)
⑩ 영화 〈태백산맥〉의 감독은 이준익 감독이다. (O, X)

■ 《태백산맥》 배경지에 재현된 소설 속 장면 살펴보기

－현부자 집, 소화의 집, 김범우의 집을 돌아보며 소설 속 장면을 상상해 본다.

① 소화의 집

> 조그만하고 예쁜 기와집. 방 셋에 부엌 하나인 집의 구조…… 부엌과 붙은 방
> 은 안방이었고, 그 옆방은 신을 모시는 신당이었다. 부엌에서 꺾여 붙인 것은
> 헛간방이었다.
>
> _《태백산맥》1권 17쪽

소설 《태백산맥》은 이 집의 신당에서 정참봉의 손자 정하섭과 무당 월녀의 딸 소화
가 애틋한 사랑을 시작하는 것으로 길고도 아픈 이야기를 시작한다. 소설 속에 그
려진 소화의 모습처럼 정갈하고 아담한 소화의 집을 보며 두 사람의 아름다운 사랑
의 장면을 떠올려 보자.

② 현부자 집

> 그 자리는 더 이를 데 없는 명당으로 널리 알려져 있었는데, 풍수를 전혀 모르
> 는 눈으로 보더라도 그 땅은 참으로 희한하게 생긴 터였다
>
> _《태백산맥》1권 14쪽

소설 《태백산맥》이 문을 여는 첫 장면에서 처음 등장하는 집이다. 조직의 밀명을 받
은 정하섭이 활동 거점을 마련하기 위해 새끼 무당 소화의 집을 찾아가고, 이곳을
은신처로 사용하게 되면서 현 부자와 이 집에 대한 자세한 묘사가 펼쳐지게 된다.
소화와 정하섭의 애틋한 사랑의 보금자리이기도 하다.
- 소박한 소화의 집과는 달리 위풍당당하게 서 있는 현 부자 집의 독특한 대문과
  정원, 가옥의 구조 등을 둘러보며 구석구석 감상해 보자.
- 소화와 정하섭의 가슴 아픈 사랑과 애틋한 마음을 담을 수 있도록 마음에 드는
  공간을 골라, 아름다운 장면을 연출하여 사진을 찍어 보자.

③ 김범우의 집

> 과분한 땅이라고? 이 사람아, 요 정도가 내가 지닌 땅 중에서 젤로 나쁜 것이
> 네. 눈 붉은 우리 선대의 유산이 어련허겄는가. 맘 쓰지 말고 밭 일구도록 허게.
> 허허허허.
>
> _《태백산맥》1권 141쪽

원래 대지주였던 김씨 집안 소유의 집이다. 안채의 대문 옆에 딸린 아랫채에서 초등
학생이었던 작가가 친구인 이 집 막내 아들과 자주 놀았다는 것은 작은 흥미를 일으
킨다. 소설에서는 품격 있고 양심을 갖춘 대지주 김사용의 집으로 그려지고 있다.
사랑채, 겹안채, 창고 자리, 장독대, 돌담 등 그 모든 형태와 규모들이 대지주의 생
활상을 한눈에 파악할 수 있게 한다. 이 집에서도 오른쪽으로 고읍들이 한눈에 들
어오는 것은 집 자리를 무심코 잡은 게 아님을 보여 준다.

(5) 미리 알고 떠나요!

● 보성문화관광 www.boseong.go.kr
태백산맥문학관과 녹차밭뿐만 아니라 보성의 다양한 관광 정보를 얻을 수 있다. 서편제
보성 소리 축제, 벌교 꼬막 축제 등에 대한 상세한 정보도 있으니, 이에 맞춰서 일정을
짜는 것도 재미있을 것이다.

● 태백산맥문학관 tbsm.boseong.go.kr
문학관 전시실에는 1983년 집필을 시작으로 6년 만에 완결하고 이적성 시비로 몸살을
앓았으며, 그 유형 무형의 고통을 겪고 분단 문학의 최고봉에 올랐던 작가 조정래의 소
설 《태백산맥》에 대한 자료가 전시되어 있다. '소설을 위한 준비와 집필', '소설 《태백산
맥》의 탈고', '소설 《태백산맥》 출간 이후', '작가의 삶과 문학 소설 《태백산맥》'이란 장
으로 구성되어 있다.

● 순천만 www.suncheonbay.go.kr
순천시를 중심으로 하여 동쪽의 여수반도와 서쪽의 고흥반도에 둘러싸인 호수와 같은
만으로, 광활한 갯벌이 펼쳐져 있으며 크고 작은 섬과 주변의 산과 바다가 어우러져 서
해안 등 다른 지역과는 달리 주변 경관이 아름다운 지역이다. 순천만의 갯벌 앞부분까
지 전개되는 갈대 군락은 전국에서 가장 넓은 면적으로 가을 무렵 갈대꽃이 피고 칠면

초가 붉은빛을 띠며 흰색의 철새가 날아오르는 광경은 전국에서 가장 빼어난 자연 경관을 자랑하고 있다.

● 순천만 자연생태관
순천만의 다양한 생태 자원을 보존하고, 자원의 학술적 연구와 학생 및 일반인의 생태 학습을 위해 조성된 공간이다. 내부 시설로 기획 전시실, 전시실, 영상관, 생태 교실, 세미나실 등이 있으며, 외부 시설로 갯벌 관찰장이 인접해 있어 학생 및 일반인의 생태 학습장으로 활용할 수 있다.

● 낙안읍성 민속 마을 www.suncheon.go.kr/nagan
삼한 시대 마한 땅, 백제 때 파지성, 고려 때 낙안군 고을터, 조선 시대 성과 동헌(東軒), 객사(客舍), 임경업 군수비, 장터, 초가가 원형대로 보존되어 성과 마을이 함께 국내 최초로 사적 제302호에 지정되었다. 지금도 성 안에는 108세대가 실제 생활하고 있는 살아 숨쉬는 민속 고유의 전통 마을로서 민속 학술 자료는 물론 역사의 산 교육장으로 가치를 인정받고 있다.

2. 탁류에서 아리랑을 노래하다, 군산 근대 문학 탐방

전라북도 북서부에 위치한 군산은 기름진 평야와 아름다운 자연 그리고 수많은 문화유산을 간직해 온 유서 깊은 고장이다. 소설《탁류》의 배경이 되었던 군산 시가와 금강을 바라보고 있는 문학길을 따라가 본다. 그리고 한반도에서 유일하게 지평선이 보이는 호남 평야의 중심인 김제 만경 평야를 찾아 소설《아리랑》의 무대를 걸어 본다.

(1) 주제: 탁류에서 아리랑을 노래하다

(2) 주제 도서: 조정래《아리랑》, 채만식《탁류》

《아리랑》 동학혁명 이후 10년, 을사보호조약이 체결된 1905년 전후부터 해방기까지 가려져 있던 우리 민족의 수난사요, 투쟁사를 그렸다. 대하소설《아리랑》의 작가 조정래는 5년이라는 시간을 고스란히 이 작품을 위해 바쳤다. 그런 점에서《아리랑》은 작가가 5년여의 시간 동안 육필로 써 낸 우리의 민족사이다.

(3) 탐방 코스:

금강 하구둑 → 채만식문학관 →《탁류》배경지 → 점심 → 아리랑문학관 → 김제 벽골제(농경문화박물관 등 벽골제 테마 파크)

《탁류》문학 배경: 월명공원, 미두장(米豆場), 째보 선창, 조선은행

(4) 이렇게 따라가 봐요!

■ 아리랑문학관 탐방하기

1. 높다랗게 쌓여 있는 원고지

초입에는 소설 육필 원고를 그대로 쌓아 놓아 전시하고 그중에 일부를 발췌해 전시해 놓았다. 이와 더불어 작가의 친필로 이루어진 작품 구상 과정이 유리벽에 그대로 묘사되어 있다. 유리벽 안에 가두어 놓는 일반적인 방식보다는 신선하고 재미있게 다가온다. 다른 쪽 벽에는 아리랑의 개략적인 줄거리와 인물 관계도 등이 그려져 있다.

활동 1. 다음은 《아리랑》 1권의 줄거리이다. 책을 읽고 빈칸에 알맞은 내용을 적어
보자.

① ○○의 길
감골댁은 동학농민혁명에 가담하였다가 병을 얻고 숨어 지낸 남편의 약값으로 김가
에게 18원의 빚을 지게 된다. 그러나 남편은 결국 죽고, 갚을 길 없는 빚 때문에 감
골댁의 큰아들 방영근은 20원에 하와이 이민으로 팔려가게 된다. 같은 동학군 출신
으로 친가족처럼 지내던 지삼출이 나머지 돈을 받아 내려 하지만 결국 장칠문을 한
대 친 죄로 주재소로 끌려간다. (힌트 ㅇㅂ)

② ○○○○○일꾼
구속된 지삼출은 일본 헌병으로부터 심한 구타를 당하고 조선인의 관가로 보내 달
라고 항변한다. 그러나 조선 땅의 치안이 일본에게 넘어갔다는 소리에 절망하고 새
삼 동학농민운동의 실패를 한스러워하게 된다. 선택의 여지도 없게 된 지삼출은 징
역살이 대신 철도 공사장의 일꾼으로 가게 된다. (힌트 ㅊㄷㄱㅅㅈㅇㄲ)

③ ○○○을 배워라
양반들 편에서, 동학군의 편에서 시세에 맞춰 살아나가는 아전 출신 기회주의자 백
종두는 신분적 제약에서 벗어나고자 일어를 배우기 시작한다. 개항이 되면서 일어
학원들이 문을 열자 백종두는 놀기 좋아하는 아들을 학원에 보내고자 안달을 한다.
(힌트 ㅇㅂㅁ)

활동 2. 인물 관계도를 잘 읽어 보고 다음 캐릭터는 어떤 인물일지 유추해서 연결해
보자.
① 동학군이었던 남편의 병 때문에 진 빚으로 맏아들이 하와이로 팔려감.
② 감골댁의 3녀로 빼어난 미모를 지님. 하시모토를 피해 이사함.
③ 동학군 아버지의 피를 이어받아 적극적이며 투쟁적임.
④ 동학 농민군 아들로 동학혁명 당시 집안이 몰살당함.

[보기] 방대근, 감골댁, 공허 스님, 방수국

2. 제1전시실
《아리랑》 전반에 대한 소개와 작가의 친필 원고, 작품 세계가 전시되어 있다. 2층의
전시실로 올라가는 계단에는 조정래 선생이 작품을 쓰기 위해 부단히 발품을 팔아
작성했던 취재 노트가 계단을 따라 전시되어 있었다. 이 취재 노트에는 직접 그린
그림, 인터뷰, 작품 구상도 등이 나타나 있었다. 작가의 열정이 고스란히 드러나는

대목이다.

활동 3. 작가의 취재 노트 따라잡기
작가가 작품을 만들기 위해 꼼꼼하게 취재 노트를 작성한 것처럼 전시실에서 만난
작가의 모습을 취재 노트로 그려 보고 써 보자.

3. 제2전시실
2층에는 아리랑 문학 기행 안내도가 있다. 소설의 발자취를 따라 기행할 수 있는 정
보를 제공한다. 소설의 루트를 따라 여행 계획을 세우고 싶은 관람객이라면 환영할
만한 전시물이다. 안으로 들어가면 조정래 선생이 직접 사용한 책상과 필기도구, 입
었던 옷과 작품, 유품들이 진열되어 있다.

4. 제3전시실
작가의 가족 사진과 캐리커처 등이 전시되어 있다. 그림에는 시대를 반영하는 문학
작품을 집필하는 작가에 대한 고민을 엿볼 수 있다. 그가 어떠한 마음으로 작품을
집필하는지도 생각해 볼 수 있다. 다음 캐리커처를 찾아서 쓰여 있는 문구를 완성
하라!
'작가는 주장하거나 해결하는 사람이 아니라 ○○ ○○○를 보여 주는 사람이다'

■ **소설《아리랑》배경지 소개**
한반도에서 유일하게 지평선이 보이는 호남 평야의 중심인 김제 만경 평야. 일제는
이미 1903년부터 이곳에서 침탈을 시작했고, 이곳에서의 착취는 해방될 때까지 가
장 극심했다. 그래서 소설《아리랑》은 이곳에서부터 시작되었다.

① 하시모토 농장 사무실
교본(하시모토) 농장은 김제시 죽산면 서포리의 개간지를 중심으로 이루어졌다. 웅
본농장은 김제시 죽산면 연포리 등지에 농지를 확보했다. 아부농장은 김제시 광활
면 일대를, 다목농장은 학부대신 이완용이 소유했던 김제시 진봉면 일대의 토지를
사들여 농장을 이루었다.

② 김제 평야
김제는 전라북도 중앙부의 서쪽에 위치한 곳으로 우리나라의 지형에서 김제는 유일
하게 땅과 하늘이 일직선으로 맞닿은 지평선을 볼 수 있는 곳이다.

(5) 미리 알고 떠나요!

● 아리랑문학관 ☎ 063-540-3934
조정래 소설《아리랑》의 원고와 시각 자료를 전시한 문학 전시관. 우리나라에서 유일하
게 지평선을 볼 수 있는 전라북도 김제시 벽골제 부근에 조정래의 아리랑문학관이 있
다. 아리랑문학관은 조정래의 작품《아리랑》과 작가의 정신을 엿볼 수 있는 살아 있는
문화 공간일 뿐만이 아니라 민족의 숨결을 느낄 수 있는 교육의 장이기도 하다. 월요일
은 휴관한다.
개관 시간: 하절기 09:00~18:00, 동절기 09:00~17:00
휴관: 월요일

● 채만식문학관 chae.gunsan.go.kr, ☎ 063-454-7885
채만식 선생은 1924년 단편소설〈세길로〉로 조선 문단에 등단하고 타계하기 직전인
1950년에 이르기까지 30여 년 동안 소설, 희곡, 평론, 수필 등 200여 편의 많은 작품
을 저술하였다. 채만식문학관은 채만식의 삶과 문학을 느낄 수 있도록 전시 시설을 갖
추고 있다.
개관 시간: 하절기 09:00~18:00, 동절기 09:00~17:00
휴관: 월요일, 1월 1일

● 김제 벽골제 tour.gimje.go.kr, ☎ 063-540-4986
벽골제와 관련된 벼 고을 농경 문화 테마 파크로 운영되며 농경문화박물관과 지평선 축
제 등 문화 유적지와 문화 행사가 자세히 소개되어 있다.

● 전주한지박물관 www.hanjimuseum.co.kr, ☎ 063-210-8103
한지의 역사와 종류 등 한지에 관한 다양한 자료와 정보가 자세히 안내되어 있으며 한
지 재현 코너에서는 과거 한지를 뜨던 전 과정을 보고, 체험할 수 있다.
개관 시간: 09:00~17:00
휴관: 월요일, 1월 1일, 설 연휴, 추석 연휴

● 백릉 채만식 선생 문학비
백릉 채만식 선생의 문학비는 군산시 월명공원 안에 세워져 있다. 소설《탁류》의 배경
이 되었던 군산 시가와 금강을 바라보고 있는 곳으로 수시탑 뒤 순환 도로를 따라 남쪽
으로 100m가량 내려간 언덕 위에 자리했다. 그의 문학적인 공적을 기리기 위해 1984
년에 세운 문학비에는 "탁류는 한 시대의 역사적 현장으로서 세태의 혼탁한 흐름을 상
징적으로 표현한 것으로 인간의 탐구에 크게 기여한 기념비적인 작품이다. 이제 유서
깊은 이 고장 도도히 흐르는 바다를 굽어보는 자리에 정성을 모아 여기 영구 불망의 한
돌을 세워 그 업적을 길이 추모하게 되었으니 기쁜 마음 그지없다"라고 새겨져 있다.

● 백릉 채만식 소설비
소설《탁류》의 주요 배경인 미두(米豆)의 거리에 있다. 미두장은 일종의 도박장으로 소
설의 주요 인물 정주사도 여기에서 빈털터리가 되었다.

(6) 이런 곳도 있어요!

● 군산 근대 문화유산 투어 '채만식 코스'
《탁류》와《태평천하》,《레디메이드 인생》등 풍자적 작품을 주로 쓴 소설가 백릉 채만식
선생이 쓴 소설의 주요 배경을 돌아보는 근대 문화유산 답사 코스로 만석지기의 노름이
라는 미두장의 기념비를 볼 수 있는 곳이다.

● 미두장(米豆場)
미두는 현물 없이 쌀을 팔고 사는 일을 말한다. 실제 거래를 목적으로 하는 것이 아니
고 쌀의 시세를 이용하여 약속으로만 거래하는 일종의 투기 행위이다. 군산 미두는 일
제가 호남 농촌 자본을 노리는 식민지 정책의 표본이었다.《탁류》의 소설 무대는 바로
이곳 군산 미두장을 중심으로 이루어진다.

● 째보선창
지리적으로 살펴볼 때 금강 하구로 흐르던 강줄기가 동부 어판장으로 살짝 한쪽으로
째지면서 선창을 이루고 있다. 마치 째보처럼 째졌다하여 붙여진 별명 또는 째보라는
텃새 부리던 실존 인물 이름이 거론된다(현재 동부 어판장 옆 매립터).
소설 중 여기는 정주사가 서천에서 군산으로 건너온 착지이다. 정주사는 강 건너 서천
땅에서 그의 선대 유산인 선산 한 필지에 논 4천 평과 집 한 채를 모조리 팔아 빚을 뚜
두려 갚고 그의 처 "유씨", 딸 "초봉, 계봉" 그리고 아들 형주를 거느리고 용댕이에서 똑
딱선을 타고 이곳 째보선창으로 건너와 처음 발을 내디딘 곳이다.

● 조선은행
이 조선은행은 주로 조선인들만이 거래하던 은행이다(현재 빈해원 옆 좌측 길 건너편).
여기는 조선은행 군산 지점이다. 소설 탁류에서 고태수가 근무하던 은행이 조선은행으
로 추정된다.

● 콩나물 고개
정주사 집으로 가려고 하면 이 콩나물 고개를 지나야 한다. 콩나물 고개는 조선인 거류
지역으로 초가집 지붕이 마치 콩나물 시루같이 다닥다닥 붙은 데서 비롯된 말이다.

3. 오월길에서 치유의 길을 생각하다, 광주 오월 문학 탐방

　도시 전체가 역사의 아픔을 끌어안고 있는 그곳, 광주의 오월길을 걷다 보면 1980년 5월 18일에 일어난 그 일이 얼마나 참혹하고 무자비했는지 느낄 수 있다. 문학은 역사와 같은 곳을 바라보며 간다. 역사가 차마 기록하지 못한 일들도 문학은 절대 놓치지 않고 왔다. 5월 그날의 기억도 마찬가지다. 광주 시내 전체에 이어진 오월길에는 그날의 역사가 걸음걸음 놓여 있다. 오월길을 걸으며 어두운 군사독재 시절의 우리를 바로 보고 함께 치유의 길을 생각해 보는 시간을 갖자.

　(1) 주제: 광주, 오월길에서 치유의 길을 생각하다

　(2) 주제 도서:

강풀《26년》, 공선옥《그 노래는 어디서 왔을까》, 이청준《벌레 이야기》

《26년》 단절되지 않은 아픔을 딛고 일어서는 광주의 아이들! 1980년 5월의 역사적 비극을 정면으로 다루는 강풀의 만화《26년》. 현대사의 뼈아픈 비극을 단죄와 복수라는 도발적인 방식으로 다루는 이 작품은 역사적 비극에 휩쓸려야 했던 이들을 따뜻한 시선으로 그려 내고 있다.

《그 노래는 어디서 왔을까》 1970년대 시골 마을 투전판에서 돈을 몽땅 잃고 일자리마저 잃은 아버지는 정애에게 언어 장애를 가진 엄마와 동생들을 맡기고 외지로 떠난다. 동네 사람들은 하루아침에 가장을 잃은 정애네를 업신여기기 시작하고 이웃들은 정애의 동생 순애에게 몹쓸 짓을 하고 끝내 정애 또한 그들의 희생양이 되었지만 동네의 모습은 변한 게 없다. 시름시름 앓던 순애가 죽고 쌍둥이를 출산하던 엄마도 배 속의 아이들과 함께 저 세상으로 가 버리자 이웃들은 정애에게 푼돈을 쥐여 주고 광주로 올라가 장사를 하라고 등을 떠민다. 1980년대 광주에서의 묘자와 정애의 삶이 펼쳐진다.

　(3) 문학 속 그곳:

국립 5·18 민주묘지, 망월묘지, 옛 전남도청 등 금남로 주변 사적지

⑷ 독서 문화 탐방 코스

국립 5·18 민주묘지 → 옛 전남도청 등 금남로 주변 사적지(9개소) →
대인시장(예술 시장 프로젝트)

● 국립 5·18 민주묘지

국립묘지로 단장된 신묘역에서 다리를 건너 광주항쟁 당시 만들어졌던 망월동 묘지를
찾아보자. 망월동 묘지는 광주민중항쟁 당시 희생당한 시신을 묻은 곳으로, 당시 희생
된 분들뿐만 아니라 1980년대 저항 시인인 김남주 묘지를 비롯해 경찰의 최루탄에 맞
아 목숨을 잃으며 1987년 6월 항쟁에 불을 붙였던 이한열의 묘지 등이 있어 광주민주
항쟁과 이후 민주화운동에서 산화한 넋을 기리고 있다.

● 옛 전남도청 등 금남로 주변 사적지

1980년 5·18 당시 계엄군에 맞서 민주화를 촉구했던, 광주민주항쟁을 상징하는 거
리다. 금남로 원형 광장의 끝에는 옛 전남도청이 자리하고 있다. 전남도청 건물은 시민
군이 마지막 항쟁을 준비했던 장소이자 학살당한 장소이기도 하다. 그 외 표지석으로
YMCA 옛터, MBC 옛터, 녹두서점 옛터 등 과거의 광주민주항쟁의 중심이었던 장소들
이 안내되고 있다.

● 대인시장(예술 시장 프로젝트)

광주 대인시장은 1959년 5월, 광주 지역 최초의 재래시장으로 해방 후 광주의 역사를
고스란히 담고 있다. 이 시장은 2008년 '복덕방 프로젝트'를 시작으로 문화가 꽃피는
시장, 머물고 싶은 시장으로 변하게 되었다. 예술가와 큐레이터들이 참여해서 맛과 멋
을 가진 시장이다.

(5) 이렇게 따라가 봐요!

■ **옛 전남도청 등 금남로 주변 사적지(9개소)**

활동 1. '나는야 당당한 시민군!'을 주제로 인증 사진 찍기

활동 2. 과거에서 온 희망 메시지
내가 과거의 시민군이 되어 미래의 학생들에게 편지를 보내 보자.

____
____
____
____
____

활동 3. 이곳은 과연 어디일까요? 찾아서 선생님에게 메시지 보내기!

① 이곳은 한국 민주주의 역사에 찬연히 빛나는 5·18 광주민주항쟁이 시작된 곳이
다. 1980년 5월 17일 자정, 불법적인 비상계엄 전국 확대에 따라 전남대에 진주한
계엄군은 도서관 등에서 학생들을 구타했으며, 이 과정에서 많은 사망자가 발생했
고, 주검은 학교 안에 암매장되었다.

② 이곳은 5·18 광주민주항쟁이 치열하던 5월 21일, 시민군이 시내 중심가에서 계
엄군을 물리친 후 모범적으로 지역 방위를 했던 곳이다. 주민들은 밥을 지어 오고
담배와 음료수를 가져다 주는 등 시민군과 한 덩어리가 되어 이곳을 지켰다.

(6) 미리 알고 떠나요!

● 5·18 기념재단 518.org, ☎ 062-360-0518
5·18 관련 과거와 현재의 기록이 그대로 남아 있는 공간이다.

● 국립 5·18 민주묘지 518.mpva.go.kr, ☎ 062-268-0518
우리나라 민주화를 위해 목숨을 바치신 분들을 안장하고, 그 뜻을 기리기 위한 공간
이다.

4. 시문학으로 꽃피운 순수문학의 세계로, 박용철·김영랑 문학 탐방

광주는 1930년대 〈시문학〉 동인 중 박용철, 김영랑의 고향이다. 순수 서정의 세계로 현대시를 이끈 두 거장의 생애가 곳곳에 남아 있다. 우리말의 아름다움을 살려 노래하듯이 시를 읊은 시인의 발자취를 따라가 보자.

(1) 주제: 시문학으로 꽃피운 순수문학의 세계로, 박용철·김영랑 문학 탐방

(2) 주제 도서: 박용철《나도야 간다》, 김영랑《모란이 피기까지는》

《나도야 간다》 1920년대 시의 큰 흐름이었던 계급문학과 모더니즘에 반하여 문학 그 자체의 순수성을 추구하고자 했던 박용철의 시집. 〈싸늘한 이마〉, 〈부엉이 운다〉, 〈인형〉, 〈비에 젖은 마음〉 등의 시편을 수록하고 있다.

《모란이 피기까지는》 동향 문인 윤선도의 시조에서 깊은 영향을 받아 자신의 내면을 깊이 들여다보고 순수하고 깨끗한 자연 앞에 겸허한 인간의 자세를 보여 준 김영랑의 시집. 〈돌담에 속삭이는 햇발 같이〉, 〈모란이 피기까지는〉 등의 시편을 수록하고 있다.

(3) 탐방 코스:
박용철 생가 → 송정공원 → 김영랑 생가 → 예던길

● 박용철 생가
지방 기념물 제13호로 지정된 작은 초가집인 용아 박용철의 생가는 뜨락, 마당, 담장 등 시골의 조촐하고도 소박한 아름다움을 품고 있다. 박용철은 이곳에서 태어나 자랐고, 일본 유학 후 고향으로 돌아와 고향 사람들에게 개화 문명을 소개하고 자주독립의 의지도 일깨워 주는 역할을 했다. 초가지붕을 좋아해서 아버지의 고집에도 불구하고 끝내 초가를 유지하게 했다고 알려져 있다. 현재 광주광역시 지방 기념물 제13호로 지정되어 있으며 용아를 그리는 수많은 이의 발길이 끊이지 않고 있다.

● 송정공원
박용철 생가 뒤쪽에 자리한 공원이며, 그의 〈떠나가는 배〉가 적힌 시비가 있는 곳이다. 그 외에 현충탑과 송정도서관이 자리하고 있다. 박용철의 생가를 방문하고, 공원에 올

라 편안한 마음으로 그의 시를 감상하기에 좋은 장소이다.

● 김영랑 생가
강진의 부호 집답게 넓은 마당과 큰 집이 그대로 보존되어 있다. 집 안에는 영랑의 초상화와 글씨, 그리고 세간들이 남아 있어 마치 지금도 영랑이 그곳에서 생활하는 것 같은 느낌을 준다.

● 예던길
'가던 길'의 옛말로 영랑과 다산의 철학이 스며 있는 길. 이 길은 오늘을 사는 사람들에게 잠시나마 시대를 초월한 공감과 감흥을 준다. 발길 닿는 곳마다 영랑의 시가 새겨진 비석이 있고, 다산의 향기를 느낄 수 있다.

(4) 미리 알고 떠나요!

● 광주 문화관광 포털 utour.gwangju.go.kr
광주의 가 볼 만한 20선, 광주 8경 5미 등 광주 여행의 추천 관광지가 소개되어 있다. 즐길거리, 먹을거리, 잠잘거리, 살거리 등 광주로 여행을 가기 전에 반드시 방문해서 정보를 수집해야 하는 사이트다.

● 지역 정보 포털 www.oneclick.or.kr
한국지역진흥재단에서 운영하는 사이트로 지역별 문화 관광지에 대한 정보가 있다. 축제 정보, 문화재 설명 등 전국의 어느 지역이라도 검색해서 여행할 수 있다.

● 광주문화재단 www.gjcf.or.kr
광주에서 진행되는 문화 정보를 수집할 수 있는 사이트다. 축제, 전시, 공연 등이 소개되어 있다.

5. 자연을 벗삼아 문학을 느끼다. 가사 문학 기행

전남은 한국 가사 문학의 모태라 할 수 있는 지역이다. 게다가 이를 아름다운 자연과 함께 느낄 수 있는 장소이다. 송강 정철이 내려와 가사를 지었던 곳, 정약용이 유배 생활 중 머물렀던 곳 등을 둘러보면서 당시 자연 속에서 문학을 즐기던 선비들의 마음을 따라가 보자.

(1) 주제: 자연을 벗삼아 문학을 느끼다. 담양 가사 문학 기행

(2) 주제 도서: 정약용《다산산문선》, 정철《송강가사》

《다산산문선》 누구의 부탁도 받지 않고 쓴 이 글들은 억울하게 죽어간 이들에 대한 기록이기도 하지만, 권력에서 소외된 지식인들이 수난받던 시대의 생생한 자료로서 고발 문학의 일종이기도 하다. 개정 증보판에는 다산의 부친에 대한 기억과 어린 시절을 확인할 수 있는 자료인 〈아버지를 회상하며〉와 〈맏형수 공인 이씨 묘지명〉을 추가해 다산의 생애에서 빠진 부분을 살펴볼 수 있도록 했다.

《송강가사》 송강 정철의 가사 문학을 한데 모아 간단한 맛보기부터 깊은 음미까지 모두 할 수 있는 가사집이다. 교과서에서 보던 딱딱한 가사의 느낌이 아니라 자연과 어우러져 즐길 수 있는 문학으로서의 가사를 다시 느낄 수 있을 것이다. 〈관동별곡〉, 〈성산별곡〉, 〈사미인곡〉, 〈속미인곡〉, 〈장진주사〉 등이 실려 있다.

(3) 탐방 코스
소쇄원 → 한국가사문학관 → 다산초당 → 면앙정 → 송강정

● 소쇄원
소쇄원은 조선 시대 양산보가 만든 정원으로 명승 제40호로 지정되어 있다. 양산보는 스승이 유배되고 사약을 받자 자신도 벼슬을 버리고 고향으로 내려와 소쇄원을 만들었다. 이는 송순, 김윤제, 고경명, 정철 등이 모여서 학문과 정치 등을 이야기하며 조선 중기 호남의 사림 문화를 이끈 인물의 다리 역할을 했다.

● 한국가사문학관 www.gasa.go.kr

담양 지역은 조선 시대 사림들이 낙향하거나 유배를 와서 정착한 곳으로, 한국 가사 문학의 대가로 꼽히는 송강 정철과 윤선도가 살았다. 담양은 정철이 〈사미인곡〉, 〈속미인곡〉, 〈성산별곡〉을 지은 누정 문학의 본향이다. 《면앙집》과 《송강집》 등의 친필 원고가 보관되어 있고 한국 가사 문학에 관련된 다양한 자료를 갖춘 문학관이다.

입장료: 어른 2,000원, 청소년 1,000원

● 다산초당

사적 제107호로 지정된 다산초당은 다산 정약용이 유배되어 18년간 머문 강진 지역에서 가장 오랜 기간 머물며 후진 양성과 실학을 집대성한 장소이다. 그를 아끼던 정조가 세상을 떠난 후, 강진으로 유배된 다산은 유배가 풀리던 1818년까지 이곳에 머물며 제자를 가르치고 글 읽기와 집필에 몰두하여 《목민심서》, 《경세유표》, 《흠흠신서》 등 600여 권의 저서를 남겼다.

● 면앙정

배롱나무로 둘러싸인 고요한 이 정자는 송순이 관직을 내려놓고 담양으로 내려와 지은 것이다. 최초의 모습은 바람과 비를 겨우 가릴 정도의 초라한 초정이었지만, 몇 차례 보수 끝에 지금의 모습을 갖추었다.

● 송강정

식영정·환벽당과 더불어 송강 유적 가운데 하나인 송강정은 송강 정철의 대표적인 유적지다. 이곳은 정철이 동인들의 압박을 이기지 못하고 내려와 초막을 지어 살며 〈사미인곡〉을 지었던 곳으로 후손들이 그를 기리기 위해 지은 정자이다.

(4) 이렇게 따라가 봐요!

- **한국가사문학관**
한국가사문학관의 정원에 있는 '소와 목동'의 청동상 앞에서 그 모습과 어울리는 짧은 가사 한 줄을 지어 보자.

- **다산초당**
유배를 마치고 고향으로 돌아가기 전 다산이 직접 새긴 비석인 정석에 쓴 글자는 무슨 글자일까?

- **면앙정**
면앙정에서 〈면앙정가〉의 아래 부분을 상상해서 채워 보자.

옥천산, 용천산에서 내리는 물이
정자 앞 넓은 들에 끊임없이 퍼져 있으니,
넓거든 길지나, 푸르거든 희지나 말거나,
쌍룡이 몸을 뒤트는 듯, ________________
어디를 가려고 무슨 일이 바빠서 달려가는 듯,
따라가는 듯 밤낮으로 흐르는 듯하다.

- **송강정**
송강정에서 〈사미인곡〉의 빈칸을 채워 보자.

아, 내 병이야 이 님의 탓이로다.
차라리 사라져 ○○○ 되리라.
꽃나무 가지마다 간 데 족족 앉고 다니다가,
향 묻은 날개로 임의 ○에 옮으리라
님이야 나인줄 모르셔도 나는 님 쫓으려 하노라.

(5) 미리 알고 떠나요!

● 지역 정보 포털 www.oneclick.or.kr
한국지역진흥재단에서 운영하는 홈페이지이다. 여행 정보, 문화 행사, 향토 문화, 지역
자료실 등 지역의 정보가 자세히 기록되어 있다.

● 소쇄원 www.soswaewon.co.kr
소쇄원을 소개하는 홈페이지이다. 소쇄원 조경, 건축, 원속 48영 등에 대한 자세한 정
보가 담겨 있고 소쇄원의 행사, 투어 프로그램 등이 공지되는 곳이다.

● 담양군 문화관광 tour.damyang.go.kr
담양군의 문화관광 시설을 안내하는 홈페이지다. 관광 명소, 테마 관광, 역사 문화, 축
제, 행사, 관광 가이드 등에 대한 정보가 자세히 소개되어 있다. 과거와 현재의 모습이
잘 기록되어 있어 방문하기 전에 검색하면 좋다.

(8) 제주

1. 아름다운 섬 이면에 숨겨진 아픔, 순이 삼촌

군인의 양민 학살을 아주 생생하게 묘사한 《순이 삼촌》은 그 참혹함을 고발하는 동시에 학살 중에 극적으로 생존한 순이 삼촌의 정신이 어떻게 황폐화되고 죽음으로까지 몰리는지를 보여 준다. 제주 4·3 사건의 여파가 지금까지 제주도민들에게 어떠한 정신적 상처를 주고 있는지 알게 해 준다. 이름 없는 다수의 사람들, 짓밟히면서도 왜 그러는지 알 수 없는 사람들의 아픔을 담은 이 작품을 통해 제주에서 일어난 좌우 이데올로기의 대립이 낳은 비극을 따라가 보자.

(1) 주제: 아름다운 섬 이면에 숨겨진 아픔, 순이 삼촌

(2) 주제 도서: 현기영 《순이 삼촌》

《순이 삼촌》 그간 금기시되던 제주 4·3 사건을 본격적으로 세상에 알리는 계기가 된 작품이다. 학살 현장의 시쳇더미에서 기적적으로 살아남아 고통스런 내상을 안고 30년 동안을 살다가 자살한 '순이 삼촌'의 삶을 되짚어 가는 과정을 통해 참담했던 역사의 폭력이 어떻게 개인의 삶을 끊임없이 분열시키고 간섭하는지를 보여 준다.

(3) 탐방 코스:

관덕정 → 낙선동 성터 → 너븐숭이 4·3기념관 → 4·3 평화공원 → 다랑쉬오름

● 관덕정 광장
4·3 사건의 도화선이 됐던 1947년 3·1절 기념식이 열린 곳이다.
관덕정은 조선 시대 만들어져 관민이 공사를 의논하거나 잔치를 열거나 죄인 심문을 하던 곳으로 사용됐다. 해방 이후 건국준비위원회도 관덕정에 처음으로 간판을 걸었다.
1947년 3·1 기념 대회에서 어린아이가 기마경찰의 말발굽에 치였으나 경찰이 아무런 조치를 취하지 않자 이에 항의하던 군중들에 경찰이 발포, 6명의 희생자가 발생한 것이 4·3 사건의 첫 도화선이라 할 수 있다. 이 사건이 일파만파 커져 공무원은 물론 경찰까

지 참여한 총파업이 일어났다. 이 파업과 저항에 미군정과 경찰이 고문과 압제로 대응한 것이 4·3 항쟁으로 이어졌다.

● 낙선동 성터
1948년 11월 20일 군경 토벌대 작전으로 수많은 희생자를 내고 우여곡절 끝에 살아남은 주민들은 함덕리 수용소에 집단 수용되었다가 1949년 봄, 낙선동에 성을 쌓고 집단 거주하게 된다. 이곳은 주민들을 보호하기 보다는 효율적으로 감시하고 통제하기 위해 만든 전략촌의 목적이 강했다. 낙선동 성터에서 고통받았을 사람들의 아픔을 생각해보자.

● 너븐숭이 4·3기념관
4·3 사건의 최대 피해 지역으로 《순이 삼촌》의 주요 배경이 되는 곳이다. 너븐숭이는 북촌 주민들이 밭일을 하다가 집으로 돌아갈 때 쉬어 가던 넓은 땅을 말한다. 이 일대에서도 주민들이 학살을 당했다.

● 제주 4·3 평화공원
제주 4·3 사건 희생자의 넋을 위령하고 제주 4·3 사건의 비극적 역사를 기억하고 재현하여 4·3의 숭고한 정신을 계승 발전시키며 제주 4·3 사건 희생자들의 명예 회복과 평화 인권을 위한 교육의 장으로 활용한다.

● 다랑쉬오름
몸을 가누기 힘들 정도로 가파른 경사를 숨이 턱에 차도록 올라 382m의 정상에서 바라보는 전망은 감탄사가 절로 나오는 아름다움이 있다. 다랑쉬오름을 작게 축소한 듯한 '아끈다랑쉬'를 시작으로 성산일출봉을 지나 우도까지 거침없이 펼쳐지는 제주의 경관도 그만이지만 깎아지른 듯 가파르게 떨어지는 분화구의 모습은 능선에 오르기 전까지 결코 그 모습을 보여 주지 않는 비경이다. 전설만큼 도도한 자태와 높이의 다랑쉬오름은 '제주 오름의 여왕'으로 일컬어진다.
다랑쉬오름과 마을 가운데에 있는 다랑쉬 굴에는 4·3 사건의 아픈 상처가 남아 있다. 4·3 사건의 와중에 마을 사람들이 피난 생활을 하다가 토벌대에 의해 몰살당했다. 다랑쉬 마을은 4·3 사건 이후 없어졌고, 다랑쉬 굴에서 그 당시 희생된 유골 11구가 발견되었다.

● 첫째날
관덕정, 이덕구 묘, 안세훈 묘, 제주 항일기념관

관덕정 광장은 4·3 항쟁의 도화선이 됐던 1947년 3·1절 기념식이 열린 곳이다.
관덕정은 조선 시대 만들어져 관민이 공사를 의논하거나 잔치를 열거나 죄인 신문을 하던 곳으로 사용됐다. 해방 이후 건국준비위원회도 관덕정에 처음으로 간판을 걸었다.
1947년 3·1 기념 대회에서 어린아이가 기마 경찰의 말발굽에 치였으나 경찰이 아무런 조치를 취하지 않자 이에 항의하던 군중들에 경찰이 발포, 6명의 희생자가 발생한 것이 4·3 항쟁의 첫 도화선이라 할 수 있다. 이 사건이 일파만파 커져 공무원은 물론 경찰까지 참여한 총파업이 일어났다. 이 파업과 저항에 미군정과 경찰이 고문과 압제로 대응한 것이 4·3 항쟁으로 이어졌다.
무장군 사령관 이덕구는 사살돼(1949년) 관덕정에 그 사체가 전시됐다. 그의 가족들도 대부분 총살되거나 연행됐다. 그의 할머니의 묘비는 토벌군에게 훼손돼 반토막만 남았다. 살아남은 이덕구의 친인척들도 연좌제에 묶여 힘겨운 삶을 이어야 했다.
안세훈의 묘는 귤 과수원 한가운데 묘비도 없이 놓여졌다. 묘비를 세웠다가 묘가 훼손될 것을 우려한 탓이다. 안세훈은 제주 인민위원회 위원장과 남로당 제주위원회 위원장을 지냈다. 제주의 좌익 인사 중 가장 거물이라 평가할 수도 있다. 그러나 그의 묘는 이렇듯 초라하다.

● 둘째날
북촌(너븐숭이 애기 무덤, 북촌초등학교, 옴팡밭, 순이 삼촌 문학비), 다랑쉬 굴, 서북청년단 주둔소, 터진목 학살터, 속냉이골 묘역

"군인들이 이렇듯 돼지 몰듯 사람들을 몰고 우리 시야 밖으로 사라지고 나면 얼마없어 일제 사격 총소리가 콩 볶듯이 일어나곤 했다. 통곡 소리가 천지를 진동했다. 할머니도 큰아버지도 길수 형도 나도 울었다. 우익 인사 가족들도 넋놓고 엉엉 울고 있었다."《순이 삼촌》

《순이 삼촌》의 배경인 북촌초등학교는 작은 시골 학교다. 그러나 그 바로 곁은 수백의 민간인이 학살당한 현장이다. 움푹 패인 밭을 뜻하는 옴팡밭에선 수십 명의 사람들이 몰려 일제히 학살당했다.
1991년 12월 제주 4·3 연구소 증언 조사 팀에 의해 다랑쉬 굴이 발견되면서 4·3 항쟁에 관심이 높아졌다. 당시 굴에는 10구의 시신과 그들이 사용한 것으로 보이는 생활용품들, 고무신,

허리띠 등이 발견됐다. 특히 유골 위에 허리띠가 그대로 걸쳐져 있는 모습은 죽은 상태 그대로 살이 썩어 백골만 남았음을 짐작할 수 있게 했다.

당시 목격자는 토벌군이 불을 피우고 입구를 막아 사람들을 질식사시켰다고 증언했다. 현재는 굴의 입구가 막혀 있다. 당시 발굴된 굴의 모습은 4·3 평화박물관에 그대로 재현돼 있다.

해방 이후 서북청년단의 무소불위 권력은 대단했던 것으로 전해진다. 당시 서북청년단은 성산면과 인근 구좌면 지역 주민들을 툭하면 잡아가 고문하고 총살했다. 그 장소로 성산의 터진목과 우뭇개동산이 사용됐는데, 이 때문에 당시 성산리 주민들은 날마다 시체를 목격하고 치우는게 일상이었다. 당시 터진목 부근에서 보초를 서던 경찰 한 명은 서북청년단의 학살 모습을 목격하고 충격을 받아 입이 삐뚤어졌다는 일화도 전해지고 있다.

송령이골은 1949년 1월 의귀초등학교 전투에서 사망한 무장대의 시신이 집단 매장된 곳이다. 구덩이를 파고는 사체를 버리다시피 방치해 인근 주민들이 대충 흙만 덮어 둔 매장 상태 그대로다. 시신의 숫자는 정확히 알 수 없으나 목격자의 증언에 의하면 대략 15구 정도일 것으로 추측된다.

참세상, 성지훈 기자 2013. 03. 18
(http://www.newscham.net/news/view.php?board=news&nid=69699)

2. 바람을 따라 시를 노래하며 제주길을 걷다

제주의 시와 그림을 만나는 길을 찾아 걸으며 제주 문학을 느껴 본다. 제주문인협회와 제주작가회의 등의 문학 단체와 북카페로 꾸며진 제주 문학의 집을 찾아 제주 문학 이야기를 들어 본다. 또 작가의 산책길을 따라 걸으며 서귀포 칠십리 시공원에 들러 제주의 시를 노래해 보자.

(1) 주제: 바람을 따라 시를 노래하며 제주길을 걷다

(2) 주제 도서: 최석태《황소의 혼을 사로잡은 이중섭》

《황소의 혼을 사로잡은 이중섭》 황소의 혼을 사로잡을 만큼 소를 그렸던 이중섭의 일생과 그림들을 돌아본다. 오산학교를 다니면서 만났던 임용련 선생과 그의 민족에 대한 마음, 그리고 일본에서의 성공과 일본 여인 마사코(이남덕)와의 인연과 결혼과 그의 절망과 죽음 등을 세세하게 좇는다. 이와 더불어 힘들었던 부산 피난 시절에 그렸던 '봄의 어린이'와 그의 많은 소 그림들을 차근차근하게 설명하고 있다.

(3) 탐방 코스:

제주 문학의 집 → 작가의 산책길(유토피아로 → 이중섭미술관 → 이중섭 거주지 → 문화 예술 디자인 시장 → 기당미술관 → 서귀포 칠십리 시공원 → 자구리 해안 → 서복전시관 → 소암기념관)

● 제주 문학의 집

제주시 사라봉 기슭, 출입국관리사무소 앞 세모빌딩 2, 3층에 마련된 제주 문학의 집은 다목적 대회의실, 3,000여 권의 국내외 문학 서적과 휴게 시설로 꾸며진 북카페, 소회의실 등의 공간과 제주문인협회, 제주작가회의 등 도내 양대 문학 단체 사무실이 입주해 있다. 특히 북카페는 전국 최초로 제주특별자치도의 문화 인프라 확충 예산이 투입된 공공 이용 시설로서 도내 문학인들뿐만 아니라 도민, 관광객 누구나 자유롭게 이용할 수 있는 개방형 문학 공간으로 꾸며졌다. 〈제주 문학의 집〉 시설을 활용한 각종 문학 강좌, 시 낭송회, 북 콘서트 등 문학 프로그램들을 선보이고 있다.

● 작가의 산책길(유토피아로–이중섭미술관 등)

작가의 산책길은 서귀포에 머물며 빛나는 명작들을 남긴 예술가들의 삶과 발자취를 더듬어 보는 도보 탐방 프로그램이다. 작가의 산책길 속 유토피아로는 지붕 없는 갤러리

로서 마을 미술 프로젝트 공공 미술을 접목시켜 육체적 정신적 안식처로서의 '숲'과 삶의 터전으로서의 '집' 새로운 꿈의 원천으로서의 '바다' 예술혼을 찾아가는 '길'을 주제로 조성되었다.

[작가의 산책길 일정 운영]
– 탐방 코스 운영 (작가의 산책길 해설사 안내)
– 탐방 시설별 스탬프 확인
– 참가 학생 자원봉사확인서 발급
– 인근 음식점, 숙박업소 할인 혜택 부여

[작가 산책길 탐방 코스 및 프로그램]
– 이중섭공원: 스토리텔링
– 이중섭미술관: 전시 등 관람
– 이중섭 거주지: 스토리텔링 후 거주지 둘러보기
– 문화 예술 디자인 시장: 문화 예술 탐방 및 아트 마켓 문화 체험
– 기당미술관: 관람, 전시, 공연
– 칠십리 시공원: 조형물 감상, 제주를 노래한 시들을 읽어 본다.
– 자구리 해안: 예술 조형물 감상
– 서복전시관: 전시, 체험, 공연
– 소암기념관: 전시, 공연
* 참가 문의: 서귀포시 문화예술과 ☎ 064-760 -2482

● 이중섭미술관
불운한 시대의 천재 화가로 일컬어지는 대향 이중섭 화백이 서귀포시에 거주하면서 서귀포의 아름다운 풍광과 넉넉한 이 고장 인심을 소재로 하여 서귀포의 환상 등 많은 작품을 남겼다. 이중섭의 예술과 삶을 살펴볼 수 있는 작품과 연표 등이 상설 전시되고 있다.

● 서귀포 칠십리 시공원
'서귀포 칠십리 시공원'은 입구에서부터 곳곳마다 서귀포와 관련된 시비 12기와 노래비 3기가 늘어서 있으며, 천지연폭포를 한눈에 볼 수 있어 문화 예술과 자연을 동시에 체험할 수 있는 공간이다. 제주 올레길 제6코스에 포함되어 있으며, 서귀포 시에서 만든 '작가의 산책길'(총 4.9km로 이중섭미술관[이중섭 거주지]–동아리 창작 공간–기당미술관–칠십리 시공원–자구리 해안–서복전시관–정방폭포–소라의 성–소암기념관 순으로 코스가 짜여 있다) 중 한 구간에 포함된다. '서귀포 칠십리 축제'가 이곳에서 열리기도 했다.
'서귀포 칠십리 시공원'은 생태 환경을 최대한 보호하고 친수 공간의 확보를 통해 시민 정서 함양 증대와 관광 도시에 걸맞은 생태 도시 인프라를 구축하는 한편, 재해 위험 요인을 해소했다는 점에서 주목받고 있다.

● 기당미술관

기당미술관은 제주가 고향인 재일교포 사업가 기당(寄堂) 강구범에 의하여 건립되어 서귀포 시에 기증되었으며 1987년 7월 1일 개관하였다. 기당미술관의 개관은 시립미술관으로서 전국에서 최초였다. 미술관 건축은 농촌의 '눌'을 형상화하여 나선형의 동선으로 이루어진 전시실이 특징으로 한국의 전통 가옥을 연상시키는 천정과 자연광을 받아들여 쾌적한 전시 공간을 연출하고 있다. 상설 전시실에는 현재 미국 스미소니언박물관에 전시되고 있고 '폭풍의 화가'로 잘 알려진 제주의 화가 변시지의 작품이 연중 전시되고 있다.

3. 제주유배길에서 나를 찾다

　아름다운 풍광과 세계 자연유산의 섬으로 유명한 제주는 아이러니하게
도 조선 시대 대표적인 유배지였다. 천혜의 비경을 자랑하는 제주도가 한양
에서 가장 멀다는 이유로 유배지로 발탁이 되어 버린 것이다. 제주에는 추
사유배길, 면암유배길, 제주성안유배길이 있다.

　한 번 가면 언제 돌아올지 모르는 절망의 길, 유배. 유배는 죄인을 먼 지역
에 깊숙이 가두어 종신토록 돌아오지 못하게 하는 형벌이다. 그래서 대부분
의 사람들은 유배를 권력에서 밀려난 사람들의 역사로만 알고 있다. 하지만
유배를 조금만 달리 들여다보자. 추사 김정희의 〈세한도〉, 다산 정약용의 500
권이 넘는 방대한 저술, 서포 김만중의 《구운몽》과 같은 소중한 저작이 모두
유배 때문에 완성되었다. 이처럼 유배는 처참한 형벌이기도 했지만 다른 한편
으로 창조와 완성의 공간이기도 했다. 추사의 높은 경지를 보여 준 국보 〈세
한도〉가 완성된 곳, 조선왕조실록에 3,000번이나 이름이 등장한다는 송시열
의 마지막 유배지, 조선 시대 가장 파란만장한 인생을 살았던 왕인 광해군이
삶을 마감한 곳인 제주에는 우리나라 역사의 한 페이지를 호령하던 유배인들
의 이야기가 곳곳에 남아 있다. 제주 유배 문화를 스토리텔링 콘텐츠로 개발
하기 위해 조성되는 제주 유배길은 제주의 유배인들을 통해 역사와 문화를
만날 수 있는 장이다. 유배인들의 삶의 궤적을 따라 걸으며 자신의 모습을 되
돌아보고 미래를 기약하는 이 길이야 말로 시대를 뛰어넘으며 과거와 현재 그
리고 미래를 이어 주는 길이다.

_제주유배길 홈페이지에서 발췌

(1) 주제: 제주로 유배 온 그들을 만나러 가는 날

(2) 탐방 코스: 추사유배길, 제주성안유배길, 면암유배길

● 추사유배길

1코스 집념의 길(8km 순환 코스로 3시간 정도 소요)
제주추사관 → 송계순 집터 → 정난주 마리아묘 → 남문지못 → 단산 → 대정향 → 추사 유배지

2코스 인연의 길(8km 코스로 3시간 정도 소요)
추사 유배지에서 시작하여 오설록의 녹차밭까지 이어지는 코스

3코스 사색의 길(10km 순환 코스로 4시간 정도 소요)
산방산과 안덕 계곡의 경관을 따라 걷는 길로 제주의 바다와 오름, 계곡의 경치를 함께 느낄 수 있다. 대정향교에서 시작하여 안덕 계곡까지 이어지는 코스

● 제주성안유배길: (약 3km/1시간)
제주목관아 → 이익 유배지 → 김윤식 유배지 → 최익현 유배지 → 송시열 유배지 → 산지천 → 김진구·김춘택 유배지 → 서주보 유배지 → 이세직 유배지 → 오현단 → 정병조 유배지 → 광해군 유배지 → 이승훈 유배지

● 면암유배길
연미마을회관 → 문연사소설대 → 민오름 입구 → 민오름 → 오라농로 → 정실마을 → 정실농로 → 방선문계곡

(3) 이렇게 따라가 봐요!

한양에서 삼천리에 이르는 머나먼 길. 삼남대로를 따라 땅끝까지 간 후 다시 뱃길을 건너야 하는 제주도 유배길은 목숨을 장담할 수 없는 험난했던 길이라 한다.

*삼남대로란? 제주로 유배를 가며 걸었던 길을 통틀어 이야기하며 동작진 → 남태령 → 과천 → 수원 → 천안 → 태인 → 정읍 → 장성 → 나주 → 영암 → 강진 → 이진 → 제주도로 이어지는 삼남대로는 거리도 거리였지만 험한 바다를 건너야 하는 쉽지 않은 길이었다.

■ 추사유배길
　한 번 가면 다시는 돌아오지 못할 것 같은, 유배지 중에서 가장 먼 곳, 제주도는

200명이 넘은 유배인이 다녀간 섬이다. 추사 김정희를 비롯하여 면암 최익현, 우암 송시열, 광해군 등 내로라하는 정치가, 지식인이 제주도에 와서 사색과 성찰을 통해 많은 학문적인 성과를 남겼다. 그중에서도 추사 김정희는 9년 동안의 제주 유배 생활을 통해 일생의 업적인 〈세한도〉를 완성했다. 추사의 사색과 성찰, 학문적인 고뇌를 느껴 보고 그가 걸었던 길을 생각해 보고자 2011년 추사유배길이 조성됐다. 총 세 코스로 1코스는 집념의 길, 2코스는 인연의 길, 3코스는 사색의 길로 나누어져 있다.

■ 제주성안유배길

제주의 '성(城) 안'을 둘러보며 제주 유배인의 흔적을 찾아보는 코스이다. 제주 역사와 문화의 중심지였던 제주목관아를 중심으로 김정, 이익, 광해군, 송시열, 김진구, 김춘택 등의 유배인의 유적지를 둘러보는 길이다.

제주목관아를 시작해서 다시 제주목관아로 돌아오는 순환 코스로 약 3km의 길이, 소요 시간은 1시간 내외이다. 제주 도심 안에 유적지들이 있어서 시내 관광을 하며 각 인물들의 유적지를 찾아보는 것도 묘미가 될 수 있다.

제주 오현단은 1891년 흥선대원군이 서원철폐령을 내리자 귤림서원도 철거되면서 이를 안타깝게 여긴 유생들이 작은 돌 다섯 개를 비석처럼 세워 매달 초하루에 향을 피우며 그 뜻을 이어가다가 오현단이라고 불리게 되었다. 오현이란 다섯 명의 현인, 즉 스승을 일컫는 말로 제주 목사나 유배인들이다. 유배인 충암 김정, 우암 송시열, 동계 정온, 목사 규암 송인수, 청음 김상헌을 일컫는다.

오현단 바로 앞 도로는 이도 1동으로 이 길을 내려가면 동문시장으로 연결된다.

오현단에 들어서면 가장 먼저 김정과 송시열의 유배 때 흔적을 기리는 적려유허비(좌측)가 보인다. 과거 제주 목사 최진남은 이곳 오현단을 "한라산의 기운이 뭉쳐 구릉을 이루고 옆에는 맑은 계곡이 흐르며 아래로는 큰 바다가 위치하고 주위에는 대나무와 귤나무들이 우거져 상쾌하고 평화로우면서 넓직한 성 가운데 중심이 되는 곳"이라고 하였다. 오현단 중심에는 5개의 조두석이 보인다

단은 원래 1578년 판관 조인후가 가락천 동쪽에 충암 김정 선생을 모시는 충암묘를 현 위치로 옮기고 1682년 귤림서원으로 사액을 받았다. 그렇게 충암 김정, 목사 규암 송인수, 동계 정온, 청음 김상헌 그리고 우암 송시열을 맨 마지막으로 완성의 숫자 오현으로 배향하게 되었다. "증주벽립(曾朱壁立)"이라는 글씨가 보이는데 그 뜻은 증자, 주자처럼 소신 있게 살겠다는 뜻으로 평소 우암 송시열의 좌우명이기도 하다. 이곳 오현단(귤림서원)은 제주의 유림들이 수학하며 제주 학문의 중심 역할을 하였다. 제주를 방문하는 학식 있는 사람들은 꼭 이곳을 들러 선현들께 제를 올렸다고 한다. 우암 송시열은 83세 나이에 유배를 오면서 동생하고 손자를 데리고 왔는데 그때 생강 종자를 가지고 왔다. 어쩌면 제주의 문화는 유배인에 의해 크게 영향

을 받았다고 할 수도 있다.

성벽 앞으로 오현의 시가 한 편씩 돌에 새겨져 있어 그들의 충심과 의지를 느낄 수 있다.

제주 유배길 중 성안유배길 속에 있으며 올레 17코스에 있는 오현단을 감싸고 있는 제주성지는(제주기념물 제3호) 탐라국 수부의 성곽으로 고려 숙종 때 화산암을 이용해 둘레 약 4,700척(약 1,424m), 높이 11척(약 3.3m)으로 축조되었으나 일제강점기 때 제주항을 개발하면서 성벽을 바다를 매립하는 골재로 사용했다.

■ 면암유배길

조선의 마지막 자존심 면암 최익현! 조선 말기의 역사적 격변을 앞장서서 부딪쳤던 대표 지식인이다. 올곧은 의병장이었으며, 나라와 민족을 지키려 했던 조선 시대 최고의 선비였다. 면암유배길은 연미마을에서 시작한다. 약 5.5km 정도의 가볍게 산보하는 구간이며, 중간에 제주도 오름 중 민오름을 한 번 올라간다. 항일운동의 의지를 약속했던 조설대와 그가 한라산을 등정하기 위해 들렀던 방선문 계곡을 둘러보며 최익현의 애국 정신을 되새기고 제주 유배 시절의 이야기를 음미하는 길이다.

(5) 미리 알고 떠나요!

● 제주 유배 문화 이야기 blog.naver.com/jtojejuyubae
제주관광공사(jto)에서 유배 문화 사업 담당자가 운영하는 블로그.
제주 유배 문화와 유배 문화 콘텐츠와 추사 유배길, 제주성안유배길, 면암유배길 사진
과 정보를 수록하고 소개하고 있다.

● 조선 시대 유배 문화−유배란?
https://www.culturecontent.com/content/contentView.do?search_div=CP_
THE&search_div_id=&cp_code=cp0527&index_id=cp05270002&content_
id=cp052700020001&search_left_menu=1
조선 시대 유배 문화에 대해서 체계적으로 학습할 수 있는 웹사이트이다. 한국콘텐츠
진흥원에서 제작하여 제공한다.

4. 참고 자료

(1) 지역별 책 축제 안내

가을은 독서의 계절이다. 여름내 흘렸던 땀방울이 마르기 시작하면 시원한 바람을 맞으며 책장을 넘기고 싶어지기 때문이다. 그래서 가을은 책 축제의 계절이기도 하다. 어린이날을 맞아 5월에 여는 어린이책 축제를 제외하면 대부분의 책 축제는 9~10월 중에 전국 곳곳에서 열린다. 프로그램, 공연, 전시, 책 시장 등 다양한 체험을 할 수 있는 부스가 마련되어서 책 읽는 것을 넘어 보고, 듣고, 만지는 활동을 할 수 있다. 각 지방자치단체의 공공도서관이 주최가 되어 연례 행사로 책 축제를 여는 것이 전국 곳곳으로 퍼지고 있다. 자신이 살고 있는 동네에 책 축제가 언제 열리는지 관심을 갖고 둘러본다면 책과 함께 더 풍성한 가을을 누릴 수 있을 것이다.

책 축제	내용
관악 책잔치	일시: 매년 10월 중 장소: 서울시 관악구 전역 내용: 기존 축제 형식에서 탈피해 '보는 축제'가 아닌 '과정 중심의 주민 참여형 축제'이다. 책 읽기 플래시몹, 청소년 좋은 영화, 홍보, 체험 부스 등을 운영한다.
남이섬 세계책나라 축제	일시: 매년 4월~5월 장소: 강원도 춘천시 남이섬 일대 내용: 한스 크리스찬 안데르센 탄생 200주년을 기념하기 위해 시작된 책 축제. 세계 각국의 어린이 책과 원화 전시회, 공연과 체험, 워크숍이 있는 복합 문화 축제이다.
동네 책축제	일시: 매년 10월 중 장소: 서울시 망원 유수지 체육공원 입구 쌈지 마당 내용: 동네 작은 도서관과 책 단체가 함께 여는 동네 책 축제. 성미산 책방, 와글와글작은도서관, 평화도서관 나무 등이 협력해서 평화·인류·대안 교육 등을 주제로 전시와 강연, 영화 상영 등을 하고 있다.
서울 와우북 페스티벌	일시: 매년 10월 장소: 서울시 홍익대학교 주차장 거리 일대

서울 와우북 페스티벌	내용: 매년 다양한 프로그램과 주제로 책을 사랑하는 전국의 독자를 모이게 만 드는 축제다. 인문학 강좌, 토크 콘서트, 전시, 길거리 그래픽 등 유쾌한 책 이야기와 국내외 문학과 출판계의 정보, 미래를 위한 개선 방향 등을 시민 들과 함께 공유하는 문화 공간으로 자리매김한지 오래다.
서울 와우 어린이북 페스티벌	일시: 매년 5월 장소: 서울시 홍익대학교 주차장 거리 일대 내용: 어린이날을 맞아 홍대 주차장거리 일대에서 진행되는 이 축제는 세계 어린 이 동화 특별전, 책을 통한 이야기 등 재즈 동요 이야기, 북 콘서트 등 어린 이 독자를 위한 다양한 프로그램이 진행된다.
서대문 북페스티벌	일시: 매년 9월 장소: 서울시 서대문구 내용: '책과의 만남'을 주제로 서대문구 곳곳에서 진행되는 책 축제. 릴레이 저자 특강, 청소년 문학 인터뷰, 도서 경매전, 북 스타트 책 놀이 프로그램, 우수 책 표지 디자인전 등 다양한 책 관련 프로그램이 진행된다.
온가족 책잔치	일시: 매년 9월 중 장소: 서울시 정독도서관 내용: 서울시 교육청 21개 공공도서관은 학생, 학부모, 시민의 독서 문화 확산을 위해 정독도서관 야외 마당에서 '온가족 책잔치'를 연다. 야외에서 중고책 을 교환하는 책 나눔 잔치, 책 표지로 가방 만들기, 옷걸이 독서대 만들기, 그림책 작가 스토리텔링, 시가 있는 북 콘서트 등 온가족이 참여할 수 있는 독서 문화 프로그램들이 진행된다.
와글와글 어린이 책잔치	일시: 매년 5월 중 장소: 경기도 파주시 파주출판단지 일대 내용: "함께 어울려 자연을 벗삼아 책을 만들자"는 출판인들의 뜻을 모아 결실을 맞은 책 잔치. 어린이들의 체험활동 부스와 강연, 어린이 도서 등을 한곳에 서 볼 수 있는 축제다.
책나라 군포 철쭉 축제	일시: 매년 9월 중 장소: 경기도 군포시 산본동 중심 상업 지역 및 시청 내용: 군포시는 체험 및 전시 부스 운영, 북 콘서트, 동아리 페스티벌 등의 행사 로 북 페스티벌을 개최한다. 북 페스티벌 행사장 곳곳에서는 독서 토론대 회와 다양한 문화 예술 공연이 펼쳐진다. 특히 시민이 만들고, 시민이 즐기 는 축제로 운영하기 위해 행사 참여 동아리의 자율성을 최대한 살리면서 다른 독서 문화 프로그램과 조화가 이루어지는 데 목표를 두고 있다.
파주 북소리	일시: 매년 9~10월 중 장소: 경기도 파주시 파주출판도시 일대 내용: 세계 유일의 출판 클러스터인 파주출판도시를 책의 문화를 즐기는 곳으로 독자들에게 헌정하기 위한 축제다. 첫해 목표가 축제의 정체성 확보, 다음 목표가 국제화였다면, 이제는 그 탄탄한 토대 위에서 독자들과 함께 만들 어 가는 대중성의 신장에 중점을 두고 진행된다. 열혈 독자들인 독서 모임 회원들을 위한 전국 독서 모임 한마당, 책 읽기에서 대중적 글쓰기로 나아 가기 위한 전국 글짓기 한마당 같은 프로그램으로 대중에게 한 발 더 다가 가고 있다.

우리나라의 고단한 역사와 함께한 문학인들이 있다. 호랑이가 가죽을 남기듯 그들은 작품을 남기고 떠났다. 우리는 훌륭한 작품을 단지 교과서에서 읽는 것으로만 만족하는 실수를 하고 있다. 훌륭한 문인들의 생애와 작품을 가까이서 느끼는 방법은 문학제를 둘러보는 것이다. 문인들의 생가를 중심으로 진행되는 문학제는 그 지역의 특색과 어우러져 또 하나의 관광 상품으로 많은 사람이 찾기도 한다. 메밀꽃이 피는 시기에 시작되는 봉평 효석문화제, 소나기 내리는 한여름에 시작되는 황순원문학제 등 문인의 작품과 지역의 볼거리를 더해 알찬 문학제를 둘러보도록 하자.

지역	문학관	문인	연락처	문화 체험지
강원도	김삿갓 문학관 (영월)	김병연	033 375 7900	단종역사관, 책박물관, 영월곤충박물관, 영월화석박물관, 조선민화박물관, 별마로천문대
	김유정 문학촌 (춘천)	김유정	033 261 4650	애니메이션박물관, 국립춘천박물관, 막국수체험박물관, 소양댐(소양강 처녀상, 노래비)
				김유정문학제 일시: 매년 5월 장소: 강원 춘천시 김유정문학촌 내용: 작가 김유정의 작품《봄봄》,《동백꽃》의 내용을 중심으로 진행되는 문학제이다. 소설 입체 낭독, 백일장, 소설 이어 쓰기, 점순이 찾기 대회, 닭싸움, 연극 감상 등 작품을 읽는 것에서 그치지 않고 몸으로 기억하게 해 주는 행사이다.
	백담사 만해마을 (인제)	한용운	033 462 2213	사찰 체험, 생태 체험, 민속 체험, 역사 탐방 프로그램
	이효석 문학관 (봉평)	이효석	033 330 2700	봉평 메밀꽃 축제
				효석문화제 일시: 매년 9월 장소: 강원 평창 봉평면 일원 내용: 토속적이고 서정적인 가산 문학의 정취를 문학 행사의 참여를 통해 문학의 즐거움으로 유도하기 위해 시작된 효석문화제는 문학뿐 아니라 문화제 기간 동안 자연, 전통, 공연, 문화 예술, 지역 문화 축제 등을 체험할 수 있는 축제이다.
	토지 문학관 (원주)	박경리	033 762 1382	박경리문학공원, 원주시립박물관, 전통 문화 체험

지역	문학관	관련 인물	전화번호	주변 정보
경기도	만해 기념관 (경기도 광주)	한용운	031 744 3100	남한산성, 광주경기도자박물관, 습지 생태 공원
	조병화 문학관 (안성)	조병화	02 762 0658	안성맞춤유기공방, 남사당전수관, 문화마을, 안성 술&소리박물관
	청류재 수목문학관 (안성)		031 673 5852	
	황순원문학촌 소나기마을 (양평)	황순원	031 773 2299	이항로 생가, 용문사, 세미원, 애벌레생태학교, 두물머리, 숲을 보는 아이들
서울	문학의 집		02 778 1026~7	산림문학관, 예장문학관
	한무숙 문학관	한무숙	02 762 3093	혜화동 대학로 문화거리
	영인 문학관 (평창동)		02 379 3182	영인도서실, 경복궁, 가나아트센터
	한국 현대 문학관 (장충동)		02 2277 4857~8	국립극장, 동국대학교
	세계 여성 문학관		02 710 9120~1	숙명여자대학교 도서관
충남	충남 문학관 (예산)	문학비 10여 개	041 332 0592	숲 속 시인 학교, 여름 캠프
	농민 문학관 (영동)	이무영	043 743 5186	송호리 문향의 숲(권구현 시비)
	심훈상록 문화제 (당진)	심훈	041 357 4151	심훈문학제 일시: 매년 9월 장소: 충남 당진 문예의 전당 내용: 심훈을 다시 읽을 수 있는 장을 마련하기 위해 시작된 문학제. 골든벨, 포토존, 시 낭송 대회, 북 콘서트, 강연회 등 심훈과 관련된 다양한 자료와 체험활동을 할 수 있는 행사이다.

지역	문학관	대표 작가	전화	주변 관광지 / 문학제
충북	오장환 문학관 (보은)	오장환	043 540 3776	농촌 체험 마을, 천연 염색, 전통 한옥 체험
				오장환문학제 일시: 매년 10월 장소: 충북 보은 보은 문화예술회관·오장환 문학관 일원 내용: 오장환 시인의 문학과 삶을 기리고 문학적 성과를 바르게 자리매김하고자, 1996년부터 시작되었다. 오장환 문학상을 비롯하여 학술 세미나, 시 노래 공연 등 이틀에 걸쳐 다양한 프로그램이 진행된다.
	원서 문학관 (제천)	오탁번	043 653 0978	제천 의림지, 청풍 문화재 단지
	정지용 문학관 (옥천)	정지용	043 730 3408	의병 장조헌 유적지, 옥천 시문학 투어
경남	경남문학관 (진해)		055 547 8277	찾아가는 문학관 프로그램, 문학 이야기 등 문학 체험 프로그램 운영
	김달진 문학관 (진해)	김달진	055 547 2623	진해예술촌전시관
	마산 문학관 (마산)	천상병 외	055 225 7193	문신미술관, 마산시립박물관
	이병주 문학관 (하동)	이병주	055 882 2354	한옥 체험관, 쌍계사, 화개장터, 섬진강, 섬진강 판소리학교
	평사리 문학관 (하동)	박경리	055 880 2362	토지문학제 일시: 매년 10월 장소: 경남 하동군 최참판댁 내용: 토지 마을은 문학 기행은 물론, 청소년 문학 교실, 한옥 체험 등 사계절 내내 다양한 민속 문화 체험으로 국민 정서 함양 및 민속 생태 원형이 살아 숨쉬는 대한민국 최고의 문학 테마 관광지이다. 2001년부터 개최한 토지문학제는 대하소설 《토지》의 업적을 기리고 전국 문인·문청들이 참여하는 문학 한마당이다.
	청마 문학관 (통영)	유치환	055 650 4591	김춘수, 박경리 생가, 남망산국제조각공원, 페스티벌하우스
경북	구상 문학관 (칠곡)	구상	054 973 0039	칠곡문화원, 경북대학교 문화환경박물관

지역	문학관	관련 인물	전화	주변 관광지 및 문학 행사
경북	동리목월 문학관 (경주)	김동리 박목월	054 741 1750	경주 문화 관광
	이육사 문학관 (안동)	이육사	054 840 6593	도산서원, 퇴계종택, 안동 하회마을, 열화재
	지촌 문학관 (안동)	예술 창작 마을	054 822 2590	지례예술촌, 안동 전통 제례 체험, 고택 체험
	지훈 문학관 (영양)	조지훈	054 682 7763	지훈문학제 일시: 매년 5월 장소: 경북 영양군 주실마을 내용: 민족 시인 조지훈 선생의 뜻을 기리고 문향의 고장임을 대내외에 널리 알리기 위해 지훈문학제가 열린다. 자연 예술 설치, 아트 캠프, 환경 음악 공연 등 문화 행사 및 문학 행사 등으로 꾸며지며, 조지훈 자료 전시, 수석·분재전, 영양 백자 도예전, 영양의 먹을거리 시음전 등 부대 행사가 진행된다.
부산	요산 문학관 (금정)	김정한	051 515 1655	범어사
	추리 문학관 (해운대)	추리 문학	051 743 0480	해운대
	이주홍 문학관 (동래)	이주홍	051 552 1020	
전남	한국 가사문학관 (담양)	정철 외	061 380 2700	소쇄원, 식영정, 죽녹원, 삼지천마을(다도, 한과 체험)
	태백산맥 문학관 (보성)	조정래	061 858 2992	조정래 생가, 진트재, 중도방죽, 선암사, 쌍암장터, 홍교
	영랑 문학제	김윤식		일시: 매년 4월 장소: 전남 강진군 강진읍 영랑 생가 일원 내용: 강진이 낳은 20세기 한국의 대표적 서정 시인 영랑 김윤식 선생의 문학적 업적을 기리고 그의 높은 민족 사상과 심오한 시심을 널리 알리고자 모란꽃이 만개한 봄에 문학제를 개최한다. 영랑 백일장 대회, 시 낭송 대회 등이 열리며 영랑 생가를 주변으로 다양한 체험을 할 수 있게 마련되었다.

	최명희 문학관 (전주)	최명희	063 284 0570	전주한지박물관, 김제 벽골제, 신석정 고택
전북	혼불 문학관 (남원)	최명희	063 620 6788	광한루원, 섬진강, 남원민속국악원
	미당 시문학관 (고창)	서정주	063 560 8058	선운사, 보리밭 축제 고인돌마을, 고인돌박물관
	아리랑 문학관 (김제)	조정래	063 540 3934	테마파크, 벽골제 농경문화박물관, 만경 향교 대성전
	채만식 문학관 (군산)	채만식	063 454 7885	소설 《아리랑》 배경지, 채만식 관광 코스
광주	용아 문학제	박용철		일시: 매년 6월 장소: 광주 광산구 일대 내용: 박용철 선생의 업적을 기리기 위해 참여 행사, 문화 행사, 부대 행사로 이루어져 있다. 퍼포먼스 댄스 팀을 비롯하여 13개 팀의 밴드, 댄스 팀이 출연하며 최고조의 분위기를 이끌어 내고, 〈세상에서 가장 큰 우체통〉이 설치되어 가족, 친구, 선생님을 비롯하여 이웃에게 편지를 쓰는 행사 부스가 설치되어 있다. 엽서를 무료로 배부하고, 무료로 배달 서비스까지 해 주는 행사를 펼친다.

(3) 작가별 문학 답사 코스

지역	작가	대표작	문학 속 그곳	문학 탐방 코스
강원 강릉	허균, 허난설헌	홍길동전	시비공원, 홍길동 동상, 초당동 생가, 허균과 허난설헌 시비, 교산 시비, 애일당 터	시비공원 → 홍길동 동상 → 허균, 허난설헌 시비 → 초당동 생가 → 교산 시비 → 애일당 터
강원 인제	한용운	님의 침묵	백담사, 만해마을, 영시암 터, 수렴동 계곡 , 박인환 거리	인제군 백담사 → 백담사 → 만해기념관 → 시비공원 → 수렴동 계곡 생태 답사 → 박인환 거리 걷기
강원 춘천	김유정	동백꽃	김유정문학촌, 실레마을 일대, 담작은 도서관	김유정역 → 김유정문학촌 → 실레마을 둘러보기 → 춘천닭갈비골목 → 담작은 도서관(또는 → 춘천 애니메이션박물관)
강원 평창	이효석	메밀꽃 필 무렵	효석문화마을, 가산공원, 이효석문학관, 무이예술관	효석문화마을 → 봉평장터 → 가산공원 → 섶다리 → 메밀꽃랜드 → 이효석문학관 → 이효석 생가 터 → 무이예술관
경기	황순원	소나기	소나기마을(황순원문학관)	영상 시청 → 소나기 광장 → 고백의 길 → 학의 숲 → 송아지 들판 → 들꽃마을 → 해와 달의 숲 → 고향의 숲 → 수수단오솔길 → 황순원 묘역
서울	최인호	머저리 클럽	서울 인사동, 북촌길, 정독도서관, 한국현대문학관	인사동 → 북촌길 → 중앙고등학교 도서관 → 정독도서관 → 한국현대문학관
인천	오정희	중국인 거리	인천 중구 차이나타운 일대	인천역 → 중국풍 2층점 → 해안성당 한중문화원 → 중국식 목조 건물 → 주인공 이 바라다본 거리의 집 → 인천 개항장 근대건축전시관 → 자유공원 → 삼국지 벽화 거리
충남 당진	심훈	상록수	필경사, 한진포구, 상록탑, 행담도, 상록수문화관	당진 → 행담도 → 필경사 → 상록수문화관 → 소나무숲길 → 상록탑
충남 부여	신동엽	껍데기는 가라	금강, 부여초등학교, 신동엽 시비, 신동엽 생가, 신동엽 묘소, 궁남지	동남리 시비 → 신동엽 생가 → 금강 → 구드래조각공원 → 궁남지 → 부여초등학교 → 신동엽 묘소
충북 괴산	홍명희	임꺽정	칠장사, 녹박재, 동부리 생가, 홍명희 문학비	칠장사 → 녹박재 → 동부리 생가 → 제월리 고택 → 괴강 → 제월대 → 홍명희 문학비
충북 옥천	정지용	향수	정지용문학관, 시가 있는 거리, 옥천향교, 실개천	옥천 → 지용로 → 정지용 생가 → 정지용문학관 → 죽향초등학교 → 시가 있는 거리 → 향수 30리-멋진 신세계
충북 음성	이무영	제1과 제1장	오리골, 이무영 생가 터, 무영정, 설성공원 문학비	설성공원 → 이무영 문학비 → 무영로 → 향토 민속 자료 전시관 → 오리골 → 이무영 생가 터 → 무영정

충남 홍성	한용운	나룻배와 행인	한용운 생가, 만해사, 나룻배와 행인 시비, 남산공원	홍성 → 한용운 생가 → 한용운 시비 → 만해사 → 한용운 선사상 → 남산공원
대전	성춘택	한눈에 보는 선사시대 생활사 이야기	대전 국가기록원, 선사 유적지, 이응노미술관, 한밭도서관	국가기록원 → 선사 유적지 → 이응노미술관 → 한밭도서관
경남 하동	박경리	토지	평사리문학관, 최참판댁, 토지문학길	섬진강 평사리공원(하동) → 평사리 들판 → 동정호 → 고소성 → 최참판댁 → 조씨 고택 → 취간림 → 악양루 → 섬진강변 → 화개장터
경북 안동	이육사	절정	태화동 생가, 육사 시비, 이육사 생가 터, 이육사 묘소	태화동 생가 → 육사 시비 → 이육사 생가 터 → 이육사 묘소 → 하회마을 → 도산서원 → 퇴계 종택 → 안동 민속박물관 → 이육사문학관
경북 영양	조지훈	승무	서석지, 월록서당, 조지훈 시비, 호은 종택, 두들마을, 지훈문학관	주실마을 → 조지훈 시비 → 조동진 시비 → 호은 종택 → 지훈문학관 → 월록서당
대구	이상화	빼앗긴 들에도 봄은 오는가	3·1만세 운동길, 이상화 고택, 서상돈 고택, 계산성당, 제일교회	3·1만세 운동길 → 계산성당 → 이상화 고택, 서상돈 고택 → 제일교회 → 약령시 한의약문학관
부산	강영조	부산은 항구다	자갈치시장, 용두산공원, 보수동 책방 골목, 민주공원, 부산근대역사관, 40계단 문화관, 남천동 인디고서원	부산역 → 자갈치시장 → 용두산공원 문학비 → 부산근대역사관 → 40계단 문화관광테마 거리 → 40계단 문화관 → 인디고서원 부산역 → 부산근대역사관 → 용두산공원 문학비 → 보수동 책방 골목 → 인디고서원
전남 강진	영랑 김윤식	모란이 피기까지는	영랑공원, 영랑 생가, 다산초당, 월출산 다원, 무위사	영랑 생가 → 강진향토문화관 → 강진군립도서관 → 영랑공원
전남 담양	송강 정철	사미인곡	송강정, 식영정, 환벽당, 한국가사문학관	송강정 → 식영정 → 부용당 → 서하당 → 환벽당 → 소쇄원 → 한국가사문학관
전남 보성	조정래	태백산맥	태백산맥문학관, 태백산맥 배경지	태백산맥문학관 → 태백산맥 배경지 → 보성 차밭 → 서편제 보성 소리 전수관
전남 순천	김승옥	무진기행	순천만, 자연생태공원, 낙안읍성	순천만 → 자연생태공원 → 낙안읍성 민속마을
전남 장흥	이청준	눈길	이청준 생가, 선학동길, 이청준 묘소, 회진포구, 천관산문학공원, 한승원 작업실, 여닫이 해안	대덕 이청준 고향 → 이청준 생가 → 선학동길 → 이청준 묘소 → 회진포구 → 천관산문학공원 → 한승원 작업실 '해산토굴' → 여닫이 해안 한승원 문학산책로

전남 해남	윤선도	어부사시사	금쇄동, 동천석실, 세연정, 낙서재, 녹우당, 땅끝마을, 땅끝탑, 고선 유물전시관	녹우당 → 금쇄동 → 땅끝마을 → 땅끝탑 → 보길도 청별항 → 세연정 → 고산 윤선도 테마 공원 → 동천석실 → 낙서재 → 곡수당
전북 군산	채만식	탁류	월명공원, 미두장, 째보선창, 조선은행, 채만식문학관	월명공원 → 채만식문학관 → 째보선창 → 조선은행 → 미두장 → 쌀가게 터 → 콩나물 고개 → 정주사 집터 → 제중약국 터 → 채만식 생가 터 → 채만식 묘소
전북 남원	작자 미상	춘향전	춘향테마파크, 광한루원, 만복사 터	춘향테마파크 → 광한루원 → 만복사 터
전북 부안	신석정	그 먼 나라를 알으십니까	청구원, 석정공원, 매창공원, 신석정 묘소, 내소사, 채석강과 적벽강	청구원 → 신석정 묘소 → 매창공원 → 석정공원 → 채석강 → 내소사
전북 익산	이병기	난초	여산초등학교, 이병기 동상, 이병기 생가, 이병기 묘소	수우재 → 이병기 동상 → 이병기 묘소 → 여산남초등학교 → 여산초등학교

(4) 전국의 기적의 도서관과 작은 도서관 목록

	도서관	주소	연락처
1	금산기적의도서관	충남 금산군 금산읍 상리 7-10	041-750-4485
2	날마다자라는나무	서울시 광진구 뚝섬로 587	02-455-0614
3	넝쿨어린이도서관	경기도 광명시 철산4동 467-372	02-2687-3144
4	늘푸른어린이도서관	인천시 연수구 샘마로38번길 7	032-818-0645
5	담작은도서관	강원도 춘천시 효자동 469-4	033-256-6363
6	달팽이미디어도서관	인천시 부평구 산곡1동 45-78	032-526-5204
7	달팽이어린이도서관	경남 진주시 하대동 113-14	055-761-8803
8	도토리어린이도서관	대구시 북구 관음동 1364-18 2	053-326-0645
9	동녘어린이청소년도서관	경기도 고양시 일산동구 풍동 1273-4	031-903-2768
10	들꽃이야기어린이도서관	부산시 남구 대연동 1364-7	051-621-9577
11	맑은샘어린이도서관	인천시 계양구 계양대로 209	032-507-1933
12	모퉁이어린이도서관	대전시 유성구 문지동 258-1	042-861-6296
13	반딧불도서관	서울시 영등포구 문래동4가 2-23	02-2672-9363
14	밤토실어린이도서관	경기도 용인시 수지구 고기동 200	031-896-5312
15	백담마을어린이도서관	강원도 인제군 북면 용대리 957	033-462-4608
16	부평기적의도서관	인천시 부평구 길주남로 166	032-505-0613
17	새날도서관	서울시 강북구 수유로 68-1 유일빌딩 201호	02-454-7646
18	새벗도서관	대구시 달서구 월배로 170	053-631-9105
19	샘터꿈의도서관	부산시 남구 대연동 565-7	051-628-6009
20	서귀포기적의도서관	제주 서귀포시 동홍동 646-1	064-732-3251
21	순천기적의도서관	전남 순천시 해룡면 상삼리 666	061-749-8890
22	아름드리어린이도서관	인천시 부평구 일신로8번길 29	032-528-7845
23	알짬마을어린이도서관	대전시 중구 대종로 224번길 8	042-283-7778
24	어린이청소년도서관 더불어숲	대구시 북구 국우동 1099-1	053-326-0937
25	어린이청소년도서관 애기똥풀	경기도 구리시 인창동 343-3	031-565-3066
26	울산북구기적의도서관	울산시 북구 중산동 570-2	052-241-7420

27	은행나무어린이도서관	서울시 금천구 탑골로 43-8	02-892-7894
28	정읍기적의도서관	전북 정읍시 수성동 1014-1	063-539-6452
29	제주기적의도서관	제주시 이도2동 1128-1	064-728-1504
30	제천기적의도서관	충북 제천시 고암동 1134	043-644-1215
31	진해기적의도서관	경남 창원시 진해구 석동로 70	055-547-0098
32	책이랑작은도서관	경기도 성남시 중원구 박석로 25번길 44-10	031-732-7004
33	청개구리어린이문고	인천시 부평구 산곡3동 317-119	032-521-2040
34	청주기적의도서관	충북 청주시 서원구 구룡산로 356	043-283-1845
35	초록나라도서관	서울시 도봉구 도봉동 576-17	02-956-7956
36	한들마을도서관	대구시 동구 지묘동 248-2	053-985-1513
37	함께크는우리어린이도서관	서울시 강동구 고덕동 191-4	02-482-8394

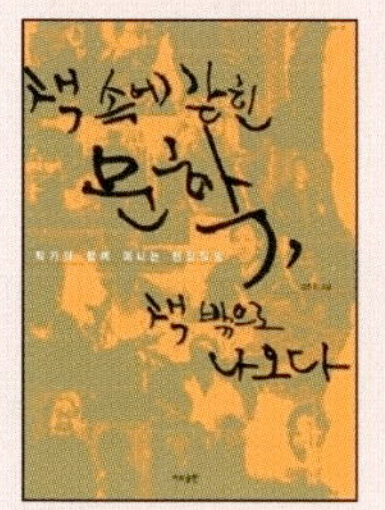

● **책 속에 갇힌 문학, 책 밖으로 나오다** 강춘진 l 가교

《태백산맥》의 벌교 들판, 《칼의 노래》의 경남 통영, 그리고 작품 속 가상의 공간이 공식 지명으로 채택된 '은비령'까지, 우리 문학 작품의 배경이 된 국내 34곳의 현장을 찾았다. 11명의 소설가가 이 문학 기행에 동행했다. 〈국제신문〉에 '新문학기행'이란 제목으로 연재되었던 원고를 엮어 펴낸 책이다.

● **살아 있는 문학 여행 답사기** 안영선 l 마로니에북스

문학작품들을 여행을 통해서 만난다. 저자가 15년간 채집하여 기록한 책으로, 시조와 한시, 가사 문학으로 대표되는 고전문학부터 현대시와 소설, 수필로 대표되는 현대문학까지, 작품의 배경이 되는 곳을 직접 답사하여 설명과 함께 그 풍경과 감상을 전한다. 본문에는 작품과 작품 해설, 작가 소개를 수록하였다.

● **여행길에서 시와 소설을 만나다** 임동헌 l 김&정

국내 소설과 시의 배경이 된 33곳을 찾아가 사진을 찍고 소설과 시의 의미망을 재해석한 문학 기행 에세이집. 이제하, 이청준, 이문열 등 11명의 소설가와 신경림, 이성복, 최영미 등 시인 22명의 작품. 소설가 임동헌의 독특한 사진 언어와 함께 소개된다.

●서울, 문학의 도시를 걷다 허병식 외 | 터치아트

서울의 문학 속 장소들을 따라 걷는 문화 산책기. 12개의 '문학 산책' 코스를 소개하고 있다. 코스마다 해당 장소가 등장하는 문학작품이나 관련 작가에 대한 이야기를 들려주고 현장을 생생하게 느껴 볼 수 있게 풍성한 사진을 함께 실었다. 또한, 처음 가 보는 사람도 길 잃을 염려가 없도록 상세한 지도와 출발 지점과 도착 지점 주변의 대중교통을 안내하고 있다.

●교과서 문학 기행 장은숙 | 소란

네이버 여행 분야 파워블로거인 짱아쌤. 국어 교사이자 동시에 여행 작가이기도 한 그녀는 여타의 다른 문학 기행 책과 달리, 작품에 대한 감상과 여행기를 쉽게 풀어 나간다. 감성 기행을 통해 소설 속으로 흠뻑 취할 수도 하고, 치유 기행을 통해 자연 속에서 지친 몸과 마음을 달랠 수도 있고, 테마 기행을 통해 알찬 관광과 함께 소설을 느껴 볼 수도 있다.